Der Nationalsozialismus als politische Religion

Studien zur Geistesgeschichte
Band 20

Herausgegeben von
Prof. Dr. Julius H. Schoeps
Moses Mendelssohn Zentrum
für europäisch-jüdische Studien
Universität Potsdam

Der Nationalsozialismus
als politische Religion

Herausgegeben von Michael Ley und Julius H. Schoeps

© 1997 Philo Verlagsgesellschaft mbH, Bodenheim b. Mainz
Satz: Satzbüro Norbert Geldner, Frankfurt a. M.
Umschlaggestaltung: Gunter Rambow
Herstellung: Nexus Druck GmbH, Frankfurt
Printed in Germany
ISBN 3-8257-0032-1

Inhaltsverzeichnis

Vorwort

Liegen dem Nationalsozialismus tatsächlich religiöse Wurzeln zugrunde? Oder ist das eine Mär, die keine reale Grundlage hat? Der vorliegende Sammelband umfaßt eine Reihe von Beiträgen, die diesen Aspekt der NS-Herrschaft unter verschiedenen wissenschaftlichen Fragestellungen zu thematisieren versuchen. Während in der Fachdiskussion die Interpretation des Nationalsozialismus als eine im Kern messianische Bewegung durchaus akzeptiert worden ist, erzeugt die in letzter Zeit wiederholt aufgestellte Behauptung, der Nationalsozialismus sei letztlich eine im Kern politische Religion, heftigen Widerspruch. Was ist zutreffend? Was nicht?

Die Gegner dieser Perspektive sind der Ansicht, es handle sich um eine methodisch unzulässige Vorgehensweise. Der Begriff „Religion", so argumentieren sie, sei in der abendländischen Kultur positiv besetzt. Bringe man ihn mit dem Nationalsozialismus zusammen, dann werde der Begriff nicht nur entwertet, sondern erhalte eine andere, eine negative Bedeutung. Wenn das so ist, fragen die Kritiker weiter, wird dann nicht der Nationalsozialismus überhaupt relativiert, vor allem hinsichtlich seiner Einzigartigkeit in der modernen Geschichte? Diese Bedenken sollten nicht einfach beiseitegeschoben werden. Man muß sie ernst nehmen.

Die beiden Herausgeber wußten um die mit diesem Thema verbundenen Schwierigkeiten und gingen dennoch das Wagnis ein, ein Symposium zu dieser Problematik zu veranstalten. Bestärkt wurden sie in dem Vorhaben durch die Arbeiten des Politikwissenschaftlers und Philosophen Eric Voegelin. Dieser hatte 1938, im Jahr seiner Vertreibung von der Wiener Universität, eine Studie („Die politischen Religionen") vorgelegt, in der die bis heute in der Geschichts- und Religionswissenschaft für Unruhe sorgende These mitgeteilt wurde, der Nationalsozialismus sei wie andere Massenbewegungen, also wie der Faschismus oder der Kommunismus, eine politische Religion – bei allen inhaltlichen Unterschieden im einzelnen.

Für Eric Voegelin waren die politischen Messianismen der Neuzeit „innerweltliche Religionen", also der Versuch, die Jenseitsversprechungen der Offenbarungsreligionen in der diesseitigen Welt zu verwirklichen. Diese modernen Heilsversprechungen bezeichnete Voegelin als neuzeitliche Gnosis. Nach seiner Ansicht haben gnostische Vorstellungen im Europa der letzten Jahrhunderte den religiösen Hintergrund für häretische Sekten und religiös-soziale Aufstände gebildet. Inwieweit diese These Voegelins zutrifft, ist umstritten. Jedenfalls hat sie aber einen Wahrheitskern. Die Menschen kommen nicht umhin, sich einzugestehen, daß Bewegungen wie der Nationalsozialismus beziehungsweise der Kommunismus vielleicht doch Elemente enthalten könnten, die mit üblichen Deutungen nicht zu erklären sind.

Nach Voegelin hat die katholische Kirche bis ins ausgehende Mittelalter häretische Gruppierungen zu integrieren vermocht, dann aber, meint er, hätte eine politisch-religiöse Verselbständigung eingesetzt, deren Konsequenz bis in die Moderne reicht und dort einen nachhaltigen Aufschwung erfahren hat. Voegelin widmete einen Großteil seiner wissenschaftlichen Arbeit dem Bemühen, dieses Argument an zahlreichen Beispielen der europäischen Ideengeschichte nachzuweisen. Der in vorliegendem Band abgedruckte Beitrag von Hans-Christof Kraus („Eric Voegelin redivivus? Politische Wissenschaft als politische Theologie") gibt einen Überblick über das Werk Eric Voegelins und versucht, die Problemstellung zu verdeutlichen, die dessen Überlegungen zugrundeliegt.

Der Anlaß, in Wien ein Symposium zum Thema „Der Nationalsozialismus als politische Religion" zu veranstalten, hing einerseits mit dem 50. Jahrestag der Befreiung Europas vom NS-Terror zusammen, zum anderen mit den Räumungsarbeiten des Denkmalamtes Berlin auf dem Gelände der alten Reichskanzlei. Über den letzteren Vorgang haben die Medien zunächst nur am Rande berichtet. Man wußte zunächst nur wenig damit anzufangen, daß im Juni 1990 in einem freigelegten Bunker der „Leibstandarte Adolf Hitler" zehn apokalyptisch anmutende Wandmalereien gefunden worden waren. Alfred Kernd'l, der die Freilegungen der Wandmalereien auf dem Gelände der Reichskanzlei leitete, gibt einen denkmalpflegerischen Überblick und erörtert die Frage, ob diese Bilder von kunst- bzw. kulturhistorischem Wert sind oder nicht.

Erst als Fachleute die Öffentlichkeit auf diese Ausgrabungsarbeiten und die dort gemachten Funde aufmerksam machten, erschienen ausführliche und mit Bildern versehene Artikel in Zeitungen und Zeitschriften. Die Verwirrung war groß. Sollte man in diesen „Fresken" nur nationalsozialistischen Kitsch sehen, oder steckt mehr dahinter als nur eine megalomane Groteske totalitärer Herrschaft? Sollen die Ausgrabungen für die Nachwelt bewahrt und dem interessierten Publikum zugänglich gemacht werden? Oder soll man sie verschwinden lassen, die Ausgrabungen zuschütten? Die Parteien stehen einander in dieser Frage unversöhnlich gegenüber. Der Streit wurde bis in das Berliner Abgeordnetenhaus hineingetragen. Entschieden ist er bis heute nicht.

Zu dem Symposion in Wien (21. bis 23. Mai 1995) waren ausgewiesene Wissenschaftler verschiedener Disziplinen aus Deutschland, Frankreich, Israel, Italien und Österreich eingeladen worden. Ihre Referate, die überarbeitet beziehungsweise für den vorliegenden Band übersetzt wurden, befassen sich mit den verschiedenen Aspekten der NS-Religion. Michael Ley (Wien) skizziert in seinem Eingangsreferat den Nationalsozialismus und fragt, inwieweit dieser sich in die lange Tradition apokalyptischer Bewegungen einordnen läßt. Für Ley ist die NS-Apokalypse nicht nur ein Zivilisationsbruch, sondern das größte Menschenopfer, das die Weltgeschichte bisher kennt.

Im ersten Schwerpunktkapitel, das „Apokalyptische und gnostische Elemente im Nationalsozialismus" überschrieben ist, thematisiert Klaus Vondung die Frage nach der innerweltlichen Religion im Nationalsozialismus und seinem literarischen Umfeld. Er kommt dabei zu dem Schluß, die nationalsozialistische Apokalypse habe in religiösen beziehungsweise ekstatischen Erregungen ihre Wurzeln. Und er meint weiter, die entfesselten Ekstasen hätten geradezu zwangsläufig in den Blutrausch der Tat münden müssen.

Die Verantwortung für die NS-Verbrechen spricht Joachim Riedl insbesondere der christlichen Lehre und der Politik der Kirche zu. Durch die Jahrhunderte, so Riedls Hauptvorwurf, sei die Reinheit der Lehre mit der Reinheit des Blutes gleichgesetzt worden. Um das zu zeigen, beziehungsweise die Wirkung dieses Mechanismus deutlich zu machen, spannt Riedl einen Bogen, der von der Schädelstätte Golgotha bis hin zu den Todesfabriken unter dem Hakenkreuz reicht.

Die Botschaft, die er dabei vermittelt, ist eindeutig: Verteufelungen, Verhetzungen und Blutbeschuldigungen sind eine jahrhundertealte christliche Tradition und haben geradezu zwangsläufig im Mord an den Juden kulminiert.

Das zweite Kapitel, das die Herausgeber „Der Nationalsozialismus als religiöses Gesamtkunstwerk" genannt haben, enthält drei Beiträge, die inhaltlich sehr unterschiedlicher Natur sind, aber sich doch in gewisser Weise ergänzen. Gottfried Wagner, der sich mit den wahnhaften Erlösungsvorstellungen in Richard Wagners Lohengrin und Parsifal beschäftigt, kommt zu dem Schluß, daß der Nationalsozialismus stark vom Wagnerschen Denken geprägt ist und die „Erlösung vom falschen Propheten Wagner" noch immer ansteht. Ernst Piper wiederum zeigt am Beispiel des NS-Chefideologen Alfred Rosenberg, wie tief der religiöse Aspekt bei führenden Nationalsozialisten verankert war. Und Robert Wistrich schließlich nimmt zum Komplex Nationalsozialismus und Gesamtkunstwerk Stellung und verdeutlicht in seinen Ausführungen, daß die Nazis gerade durch den kulturellen Bereich bemüht waren, ihren Anspruch auf Weltherrschaft auszudrücken.

Im dritten Kapitel „Der Nationalsozialismus als säkulare Religion der Moderne" wird danach gefragt, inwieweit religiöse Gefühle, wie wir sie aus dem Christentum und dem Judentum kennen, auf die Ideologie totalitärer Systeme übertragen werden können. In diesem Kontext interpretiert François Bédarida den Nationalsozialismus als eine moderne Ersatzreligion, und Philippe Burrin untersucht den Zusammenhang von Ideologie und Religion im Nazismus, und zwar unter der speziellen Fragestellung, ob es sich um eine politische Religion oder um eine besonders raffinierte Form der Manipulation gehandelt habe. Peter Schöttlers Beitrag wirkt ergänzend, insofern er in seinem Beitrag darauf aufmerksam macht, daß neben Voegelin schon sehr früh Lucie Varga und Franz Borkenau den Nationalsozialismus als politische Religion charakterisiert haben.

Das vierte Kapitel „Moderne Apokalypsen in Literatur, Architektur und Malerei" enthält neben den schon angesprochenen Kernd'lschen Beschreibungen der Wandmalereien im Berliner Führerbunker zwei Beiträge, die das Feld der Architektur und das der Literatur betreffen. Karin Wilhelm beschäftigt sich mit den apokalyptischen

Aspekten der nationalsozialistischen Architekur, von der sie meint, daß ihre Monumentalitälit typisch für den Geist der Epoche ist. Und Nike Wagner weist anhand der Literatur des Fin de siècle nach, daß mythische und messianische Ideen weit verbreitet waren und in ihnen die Vision des Zusammenfalls von Ende und Anfang beinhaltet war.

Das Symposium wurde vom Moses Mendelssohn Zentrum für europäisch-jüdische Studien (Potsdam), vom Jüdischen Museum der Stadt Wien, den Wiener Festwochen und dem Französischen Kulturinstitut in Wien veranstaltet. An dieser Stelle sei allen an der Durchführung des Symposiums beteiligten Institutionen für die Unterstützung gedankt. Besonders möchten sich die Herausgeber bei Jacques Le Rider, dem Direktor des Französischen Kulturinstituts, für die Zurverfügungstellung der Räumlichkeiten für das Symposium bedanken. Dank gilt aber auch der Kulturstadträtin Dr. Ursula Pasterk und dem Intendanten der Wiener Festwochen, Klaus Bachler, die die Vorbereitungen zur Durchführung des Symposiums mit Sympathie begleitet haben, und Brigitte Weidinger für ihre Mithilfe bei der Organisation. Und Dank gilt schließlich Angelika Matzka, die bei der Drucklegung des vorliegenden Bandes die Hauptarbeit getragen hat.

Wien/Potsdam im Winter 1995/96
Michael Ley/Julius H. Schoeps

Michael Ley

Apokalyptische Bewegungen in der Moderne

> „Darum hüte dich vor den Juden und wisse, wo
> sie ihre Schulen haben, daß daselbst nichts ande-
> res ist als ein Teufelsnest, darin eitel Eigenruhm,
> Hochmut, Lügen und Lästern, Gott und Men-
> schen Schänden getrieben wird, aufs allergiftig-
> ste und bitterste, wie die Teufel selbst tun."
>
> (Martin Luther,
> *Von den Juden und ihren Lügen, 1543)*

Die Moderne ist doppelgesichtig wie der alte römische Gott Janus,
der Gott des Anfangs und des Durchgangs. Er wurde als Schirmherr
der öffentlichen Tore dargestellt: Eine Gesichtshälfte blickte nach
vorn und die andere nach hinten. Moderne Gesellschaften sind ebenfalls durch zwei gegenläufige Tendenzen geprägt: Einerseits entzau-
bern die Ideen einer modernen Weltauffassung den Traditionsbe-
stand transzendental legitimierter Gesellschaften und schaffen somit
jene neuzeitliche Daseinsverunsicherung, die schließlich in neuen
Mythologien mündete.

Anders ausgedrückt: „Als der christliche Glaube an die Heilsgeschichte und Schöpfungsordnung, in denen der einzelne sich aufgehoben wissen konnte, im Laufe der säkularen Diesseitsorientierung
seine Kraft zunehmend verlor, blieb die reine Profangeschichte übrig,
die nun zum Ort säkularreligiöser Hoffnungen, Erlösungssüchte und
Heilserwartungen wurde ... Der bloßen Profangeschichte erwuchs in
den säkularen Erlösungshoffnungen und Weltauslegungen, insbesondere in den Heilsversprechungen ihrer Utopien, ihre neue Dimension: Sie wurde zur säkularen Heilsgeschichte."[1]

Die Konsequenz der okzidentalen Modernisierung ist die Substi-
tuierung der christlichen Eschatologie durch eine innerweltliche Erlösung. Nationalismus, Liberalismus, Sozialismus, Positivismus und
Marxismus ersetzten – mutatis mutandis – diese religiöse Hoffnung.
Die Moderne kann deshalb als Säkularisat der christlichen Sakralge-

schichte interpretiert werden: „So hatte ja schon die Aufklärung, als sie den Menschen zu seiner Orientierung an die Vernunft verwies, daraus die Geschichte des Fortschritts vom Dunkel in das Licht konstruiert, deren allgegenwärtige Embleme, Metaphern und Formeln doch schon klarmachten, wie sich die Problematik von der sittlich-religiösen Errettung des einzelnen zu der gesellschaftlich-geschichtlichen Erlösung der Menschheit verlagerte."[2] Trotz gegenteiliger Behauptungen gibt es keine nachreligiöse, säkulare Moderne.[3] Max Weber konstatierte dieses Phänomen schon im Jahre 1890, als er in einem Aufsatz schrieb: „Die alten Götter, entzaubert und daher in Gestalt unpersönlicher Mächte, entsteigen ihren Gräbern, streben nach Gewalt über unser Leben und beginnen untereinander wieder ihren ewigen Kampf."[4]

Die Aufklärung, die Französische Revolution und in ihrem Gefolge der Marxismus verheißen ein eschatologisches Ende der Geschichte und versprechen paradiesische Zustände auf Erden. Somit sind die neuzeitlichen Ideen des Fortschritts der Geschichte Substitute der christlichen Erlösungsidee. Die Vorstellung vom nahenden Weltende reaktualisiert die christliche Apokalyptik. Die Revolution wird zur Religion und die vermeintlich vertriebenen Geister der alten Religion werden zu neuzeitlichen Waffen der kollektiven Regression. Alle totalitären Bewegungen der Moderne – Faschismus, Nationalsozialismus und Kommunismus – bekämpfen mit apokalyptischem Eifer wesentliche Errungenschaften moderner Gesellschaften und stilisieren gesellschaftliche Probleme zu einem apokalyptischen Endkampf zwischen den Söhnen des Lichtes und der Finsternis. Während die Fortschrittsidee durch Vernunft und Wissenschaft sukzessive die Annäherung an eine ideale Gesellschaft verspricht, verfallen die revolutionären Bewegungen zu christlich-gnostischen Religionsparteien, um den „Antichrist" in der Moderne zu eliminieren.

Die politischen Religionen der Neuzeit – insbesondere der Nationalsozialismus – haben ihren historischen Ursprung in der Johannesoffenbarung, die gegen Ende des 1. Jahrhunderts in einer politischen und religiösen Krisensituation entstand. Dort wird mit der Wiederkunft des christlichen Messias die Vernichtung all derer prophezeit, die nicht an Jesus glauben bzw. den christlichen Geboten zuwiderhandeln. Das distinkte Opfer der kommenden Apokalypse sind die

Juden. Sie werden mit dem Satan gleichgesetzt (Johannesoffenbarung 2, 9). Mit dem Erscheinen des Messias beginnt das tausendjährige Reich. Die christliche Reichsidee wurde im Mittelalter von Joachim de Fiore weiterentwickelt und spielte in den mittelalterlichen und neuzeitlichen Millenarismen eine entscheidende und mörderische Rolle.[5] Die modernen Vorstellungen über den Antichrist wurzeln jedoch weniger in den mittelalterlichen Überlieferungen, die trotzdem in der Moderne in hohem Maße rezipiert werden, sondern in den apokalyptischen Denominationen des Protestantismus. Besonders in den Werken des Propheten des nahen Weltunterganges im 16. Jahrhundert – Martin Luther – finden sich die neuzeitlichen Ausprägungen einer Apokalyptik, in deren Zentrum der Antichrist steht. Luthers Ansichten über den Antichrist und die Juden eignen sich besonders als Grundlage eines Antijudaismus ohne theologische Begründung und bereiten so dem modernen Judenhaß den Boden.

Die reformatorischen Wurzeln der modernen apokalyptischen Vorstellung des Antichristen

Martin Luther war kein Reformator, der lediglich die katholische Kirche von ihren vielfältigen Exzessen reinigen wollte, sondern sah sich als einen Propheten, der die Christen vor dem kommenden Weltuntergang zur Umkehr zur Sittlichkeit überzeugen wollte: „Reformation ist Frist und Aufschub, nicht Anfang der Neuzeit, sondern Ende der Weltzeit."[6] Der Apokalyptiker Luther wähnt sich im Endkampf zwischen Gog und Magog: Er projiziert den in der Bibel vorgezeichneten Kampf zwischen dem Satan und der wahren Kirche als letzte geschichtstheologische Stufe vor der Wiederkehr des Messias auf das 16. Jahrhundert. „Ausgehend von einer Betrachtung des Lukas-Evangeliums kündigte ein Pamphlet von 1522 den Gläubigen die zeitgenössischen Zeichen des nahenden Gerichtes an ... So beutete der Begründer der Reformation die Zeichen der Natur im Dienste seiner religiösen Sache aus. Seine Predigten aus jener Epoche zeigen ebenfalls, daß er davon überzeugt war, die für 1524 vorhergesehene Planetenkonjunktion werde nicht nur den Himmel erschüttern, sondern zugleich auch das Jüngste Gericht einleiten ... In

Wirklichkeit spielt sich seine ganze Laufbahn im Schatten der Apokalypse ab."[7]

Die Reformation kann nur auf dem Hintergrund kollektiver eschatologischer Ängste verstanden werden, die Europa zwischen dem 14. und dem 16. Jahrhundert erschütterten. Schon Ende des 14. Jahrhunderts und zu Beginn des 15. Jahrhunderts entsteht in Prag die Legende, daß der Papst der Antichrist sei, und die Amtskirche wurde vielfach als Synagoge des Satans bezeichnet. „Solche Anschuldigungen, die vielfach im Abendland aufkamen … konnten einer Weltuntergangsstimmung nur förderlich sein."[8]

Neben dem Papst und der Kirche galten die Türken und besonders die Juden als die Verkörperung des Antichrist. Die Antichrist-Legende enstand im 10. Jahrhundert, nach ihrer Überlieferung wird der Antichrist von den Juden in Babylon geboren. Somit ist der Satan der jüdische Messias, der Jerusalem erobern und den Tempel wieder erbauen wird. Enoch und Elijah, die sich gegen ihn stellen, werden von ihm gekreuzigt werden, bis er selbst von dem Erzengel Michael zerstört wird und das Millennium beginnt. An diese Legende glaubten nicht nur einfältige Christen, sondern auch Kirchenväter wie Thomas von Aquin und Albertus Magnus.[9]

Im 13. Jahrhundert wurden die Mongolen mit den zehn verlorenen Stämmen Israels identifiziert, und auf diese Weise entstand die Vorstellung von den „roten Juden" aus dem Osten, die die historische Grundlage für die im 20. Jahrhundert gängige Gleichsetzung von Judentum und Kommunismus bildet. In diesem spätmittelalterlichen Kontext entsteht das Gleichnis von dem „ewig wandernden Juden", der am Tag des Erscheinens des Messias sterben muß.[10] Damit sind wesentliche Elemente des neuzeitlichen Totalitarismus das Produkt einer religiösen Krise des ausgehenden Mittelalters und der beginnenden Neuzeit und nicht eine profane Ideologie des 19. Jahrhunderts.[11]

In diesem Umfeld agierte Luther in seinem Kampf gegen Juden, Häretiker, Papsttum und Islam. Die Juden sind für ihn das Symbol des Urbösen, die in blinder Verstockung das wahre Evangelium nicht anerkennen wollen: „Als sie Gottes Sohn mutwillig verdammten, wurden sie einem so gründlich verstockten Sinn anheimgegeben, daß sie aufs allersicherste und keckste ihn lästern und damit nicht aufhören können."[12] Teilweise unterstellt Luther den Juden, daß ihr Lehrer der Teufel sei.[13] Andererseits setzt er Juden mit dem Teufel gleich: „Darum, wenn du einen Juden siehst, magst du mit gutem Gewissen ein Kreuz vor dich schlagen und frei sicher sprechen: Da geht ein leibhaftiger Teufel."[14] Er bezeichnet das jüdische Volk als blutdürstig und seinen Messias als Massenmörder: „Kein blutdürstigeres und rachgierigeres Volk hat die Sonne je beschienen, als sie sich dünken lassen, sie seien darum Gottes, daß sie sollen und müssen die Heiden morden und würgen. Und es ist auch das vornehmste Stück, daß sie von ihrem Messias erwarten, er solle die ganze Welt durch ihr Schwert ermorden und umbringen. Wie sie denn im Anfang an uns Christen in aller Welt wohl erwiesen und noch gerne täten, wenn sie könnten, habens auch oft versucht und darüber auf die Schnauze weidlich geschlagen worden sind."[15] Darüber hinaus unterstellt er Juden, „daß sie dürstige Bluthunde und Mörder der ganzen Christenheit mit vollem Willen sind und ... daß sie Wasser und Brunnen vergiftet, Kinder gestohlen, zerpfriemt und zerhechelt haben".[16]

Die häufigen Anklagen gegenüber Juden gipfeln in seinen berüchtigten sieben Vorschlägen zur „Behandlung" von Juden: Verbrennen von Schulen und Synagogen, Zerstörung ihrer Häuser, Konfiskation der heiligen Bücher, Lehrverbot für Rabbiner, Zinsverbot und Konfiskation von Geld, Silber, Gold und Kleinod etc.[17] Luthers vernichtende „Judenschau" muß im Zusammenhang mit der Türkenbedrohung seiner Zeit gesehen werden. Er sieht die Juden als Verbündete der Osmanen. In der katholischen Kirche, dem Islam und den Juden sieht er die Inkarnation des Antichrist und das letzte Aufbäumen des Satans. Antijudaismus durchzieht das ganze Denken Luthers.[18] Das Judentum ist für ihn das Paradigma für den falschen Glauben, sein Antijudaismus ist deshalb so gefährlich, weil seine antijüdische Konzeption alles als jüdisch oder „verjudet" denunziert, was er bekämpft. Mit dieser Auslegung konnte er die römische Kurie als „verjudet" diffamieren, ebenso häretische Sekten, die die Sakramentslehre ablehnten.

Wird nun der lutherische Antijudaismus seines theologischen Unterbaus beraubt und durch politisch-religiöse oder rassistische Argumente substituiert, kann die Struktur des lutherischen Antijudaismus zum Vorbild des „modernen" Antisemitismus werden.[19] Das „Praeludium Lutheri", das literarische Vorspiel des kommenden apokalyptischen Welttheaters, trägt in hohem Maße zur irrationalen Weltsicht nachfolgender Generationen bei. Luther steht mit seinen Ansichten nicht nur am Ende des Mittelalters, seine Ideen begründen die neuzeitlichen Wurzeln von Antijudaismus und Apokalyptik.

Die Romantik als antimoderne, apokalyptische Utopie

„Noch sind alles nur Andeutungen, unzusammenhängend und roh, aber sie verraten dem historischen Auge eine universelle Individualität, eine neue Geschichte, eine neue Menschheit, die süßeste Umarmung einer jungen überraschten Kirche und eines liebenden Gottes und das innige Empfängnis eines neuen Messias in ihren tausend Gliedern zugleich", schreibt Novalis in seinem Fragment „Die Christenheit oder Europa".[20] In der Ablehnung der Moderne wenden sich die Romantiker nicht nur dem christlichen Mittelalter, sondern vor allem der Antike zu.[21] Ihr Interesse gilt nicht dem apollinischen Zeitalter, sie entdecken die nicht-olympische, die dionysische Antike. Diese Mythen wecken die Neugierde der Romantiker. Sie verwerfen das harmonische Bild der Klassik über die Antike und schwärmen von ekstatischen Heroen und wahnsinnigen Bacchantinnen. Schelling beschreibt in seinem Werk „Die Weltalter" seine Faszination am Irrationalen so: „Seit Aristoteles ist (es) ja sogar ein vom Menschen gewöhnliches Wort, daß ohne Zusatz von Wahnsinn keiner etwas Großes vollbringe."[22]

Das romantische Weltbild ist gnostisch-apokalyptisch[23], die geistige Erneuerung ist das sogenannte Dritte Reich bzw. das kommende tausendjährige Reich. Diese Chiliasmen, die Lehren von der Erwartung des tausendjährigen Reiches, gehen auf Joachim de Fiore zurück, der im 12. Jahrhundert eine Heils- und Weltgeschichte auf der Grundlage der Johannesoffenbarung entwarf.[24] Viele Romantiker verbinden die christlich-gnostische Apokalyptik mit den Mysterienreligionen und bemerken eine Affinität zwischen Dionysos und Christus.[25] Dionysos, der Gott des orgiastischen Rausches und der Poesie, der schon der griechischen Aufklärung weichen mußte, war für den damals berühmten Mythenforscher Friedrich Creuzer identisch mit Christus.[26] Auch Hölderlin und Schelling waren dieser Ansicht. Hölderlin nennt ihn den Adventsgott, den kommenden Gott. Für Schelling ist er der letzte Gott, der kommen wird. Beide sehen die Aufgabe der Philosophie darin, die neuen Götter zu verkünden. Die den Romantikern offenbarten Mysterien sind die Vorboten einer neuen Religion. Poesie und die mythologisierte Philosophie sollen die verlorene gesellschaftlich-transzendente Totalität wiedererrichten. Die Gesellschaftsanalyse der philosophischen Romantik geschieht in Begriffen der Kunsttheorie und Kunstreligion.[27] Die Romantiker träumen von einem gesellschaftlichen Gesamtkunstwerk, das bei Hölderlin und Schelling gleichbedeutend ist mit der Vollendung des johanneischen Evangeliums.[28] Diese Mythenrezeption der Romantik beeinflußte später Philosophen wie Nietzsche, Komponisten wie Wagner und nationalsozialistische Mythomanen wie Rosenberg.

Im Laufe der Zeit wurde nicht nur die literarische und philosophische Romantik immer religiöser und reaktionärer, auch die politische Romantik machte diese Entwicklung mit.[29] Paradigmatisch für diese Entwicklung sind Friedrich Schlegel, Joseph von Görres und Johann Gottlieb Fichte. Ende des 18. Jahrhunderts trat Schlegel für die politische Revolution in Deutschland ein, er forderte eine politische und moralische Regeneration der Deutschen und verteidigte den Republikanismus gegen Kant.[30] Nachdem seine Hoffnungen enttäuscht wurden, vertrat er ab 1815 die Metternichsche Politik als Mitglied der österreichischen Gesandtschaft am Bundestag in Frankfurt.

Görres, der wegen seines Republikanismus noch 1819 nach Frankfurt fliehen mußte, wandelte sich ebenso und bekennt sich letztlich zum Katholizismus. Fichte setzte sich 1793 in zwei Schriften für die Französische Revolution ein, in denen er die Emanzipation der Menschen fordert. Sein revolutionärer Enthusiasmus macht später einem extremen Chauvinismus und Antijudaismus Platz. Antisemitische Äußerungen finden sich aber nicht nur bei Fichte, die deutsche Romantik ist in hohem Maße judenfeindlich gewesen. Mit ihr begann eine Periode, die Georg Lukács als „Zerstörung der Vernunft" bezeichnete.[31] Während er die Philosophie der Romantik und ihrer Epigonen als „Widerspiegelung" der gesellchaftlichen Verhältnisse interpretierte, sind die Autoren ganz im Gegensatz dazu die intellektuellen Vorreiter einer wahnwitzigen Resakralisierung von Politik und Gesellschaft. Ihr Projekt der „Romantisierung der Gesellschaft"[32] ist der gigantische Versuch, eine Gesellschaft in ein Gesamtkunstwerk zu transformieren, das letztlich in Auschwitz endete.

Im 18. Jahrhundert wurde nach einer wissenschaftlichen Genealogie der Völker gesucht, in Deutschland bestreitet Leibniz lediglich die historische Priorität der hebräischen Sprache. Sein Nachfolger auf diesem Gebiet, Johann-David Michaelis, der berühmteste Hebraist seiner Zeit, war schon ein ausgewiesener Judenhasser und und Gegner der jüdischen Emanzipation.[33]

Für die deutsche Romantik ist in dieser Frage vor allem Herder wichtig, er leitete den Wahn der Indogermanie ein. Er entwickelt einen mystischen Volksbegriff, der in der Tradition der christlichen Mystik steht.[34] Seine Verherrlichung der deutschen Sprache und sein pietistischer Patriotismus konnten leicht in einen religiösen Nationalismus umschlagen: aus der pietistischen Verehrung von Christi Blut und Wunden zu einem nationalistischen Blut- und Wunderkult. August Wilhelm Schlegel sah in den Deutschen schon das Morgenland Europas, von dem die Regeneration der Menschheit ausgehen müsse. Diesen Ideen schlossen sich viele Autoren wie Görres, Creuzer und Schopenhauer an.[35]

Für Fichte sind die Deutschen das „Urvolk" schlechthin.[36] Er sieht die Welt in einem Verfallsprozeß, den nur die Deutschen aufhalten können. Sie sind welthistorisch und heilsgeschichtlich ausersehen, den göttlichen Weltplan zu exekutieren.[37] Er fordert deshalb eine apokalyptische Totalrevision der Geschichte durch die Deutschen. Er sieht ein irdisches Reich der Vollkommenheit und eine „nova creatura" durch die göttlichen Deutschen kommen.[38] Fichte und andere Romantiker radikalisieren die christliche Apokalyptik; die Erlösung der Menschheit ist keine Aufgabe Gottes mehr, sondern der Menschen, in denen sich Gott verkörpert. Die neuen Heilsbringer und Welterlöser sind die Deutschen. Fichte behauptet, daß nur im Blut der Deutschen Christi Blut enthalten sei, das durch die Transsubstantiation im eucharistischen Akt wieder aufgefrischt würde.[39] Aus der Johannesoffenbarung übernimmt Fichte die Idee des Reichs des Geistes: Die Deutschen werden ein Weltreich des Geistes errichten. Die politische Theologie Fichtes bezieht sich in direkter Weise auf die christliche Apokalyptik: Das Judentum verkörpert den Antichrist, der bezwungen werden muß: „Fast durch alle Länder Europas verbreitet sich ein mächtiger feindlich gestimmter Staat, der mit allen übrigen im beständigen Kriege steht und der in manchen fürchterlich schwer auf die Bürger drückt: Es ist das Judenthum."[40] Um sich vor ihnen zu schützen, schlägt er vor, entweder ihnen die Köpfe abzuschneiden oder sie ins gelobte Land zu schicken.[41]

Ähnlich sieht der Publizist Ernst Moritz Arndt die damalige politische Situation; auch er interpretiert den antinapoleonischen Kampf apokalyptisch. Neben Napoleon, dem „Teufel auf höllischem Thron"[42], sind es die Juden, die Deutschland bedrohen, „denn sie sind Unheil und eine Pest unseres Volkes ... die Juden sind ein verdorbenes und entartetes Volk".[43] Görres charakterisiert Juden als Ferment des Verfalls: „Der Ahasveros ist der Tod und der Teufel, das Sterbenwollen und nicht können, das jüdische Gespenst über dem Weltall."[44] Der berühmte Staatstheoretiker der Romantik, Adam Müller, die Theologen Schleiermacher und Herder äußerten sich – neben anderen Autoren dieser Zeit – ebenso antijüdisch.[45] Einen vorläufigen Höhepunkt stellt Hartwig von Hundt-Radowskys „Judenspiegel" dar, in dem er forderte: „Am besten wäre es jedoch, man reinigte das ganze Land von dem Ungeziefer, und hiezu gibt es gleichfalls zwei Mittel. Entweder sie durchaus vertilgen oder sie ... zum Land hinausjagen."[46]

Die politische Theorie der Romantik ist eine politische Theologie, eine utopische Zusammenschau antiker, christlicher und mittelalterlicher Elemente. Carl Schmitt bezeichnete die Romantik als „eine neue Religion, ein neues Evangelium, eine neue Genialität, eine neue Universalkunst".[47] Die Grundstruktur der Romantik ist ein gnostisch-christlicher Irrationalismus, der die Moderne als Verfallsgeschichte interpretiert. Der romantisch Inspirierte hofft auf eine kosmische Neuordnung der Welt, auf den kommenden Gott bzw. den kommenden „dazu ausgerüsteten deutschen Mann".[48] Wesentliche Gedanken der Romantik stehen in der Tradition der millenaristischen Bewegungen, die vergleichbare apokalyptische Naherwartungen hegten. Insofern ist dieses Gedankengut über weite Strecken ein wesentlicher Vorläufer der völkischen und totalitären Bewegungen. Die Romantik ist aber auch für den linken Utopismus und Totalitarismus von Bedeutung, dort findet ebenfalls eine Säkularisierung der christlichen Apokalyptik statt.

„Geld ist der eifrige Gott Israels, vor dem kein anderer Gott bestehen darf", schreibt Karl Marx in seiner Schrift „Zur Judenfrage", die 1844 in den „Deutsch-Französischen Jahrbüchern" erschien.[49] Wie in der völkischen Theorie hat sich der Gott des Verfalls bzw. der Finsternis verweltlicht, er herrscht nun über die Welt: „Der Gott der Juden hat sich verweltlicht, er ist zum Weltgott geworden. Der Wechsel ist der wirkliche Gott des Juden. Sein Gott ist nur der illusorische Wechsel."[50] Der Protestant Marx steht in einer direkten Tradition Martin Luthers, indem er eine der Grundlagen der modernen Gesellschaften, die Geldwirtschaft, als jüdischen „Schacher" diffamiert. Die wichtige historische Quelle für derartige Überlegungen ist das Johannesevangelium. „Das Johannesevangelium spricht zum ersten Mal die durch und durch moderne Idee eines radikalen Bruchs in der Kontinuität der Geschichte aus. Die Ablehnung der Welt, die ja immer ihre Geschichte und Vergangenheit hat, findet ihre Ergänzung in der Entwertung aller Zeit. Für beides – für Welt und Zeit – stehen im Johannesevangelium die Juden. Deshalb auch war diese Schrift für Philosophen, Judenfeinde und christlich-theologische Modernisten eine Quelle stetiger Anregungen. Von den Spekulationen eines Judenfeindes wie Giordano Bruno bis zu Fichtes Theorie des Christentums, Schopenhauers Pessimismus, Wagners Opern und Marxens Kritik des Kapitalismus: Die Gleichsetzung von Welt, Sünde und Juden als Repräsentanten des Alten, Fleischlichen und zu Überwindenden spinnt in allen Fäden nur fort, womit das Johannesevangelium den Anfang machte."[51]

Für Luther ist die Welt und vor allem das Papsttum ebenso „verjudet" wie für Marx die bürgerliche Gesellschaft. Marx interpretiert den prophezeiten Verlauf der Weltgeschichte in den Bahnen der christlichen Apokalyptik, wenn der Kapitalismus die letzte vormenschliche Gesellschaft darstellt, das Proletariat der messianische Hoffnungsträger ist[52], der Klassenkampf das letzte Gefecht bedeutet[53], die Geldwirtschaft und Warenproduktion das radikal Böse sind[54] und der Kommunismus die neue Gesellschaft und den neuen Menschen hervorbringt[55]. Deshalb bezeichnete er die kommende Revolution in Deutschland als den „deutschen Auferstehungstag".[56] Er erweist sich noch als ein verhältnismäßig gemäßigter Antisemit, wenn er die

Emanzipation von der bürgerlichen Gesellschaft als „Emanzipation der Gesellschaft vom Judentum"[57] – sprich: Kapitalimus – interpretiert, da sich an diesem Unternehmen Juden wenigstens als „Menschen" beteiligen können.

Ein weitaus heftigerer Antijudaismus findet sich bei vielen Vertretern des französischen Frühsozialismus. Sie mißtrauen in ähnlicher Weise den aufklärerischen Fortschrittsmythen wie ihre romantischen Gesinnungsgenossen in Deutschland und entwerfen eschatologische Gegenutopien. „Übereinstimmend gehen die schon um 1800 entstehenden frühsozialistischen Ideen davon aus, daß lediglich eine neue Herrscherklasse an die Stelle der alten getreten ist, daß mit den Worten Fouriers ‚eine überall verbreitete Unruhe darauf hinweist, daß das Menschengeschlecht noch nicht sein naturbestimmtes Ziel gefunden hat' und daß ‚diese Unruhe ein großes Ereignis anzukündigen scheint.'"[58]

Ein wichtiger Vordenker dieser Ideen war Pierre-Simon Ballanche, der dem Reformkatholizismus angehörte. Er sieht im „Plebejertum" die sich entfaltende Menschheit repräsentiert: „Dem Plebejer gehören die allgemeinen Sympathien der ganzen Menschheit, denn er ist der Mensch an sich."[59] Die christliche Verheißung wird zur Vision eines neuen Evangeliums und einer neuen Gesellschaft.[60] Diese Utopien führen hin zur Vorstellung eines christlichen Kommunismus, wie ihn etwa Etienne Cabet in seiner Schrift „Die Reise nach Icarien" vertrat. Der mithin wichtigste Vertreter des Frühsozialismus ist Henri de Saint-Simon, er verbindet sozialreformerische und christlich-mystische Vorstellungen. Den Künsten weist er in der Gestaltung der neuen Gesellschaft eine vorrangige Stellung ein: „Mögen die Künstler das Paradies auf Erden in die Zukunft versetzen."[61] Auguste Comte schreibt am Ende seiner Schrift „Positivistischer Katechismus" eine an Fichte gemahnende These: „Die Menschheit tritt an die Stelle Gottes." Er plädiert für die Schaffung einer säkularen Priesterklasse, gründet schließlich 1849 die „Universale Kirche der Menschheitsreligion" und setzt sich selbst als Oberpriester ein.[62] Auch Charles Fourier vergleicht sich mit den Heroen des Christentums: „Johannes der Täufer ist der Prophet gewesen, der Jesus vorausgegangen ist. Ich bin der ihm nachkommende, von ihm angekündigte Prophet, der sein Werk der Wiederherstellung der Menschheit vollendet."[63] Diese Utopien beinhalten jedoch einen ausgesprochen starken Antijudaismus. Fourier charakterisiert Juden als Verbrecher und Lügner. Bei Pierre-Joseph Proudhon sind sie der Satan und Feind des Menschengeschlechtes, die entweder vertrieben oder vernichtet werden müssen.[64]

Die neuen Mythologien der Romantik und des Frühsozialismus unterscheiden sich vom klassischen christlichen Endzeit-Mythos darin, daß nicht mehr Gott den neuen Äon einleitet, sondern elitäre Sekten und Propheten vergöttlichen sich bzw. ihre Nation und setzen sich auf diese Weise an seine Stelle. In ihrem dualistischen bzw. gnostischen Weltbild ist die Moderne, deren prominente Verkörperung die Juden sind, theologisch gesprochen, das Böse, der Antichrist. In diesen Gesellschaftsutopien bleibt vom Aufklärungspathos nur noch die menschliche Selbstvergottung übrig. Ansonsten bestimmen ausschließlich apokalyptische und totalitäre Momente ihr resakralisiertes Weltbild. Diese Gruppierungen dürfen jedoch nicht als „geistiger Überbau" einer krisenhaften Modernisierung interpretiert werden. Die gesellschaftliche Modernisierung ist kein ausschließliches Produkt anonymer Kräfte wie Kapital und „sich ausdifferenzierender Lebenswelten", sondern sie wird in ihrer Richtung durch Ideen einer „frei schwebenden Intelligenz" in hohem Maße beeinflußt. Die unterschiedlichen gesellschaftlichen Entwicklungen verdanken sich dem Umstand, welche Intellektuelle in den verschiedenen Ländern die Ideen der Aufklärung bzw. des Antimodernismus aufnahmen und somit den Verlauf der nationalen Entwicklung mitbestimmt haben.

Die völkische Bewegung im späten 19. und 20. Jahrhundert

Die Krise der bürgerlichen Gesellschaft im letzten Viertel des 19. Jahrhunderts schwächte die Anziehungskraft des Liberalismus, und die Ideen der politischen Romantik erfuhren eine Renaissance.[65] Bestimmende Ideen der politischen Romantik sind der völkische Nationalismus, der Antikapitalismus und der zur Religion erhobene Antijudaismus. „Der deutsche Konservativismus ist ohne religiöse Einflüsse nicht entstanden und ohne theologische Reflexion nicht 1879 zu verstehen ... Diese Theologie aber spielt im deutschen Konservativismus, besonders in der politischen Romantik, eine wesentliche Rolle."[66] Diese politisch-religiöse Romantik verstand sich als

„dritte Kraft" zwischen Kapitalismus und Sozialismus[67], eine vom Pietismus beeinflußte „Innerlichkeit", die als typisch „deutsche Wesensart"[68] verstanden werden wollte. Der Gegentypus zum Ideal des „gefühlsbetonten Deutschen" wird der „gefühlskalte, berechnende Jude", wie er in Gustav Freytags Roman „Soll und Haben" beschrieben oder in Wilhelm Raabes „Hungerpastor" gleichnishaft dargestellt wird.[69] Die Rezeption und Verbreitung des romantischen Gedankengutes führen Ende des 19. Jahrhunderts zum Romantizismus. Nationalismus und Religion werden nun zum Hauptbestandteil der politischen Theologie des Romantizismus. Die theologisch inspirierte Ablehnung der Moderne mußte deshalb zum politischen Antisemitismus führen.

1879 ist die Geburtsstunde des politischen Antisemitismus in Deutschland.[70] Der angesehene Historiker Heinrich von Treitschke veröffentlicht in den „Preußischen Jahrbüchern" einen antijüdischen Artikel unter der Parole: „Die Juden sind unser Unglück."[71] Paul de Lagarde war einer der Begründer der völkischen Bewegung in Deutschland. Er war ein typischer Vertreter der konservativen Revolution, einer christlich-germanischen Religion, deren Träger die Deutschen sein sollten. Deutschland wurde als neues Königreich Gottes auf Erden gepriesen.[72] „Juden" und „Kapitalismus" waren für Lagarde identische Begriffe, andererseits bezeichnete er aber Juden als Erfinder des proletarischen Internationalismus. Er propagierte offen die Vernichtung der Juden als notwendige Voraussetzung für den Heilsweg des deutschen Volkes. Durch diese sakrale Opferung entstehe die „unzerstörbare gemeinschaft der kinder gottes mitten im hasse und der eitelkeit, ein leben auf du und du mit dem allmächtigen schöpfer und erlöser, königsherrlichkeit und herrschermacht gegenüber allem was nicht göttlichen geschlechts ist".[73] Zwei klassische Vertreter eines mörderischen Antijudaismus mögen noch genannt werden: August Rohling und Jörg Lanz, Hitlers politischer Ziehvater während seiner Wiener Jahre. Rohling behauptete, daß in der rabbinischen „Theologie" rituelle Morde „als heilig gepriesen werden".[74] Lanz verkündete ein Christentum auf rassischer Grundlage, Christus war in seinen Augen ein Arier, der seine Kirche auf Rassenreinheit gründete.[75] Die Rettung der Welt sah er in der Wiederherstellung der Rassenreinheit und im Genozid der „minderen Rassen". Da Hitler ein eifriger Leser der Schriften von Lanz war, darf man annehmen, daß Lanz ihn am nachhaltigsten beeinflußt hat. Die Idee des notwendigen Opfers gerät ins Zentrum der romantizistischen Autoren: „Die Idee des Opfers fehlt bei keinem der konservativen Theoretiker. Sie reicht von Adam Müller bis zu Ernst Jünger und Carl Schmitt, der in seinem ‚Begriff des Politischen' den Opfergedanken besonders herausstellt ... Der Nationalsozialismus hat die revolutionär-konservative Idee des Opfers als der Kraft zu neuem Werden in den Dienst seiner Ideologie gestellt."[76] Diese Ideen verbreiteten sich weiter durch die Kriegsphilosophie des Ersten Weltkrieges und in der Weimarer Republik.[77]

Die nationalsozialistische Apokalypse als Höhepunkt einer neuzeitlichen Gnosis

„Die Engel werden ausgehen und die Gerechten von den Bösen scheiden und sie in die Feueröfen werfen: Da wird ein Heulen und Zähneklappern sein", schreibt der Evangelist Matthäus über den Beginn des tausendjährigen Reiches. Adolf Hitler sah seine Mission durchaus in dieser heilsgeschichtlichen Dimension: „So glaube ich heute im Sinne des allmächtigen Schöpfers zu handeln: indem ich mich des Juden erwehre, kämpfe ich für das Werk des Herrn."[78] Er sieht sich als den neuen Messias, der die Menschheit vom Antichrist befreit: „Christus war der größte Pionier im Kampf gegen den jüdischen Weltfeind. Christus war die größte Kämpfernatur, die es je auf Erden gegeben hat ... Die Aufgabe, mit der Christus begann, die er aber nicht zu Ende führte, werde ich vollenden."[79] Hitler sieht sich in einen gewaltigen Kampf verstrickt, dessen Dimension durchaus kosmische Züge aufweist. Die Juden sind der Antichrist, der die Welt vollständig beherrschen will. Er sieht die Juden als Unheilsbringer in einem apokalyptischen Drama: „So geht er [der Jude, M. L.] seinen verhängnisvollen Weg weiter, bis ihm eine andere Macht entgegentritt und in gewaltigem Ringen den Himmelsstürmer wieder zum Luzifer zurückwirft."[80] Hier zeigen sich die christlich-apokalyptischen Züge seiner Weltanschauung. Bevor die Welt in einen idealen Zustand übergehen kann, muß es zu einem gewaltigen Endkampf kommen. Erst der Sieg über den „Antichrist" ermöglicht die Schaffung des Reiches des „Heiligen Geistes" bzw. des „Dritten Reiches". Wie in der johanneischen Offenbarung und Luthers Aussagen symbolisiert das jüdische Volk die Synagoge des Satans, das aus heilsgeschichtlichen Gründen vernichtet werden muß. Hitler beschreibt in dieser christlichen Sichtweise mehrmals diesen apokalyptischen Endkampf: „Werden unser Volk und unser Staat das Opfer dieser blut- und geldgierigen Völkertyrannen, versinkt die ganze Welt in die Umstrickung dieses Polypen; befreit sich Deutschland aus dieser Umklammerung, so darf die größte Völkergefahr als für die ganze Welt gebrochen gelten."[81] Hitler sieht sich als den Neuen Messias, deshalb ist der Nationalsozialismus antiklerikal eingestellt, weil die neue Religion des Nationalsozialismus die Kirchen ersetzen sollte.

Goebbels sieht das jüdische Volk in ähnlicher Weise, in seinem Tagebuch notierte er: „Der Jude ist wohl der Antichrist der Weltgeschichte."[82] Er sieht in der Opferung der Juden die notwendige Voraussetzung für die Erneuerung der Welt: „Opfer! Im Opfer liegt die Reinigung von Schuld! Geht den harten Gang um der Zukunft willen ... Das Opfer ist alles. Es macht uns zu Helden der Tat, vor deren berauschendem Atem das Alte stürzt und das Neue sich formt wie von selbst."[83] Das Menschenopfer, das die Nationalsozialisten darbrachten, die Tötung des „ewig wandernden Juden", war die politische Theologie des Nationalsozialismus. Adolf Hitler sah sich als Werkzeug Gottes, der mit dem Holocaust die Heilung Deutschlands und der ganzen Welt bringen wollte. Die nationalsozialistische Apokalypse ist das größte Menschenopfer, das die Weltgeschichte kennt, und der wahnsinnigste Zivilisationsbruch der modernen Geschichte. Der Holocaust ist die Exekution des Mythos vom Antichrist in der Moderne.

Anmerkungen

1 Gottfried Küenzlen, Der neue Mensch, München 1994, S. 75
2 Friedrich Tenbruck, Die unbewältigten Sozialwissenschaften oder die Abschaffung des Menschen, Graz, Wien, Köln 1984, S. 79 f.
3 Vgl. Günter Rohrmoser, Religion und Politik in der Krise der Moderne, Graz, Wien, Köln 1989, S. 40
4 Max Weber, Der Beruf zur Wissenschaft, In: Soziologie, Universalgeschichtliche Analysen, Politik, Stuttgart 1979, S. 330

5 Vgl. Norman Cohn, Das neue irdische Paradies, Reinbek bei Hamburg 1988, S. 316

6 Heiko Oberman, Die Wurzeln des Antisemitismus, Berlin 1981, S. 150

7 Jaques Solé, Christliche Mythen, Frankfurt/M., Berlin, Wien 1982, S. 48f.

8 Jean Delumeau, Angst im Abendland, Reinbek bei Hamburg 1985, S. 332

9 Vgl. Joshua Trachtenberg, The Devil And The Jews (1943), Philadelphia 1983, S. 32 ff.

10 Vgl. ebenda, S. 40

11 Vgl. Hannah Arendt, Elemente und Ursprünge totaler Herrschaft (1951), Bd. 1, Frankfurt/M., Berlin, Wien 1980, S. 11

12 Martin Luther, Sendbrief an Hartmut von Cronberg (1522), WA 10 II, Weimar 1883 ff., S. 58

13 Vgl. ders., Auslegung zu Psalm 5 (1516/17), in: Reformatorische Grundschriften, München 1983, S. 34

14 Ders., Von den Juden und ihren Lügen (1543), in: Kampfschriften gegen das Judentum, Bremen 1983, S. 159

15 Ebenda, S. 114 f.

16 Ebenda, S. 198 f.

17 Ebenda, S. 201 ff.

18 Oberman, Wurzeln (wie Anm. 6), S. 139

19 Ebenda, S. 165

20 Novalis, Werke, Hamburg o. J., S. 301

21 Zu dem Spannungsverhältnis zwischen Aufklärung und Romantik s. Lothar Pikulik, Romantik als Ungenügen an der Normalität, Frankfurt/M. 1979, S. 121 ff.

22 F. W. J. Schelling, Sämmtliche Werke, Bd. I/8, Stuttgart 1856–1861, S. 338

23 Vgl. Martin Meyer, Romantische Religion, in: Jacob Taubes (Hrsg.), Der Fürst dieser Welt, München u. a. 1983, S. 181 ff.

24 Vgl. Karl Löwith, Weltgeschichte und Heilsgeschehen, Stuttgart u. a. 1979, S. 146 f.

25 Vgl. Manfred Frank, Der kommende Gott, Frankfurt/M. 1982, S. 13 f.

26 Ebenda, S. 327

27 Manfred Frank, Gott im Exil, Frankfurt/M. 1988, S. 105

28 Vgl. Frank (wie Anm. 25), S. 336 f.

29 Vgl. Klaus Peter (Hg.), Die politische Romantik in Deutschland, Stuttgart 1985, S. 27

30 Ebenda, S. 28

31 Vgl. Georg Lukács, Die Zerstörung der Vernunft, Bd.1 (1954), Darmstadt, Neuwied 1983, S. 10

32 Novalis, Schriften, Bd. 2, Darmstadt 1960 ff., S. 545

33 Vgl. Jacob Katz, Aus dem Ghetto in die bürgerliche Gesellschaft, Frankfurt/M. 1986, S. 104 ff.

34 Vgl. Wilhelm Dantine, Frühromantik – Romantik – Idealismus, in: Karl-Heinrich Rengstorf/ Siegfried v. Kortzfleisch (Hrsg.), Kirche und Synagoge, Bd. 2, S. 214 f.

35 Vgl. Léon Poliakov, Der arische Mythos, Wien 1977, S. 214

36 Vgl. Johann Gottlieb Fichte, Reden an die deutsche Nation, Leipzig 1808, S. 110

37 Ebenda, S. 233

38 Vgl. Peter Eicher, Die Politik der absoluten Religion. Fichtes Beitrag zur Gnosis der Deutschen, in: Jacob Taubes (Hrsg.), Gnosis und Politik, München u. a. 1984, S. 210

39 Johann Jacob Fichte, Anleitung zum seligen Leben, Hamburg 1983, S. 100

40 Fichte, zit. nach Dantine, Frühromantik (wie Anm. 34), S. 188 f.

41 Ebenda, S. 189

42 Ernst Moritz Arndt, Sämtliche Werke, Bd. 3, Magdeburg 1908, S. 110

43 Ders., Blick aus der Zeit in die Zeit, Frankfurt 1814, S. 188 ff.

44 Joseph v. Görres, zit. nach Dantine, Frühromantik (wie Anm. 34), S 187

45 Vgl. Michael Ley, Genozid und Heilserwartung, Wien 1993, S. 117 ff.

46 Hartwig v. Hundt-Radowsky, zit. nach Dantine (wie Anm. 34), S. 194

47 Carl Schmitt, Politische Romantik (1919), Berlin 1991, S. 51

48 Fichte, Reden (wie Anm. 36), S. 109

49 Karl Marx, Zur Judenfrage, in: Marx/Engels, Werke, Bd. 1, Berlin 1983, S. 374

50 Ebenda, S. 375

51 Micha Brumlik, Die Gnostiker, Frankfurt/M. 1992, S. 71

52 Karl Marx, Die Frühschriften, hrsg. v. Siegfried Landshut, Stuttgart 1971, S. 220

53 Vgl. ebenda, S. 367

54 Vgl. ebenda, S. 297 f.

55 Vgl. ebenda, S. 235

56 Ebenda, S. 224

57 Ders., MEW (wie Anm. 49), S. 377

58 Friedrich Wolfzettel, Utopien des Frühsozialismus oder Fortschritt als Erlösung, in: Peter Kemper (Hrsg.), Macht des Mythos – Ohnmacht der Vernunft?, Frankfurt/M. 1989, S. 103

59 Pierre-Simon Ballanche, zit. nach Wolfzettel, Utopien (wie Anm. 58), S. 111

60 Ebenda, S. 111 f.

61 Henry Saint-Simon, zit. nach Frank (wie Anm. 25), S. 222

62 Tenbruck, Sozialwissenschaften (wie Anm. 2), S. 127 f.: „Saint-Simon fühlte sich teilweise als Jesus, derweil Comtes es mit Paulus hielt."

63 Charles Fourier, zit. nach Léon Poliakov, Geschichte des Antisemitismus, Bd. 6, Worms 1987, S. 170

64 Vgl. Ley, Genozid (wie Anm. 45), S. 125 f.

65 Peter, Romantik (wie Anm. 29), S. 67

66 Martin Greiffenhagen, Das Dilemma des Konservativismus in Deutschland, Frankfurt/M. 1986, S. 23

67 Vgl. George Mosse, Germans and Jews, New York 1970, S. 7

68 Vgl. ders., Nationalismus und Sexualität, München, Wien 1985, S. 13

69 Ders., Germans (wie Anm. 67), S. 35

70 Vgl. Jacob Katz, Vom Vorurteil zur Vernichtung, München 1989, S. 253

71 Heinrich v. Treitschke, Unsere Aussichten, in: Walter Boehlich (Hrsg.), Der Berliner Antisemitismusstreit, Frankfurt/M. 1988, S. 13

72 Vgl. Doris Mendlewitsch, Volk und Heil, Rheda-Wiedenbrück 1987, S. 140

73 Paul de Lagarde, Deutsche Schriften, Bd. 1, Göttingen 1878, S. 54

74 August Rohling, Die Polemik und das Menschenopfer des Rabbinismus, Paderborn 1884, S. 28

75 Vgl. Wilfried Daim, Der Mann, der Hitler die Ideen gab, Wien u. a. 1985, S. 195

76 Greiffenhagen, Dilemma (wie Anm. 66), S. 194 ff.

77 Vgl. Ley, Genozid (wie Anm. 45), S. 159 ff.

78 Adolf Hitler, Mein Kampf, München 1934, S. 70

79 Hitler, zitiert nach Robert Wistrich, Der antisemitische Wahn, Ismaning bei München 1987, S. 252

80 Adolf Hitler, Mein Kampf (wie Anm. 78), S. 751

81 Ebenda, S. 703

82 Goebbels, zit. nach Claus-E. Bärsch, Das Katastrophenbewußtsein eines werdenden Nationalsozialisten, in: Menora. Jahrbuch für deutsch-jüdische Geschichte, München, Zürich 1990, S. 141

83 Goebbels, zit. nach Claus-E. Bärsch, Erlösung und Vernichtung, München 1987, S. 108

Apokalyptische und gnostische
Elemente im Nationalsozialismus

Klaus Vondung

Die Apokalypse des Nationalsozialismus

Der Jahrestag zur fünfzigsten Wiederkehr des 8. Mai 1945 im vergangenen Jahr erinnerte nicht nur an das Ende des Zweiten Weltkrieges in Europa, sondern zugleich an die Befreiung vom nationalsozialistischen Terror-Regime und vor allem auch an die Beendigung des Massenmordes an den Juden und anderen von den Nazis so genannten ‚Untermenschen'. Denn das, was den Nationalsozialismus in entsetzlich einmaliger Weise kennzeichnet und auch von anderen Faschismen unterscheidet, der Holocaust, kann nur erklärt werden – wenn eine Erklärung im Sinne der Offenlegung von Motiven und Funktionen überhaupt möglich ist – durch die Analyse eines Syndroms, das mit dem Begriff der ‚politischen Religion' zu umschreiben ist. Die Faschismustheorien unterschiedlicher Provenienz, sozialhistorische und soziologische Untersuchungen haben jedenfalls wenig dazu beigetragen, die Ursachen für den Holocaust aufzuhellen.

Eine der ersten Deutungen des Nationalsozialismus als politische Religion, zugleich der Versuch einer theoretischen Klärung des Begriffs, stammt aus dem Jahr 1938, vorgelegt von Eric Voegelin, damals außerordentlicher Professor für Staatslehre und Soziologie an der Universität Wien. Sein Buch *Die politischen Religionen* erschien in der Schriftenreihe *Ausblicke* des Bermann-Fischer Verlags kurz nach dem Einmarsch Hitlers in Österreich, kam nur in wenigen Exemplaren zur Auslieferung und wurde von Bermann-Fischer 1939 in Stockholm erneut aufgelegt.[1] In der Folgezeit machten weitere Autoren auf religiöse Elemente des Nationalsozialismus aufmerksam. Der Amerikaner Kenneth Burke stellte 1939 in Hitlers Sprache gehäuft auftretende religiöse Bilder und Symbole fest, und er schloß: „Hitlers Denkschemata sind nichts anderes als pervertierte oder karikierte Formen religiösen Denkens."[2] Hermann Rauschning, ehemaliger Senatspräsident Danzigs und zeitweiliger Anhänger Hitlers, bezeichnete 1941 als Wurzel des nationalsozialistischen Weltmachtstrebens die „Katholizität des neuen Glaubens an den Gott verkörpernden Führer".[3] Nach dem Krieg – um nur noch einige der frühen Arbeiten zu nennen –

interpretierte Walter Künneth in einer „geschichtstheologischen Untersuchung" den Nationalsozialismus als Imitation der Katholischen Kirche.[4] Albert Camus' Deutung des Nationalsozialismus als Religion, die er 1951 in seiner Studie *L'Homme révolté* vortrug, stützte sich auf die Charakteristiken der „Vergöttlichung des Irrationalen" und einer nationalsozialistischen „Mystik".[5] Friedrich Heer analysierte 1968 die „politische Religiosität" des aus dem österreichisch-katholischen Milieu stammenden Adolf Hitler.[6] Die genannten und weitere Untersuchungen zu religiösen Aspekten des Nationalsozialismus[7] beeinflußten allerdings die wissenschaftliche Diskussion nur partiell; die Anwendung des Religions-Begriffs auf politische Phänomene stieß vielfach auf Ablehnung.

Schon Voegelin hatte sich mit dem Widerstand auseinanderzusetzen, den die Deutung einer politischen Bewegung als Religion hervorruft; er führte ihn zurück auf den symbolischen Sprachgebrauch, der sich durch die Polarisierung der Institutionen ‚Kirche' und ‚Staat' mit der Auflösung der christlich-abendländischen Reichseinheit und der Entstehung der modernen Staatenwelt herausgebildet hatte. „Die Begriffe des Religiösen und des Politischen sind den Institutionen und ihren Symbolen gefolgt; sie haben sich auf das Kampffeld begeben und sich unter die Autorität der kämpferischen Sprachsymbole gestellt, so daß heute auch für die Erkenntnis unter dem Drucke ihrer begrifflichen Mittel Gegensätze bestehen, wo vielleicht bei kritischer Prüfung nur unterschiedliche Fälle der Wirksamkeit von nahe verwandten menschlichen Grundkräften zu finden sein werden."[8] Grundkräfte solcher Art sah Voegelin in den Erregungen, die sich aus der Erfahrung der Kreatürlichkeit ergeben. Aus dieser Erfahrung, so Voegelin, entsteht das Verlangen, die Bedingtheit menschlicher Existenz zu überschreiten und in einem dem Menschen Jenseitigen, Größeren und Ganzen aufgehoben und erlöst zu werden. „In allen Richtungen, in denen die menschliche Existenz zur Welt hin offen ist, kann das umgebende Jenseits gesucht und gefunden werden: im Leib und im Geist, im Menschen und in der Gemeinschaft, in der Natur und in Gott."[9] Dieses Suchen und Finden, in dem die „Erregungen der Kreatürlichkeit" sich entfalten und erfüllen, bestimmte Voegelin als „religiöses Erlebnis". „Wo immer ein Wirkliches im religiösen Erlebnis sich als ein Heiliges zu erkennen gibt, wird es zum Allerwirklichsten, zum Realissimum. Diese Grundwandlung vom Natürlichen zum Göttlichen hat zur Folge eine sakrale und wertmäßige Rekristallisation der Wirklichkeit um das als göttlich Erkannte. Welten von Symbolen, Sprachzeichen und Begriffen ordnen sich um den heiligen Mittelpunkt, verfestigen sich zu Systemen, füllen sich mit dem Geist der religiösen Erregung und werden fanatisch als die ‚richtige' Ordnung des Seins verteidigt."[10]

Den Nationalsozialismus interpretierte Voegelin nicht deswegen als politische Religion, weil die Nationalsozialisten christliche Sprachsymbole übernahmen und kultische Formen der christlichen Kirchen imitierten. Obwohl in diesen Bereichen das Faktum der Anleihe und Imitation unübersehbar ist, verstand Voegelin den Nationalsozialismus als eigenständiges religiöses Phänomen, weil ihm religiöse Erlebnisse zugrundelagen, die zur Manifestation eines neuen Realissimum führten. Eine grundsätzliche Unterscheidung war allerdings in diesem Zusammenhang erforderlich, nämlich die zwischen „überweltlichen Religionen" wie der jüdischen oder christlichen und „innerweltlichen Religionen", in denen das Göttliche nicht in einem transzendenten Weltgrund gefunden wird, sondern in einem Teilinhalt der Welt.[11] Der Teilinhalt der Welt, den der Nationalsozialismus zum Realissimum erhob, war die Volksgemeinschaft als Einheit gemeinsamen Blutes. Die nationalsozialistische Volksgemeinschaft charakterisierte Voegelin als „partikuläre Ekklesia", im Gegensatz zur universalen etwa des Christentums, und als „radikal innerweltliche Ekklesia", in der „als Legitimierungsquelle der Gemeinschaftsperson" – anstelle Gottes – „die Gemeinschaft selbst" tritt.[12] Als Symbol für die „sakrale Substanz" der Gemeinschaft bezeichnete er – neben anderen Vokabeln aus dem Wortschatz der deutschen Romantik – den ‚Volksgeist' als „ein durch die Zeit dauerndes Realissimum, das in den einzelnen Menschen als Gliedern ihres Volkes und ihren Werken geschichtliche Wirklichkeit wird". Die Glieder werden Volksgemeinschaft, „zum ‚Volk der Einheit', zur geschichtlichen Person, durch die politische Organisation". Organisator ist der ‚Führer', er ist „die Stelle, an der der Volksgeist in die geschichtliche Realität einbricht".[13] Da der Volksgeist eine innerweltlich-sakrale Substanz ist, nämlich an das Blut gebunden, wird „der Führer zum Sprecher des Volksgeistes und

Repräsentanten des Volkes kraft seiner rassemäßigen Einheit mit dem Volk".[14]

Ich habe die Deutung Voegelins mit einiger Ausführlichkeit skizziert, weil sie eine grundsätzliche, anthropologisch fundierte Bestimmung des Begriffs der politischen Religion einschloß,[15] die auch heute noch Aufmerksamkeit verdient. Und ich habe sie vorgestellt, weil sie mir als Ansatz für meine eigene Interpretation dient. Ich verstehe die nationalsozialistische Apokalypse als die besondere Gestalt, in der sich die politische Religion des Natonalsozialismus letztlich aktualisierte; und ich sehe die Beziehung zwischen der Apokalypse des Nationalsozialismus und der Apokalyptik der jüdisch-christlichen Tradition von ähnlichen Gemeinsamkeiten und Unterschieden bestimmt wie die Beziehung zwischen innerweltlicher politischer Religion und überweltlichen Religionen. Da die Charakteristiken der politischen Religion des Nationalsozialismus die Grundlage für deren apokalyptische Ausprägung bilden, will ich sie noch – bevor ich mich der Apokalypse selbst zuwende – mit einigen Beispielen illustrieren.

Das Realissimum der nationalsozialistischen Religion war das Blut. Das Symbol des Volksgeistes spielte für die meisten Nationalsozialisten eine geringere Rolle, als Voegelin annahm. Wichtig war der Volksgeist allenfalls für die Bildungsbürger, die sich dem Nationalsozialismus anschlossen und denen er als Brücke zum neuen Glauben diente. Martin Heidegger z. B. führte in seiner Freiburger Rektoratsrede aus, die geistige Welt eines Volkes sei „die Macht der tiefsten Bewahrung seiner erd- und bluthaften Kräfte als Macht der innersten Erregung und weitesten Erschütterung seines Daseins"[16], und es gelang ihm mit dieser Definition nicht nur, den Geist des Volkes an Blut und Boden zu binden, sondern auch die religiöse Erregung zum Ausdruck zu bringen, die mit der Erkenntnis des Realissimum einhergeht. Doch im Grunde genommen bedurfte es der spirituellen Verbrämung durch das Symbol des Volksgeistes nicht. Hitler selbst bezeichnete die ‚sakrale Substanz' der von ihm verkündeten Seinsordnung fast immer direkt, z. B. in einer Rede kurz vor seiner Machtübernahme: „Stände vergehen, Klassen ändern sich, Menschenschicksale wandeln sich, etwas bleibt uns und muß uns bleiben: Das Volk an sich als Substanz von Fleisch und Blut."[17] Man darf sicher ausschließen, daß Hitler differenzierte Kenntnisse des philosophischen Substanz-Begriffes besaß, aber der Sinn dieses Satzes läßt doch erkennen, und Hitlers eklektischer Bildungsschatz spricht ebenfalls dafür, daß er die Bedeutung von ‚Substanz' als Wesenhaftes und Urgrund, ja als Absolutes und Göttliches kannte und zum Ausdruck bringen wollte. Deutlich wird auch, daß mit diesem Satz das Volk in der Tat zu einer innerweltlichen Ekklesia erhoben wird, die fundiert ist in dem durch die Zeit dauernden Realissimum des gemeinsamen Bluts, und daß sich diese Ekklesia damit selbst legitimiert.

Die Erhebung einer innerweltlichen Entität zum Realissimum hat, wie Voegelin feststellte, eine sakrale und wertmäßige Rekristallisation der Wirklichkeit zur Folge und führt zur Produktion zahlreicher sakraler Symbole, die sich um den heiligen Mittelpunkt lagern: im Zentrum das Blut, dann das Volk als substantieller Träger des Bluts, der Boden, das Land, aus dem sich das Volk nährt, das Reich, in dem es sich politisch aktualisiert, der Führer als Repräsentant von Volk und Reich, die Fahne als heiligstes Symbol und weitere Symbole teils kosmologischen Charakters wie Sonne und Feuer, teils historischen Ursprungs wie die Feldherrnhalle.

Die sakralisierten Wirklichkeitsbereiche haben den Charakter von Glaubenswahrheiten. Die subjektive Erfahrung des als heilig Erkannten und dessen Verkündigung erscheinen als Offenbarung und Kerygma, die das Bekenntnis der Glaubenswahrheiten nach sich ziehen. In der chorischen Dichtung *Die Verpflichtung* von Eberhard Wolfgang Möller fordern Herolde dreimal dazu auf, die geschauten Glaubenswahrheiten zu verkünden.

> *Sprecht, was ihr saht, und kündet, was ihr glaubt,*
> *daß wir bekennen, was wir glauben wollen.*[18]

Es folgt das Kerygma in drei ‚Verkündungen' und jeweils anschließend das von allen gesprochene Glaubensbekenntnis:

> *Wir glauben an das Blut [...].*
> *Wir glauben an das Land [...].*
> *Wir glauben an das Volk [...].*[19]

In anderen chorischen Dichtungen wird auch Hitler zur heiligen Person konsekriert, mitunter mittels christlicher Symbole: „Und wissen, daß wir ihn notwendig haben / wie Brot und Wein".[20] Der Führer erscheint so als neuer Messias, der in der Tat die Antwort auf die Existenzfrage sowohl des Individuums wie der Gemeinschaftsperson verkörpert. Als Inkarnation des Realissimum zieht er ebenfalls Glaubensbekenntnisse auf sich:

> *Laßt unter der Standarte uns bekennen:*
> *Wir sind Deutsche.*
> *Wir folgen unserm Führer*
> *als dem leibhaftig gewordenen Befehl*
> *eines höheren Gesetzes,*
> *das über uns und in uns schwingt,*
> *das wir erahnen,*
> *und daran wir glauben.*
> *Wir glauben an unsern Führer*
> *als an eine Offenbarung*
> *dieses Gesetzes*
> *für uns,*
> *sein Volk.* [21]

Die chorischen Dichtungen, aus denen ich zitiert habe, und viele weitere, ähnliche Werke dienten als liturgische Texte für die zahlreichen und verschiedenartigen Feiern des Nationalsozialismus. Diese Feiern stellten einen Kult im strengen Sinn des Wortes dar; seine Funktion war, wie die der Kulte anderer Religionen, Glaubensinhalte zu vergegenwärtigen und zu konsekrieren und außerdem rituelle Formen für Verkündigung und Bekenntnis bereitzustellen. Der nationalsozialistische Kult, auf den ich allerdings hier nicht weiter eingehen kann,[22] ist die praktische, sozialrelevante Umsetzung der nationalsozialistischen Religion; er ist zudem gewichtiger Beleg dafür, daß der Nationalsozialismus tatsächlich als politische Religion betrachtet werden kann.

Ich komme zur Apokalypse. Ich sagte eingangs, daß ich die Apokalypse als die besondere Gestalt sehe, in der sich die politische Religion des Nationalsozialismus letztlich aktualisierte; und ich sagte außerdem, daß ich die Beziehung zwischen der nationalsozialistischen Apokalypse und der Apokalyptik der jüdisch-christlichen Tradition von ähnlichen Gemeinsamkeiten und Unterschieden bestimmt sehe wie die Beziehung zwischen innerweltlicher politischer Religion und überweltlichen Religionen. Ich will nun zunächst über diese Gemeinsamkeiten und Unterschiede sprechen, über die Gemeinsamkeiten, um zu rechtfertigen, warum der Apokalypse-Begriff der jüdisch-christlichen Tradition überhaupt auf den Nationalsozialismus angewendet werden kann, über die Unterschiede, um das Besondere der nationalsozialistischen Apokalypse herauszustellen, die ich dann im einzelnen beschreiben möchte.[23]

Die apokalyptischen Visionen des Judentums und Christentums entstanden zum größten Teil in Krisensituationen, produziert von Menschen, die sich in ihrer gesamten Existenz – religiös, politisch, sozial – gefährdet und gedemütigt, unterdrückt und verfolgt empfanden. Sinnfällige Beispiele sind das Buch Daniel, die erste vollständig ausgeformte Apokalypse – sie entstand unter Antiochus IV. Epiphanes, der die Juden verfolgte, die sich der Hellenisierung widersetzten – und die Offenbarung des Johannes, die der christlichen Tradition des apokalyptischen Denkens den wichtigsten Anstoß gab – sie entstand während der Christenverfolgung unter Kaiser Domitian. Die apokalyptischen Visionäre legten ihre Leidenserfahrungen so aus, daß die Welt, in der sie lebten, als zutiefst verdorben und böse erschien. Sie sehnten sich nach Erlösung, aber sie glaubten nicht, daß sich durch Veränderungen hier und da, durch Verbesserungen oder Reformen – etwa auch im politischen und sozialen Bereich – noch irgend etwas bewirken lasse. Erlösung, so glaubten sie, lasse sich nur dadurch erreichen, daß die alte, verdorbene Welt untergehe und der ‚böse Feind‘, der das Verderben verschuldet hat, vernichtet werde. Sie empfanden die Krise als universal und akut, sie sahen die endgültige Entscheidung als unausweichlich und nahe bevorstehend an.

Die Apokalypse ist eine Erlösungsvision, ungeachtet der vielfältigen und bildkräftigen Ausmalungen des Weltuntergangs. Charakteristisch für sie ist erstens ein strikter Dualismus, nämlich die radikale, auch moralisch wertende Trennung zwischen der zutiefst verdorbenen alten Welt und der vollkommenen zukünftigen, zwischen dem ‚bösen Feind‘, der das Verderben verschuldet hat, und den Auserwählten, die jetzt noch leiden, aber bald triumphieren werden, und zweitens die Überzeugung, der Erlösung müsse der Untergang der alten Welt und die vollständige Vernichtung des ‚bösen Feindes‘ vorausgehen. Daraus folgen als weitere Charakteristiken: die Unbedingtheit, der Universalismus und die Naherwartung der Apokalypse.

Sprachlich äußern sich die Besonderheiten der Apokalypse in dramatischen Entwürfen der anstehenden Entscheidung als eines erbitterten Kampfes, einer letzten, furchtbaren Schlacht. Der angstvoll und lustvoll erwartete Untergang der alten Welt wird oft in Bildern zerstörerischer Naturgewalten vergegenwärtigt, in Bildern von Flut und Sturm, Feuer und Erdbeben. Der strikte Dualismus der Apokalypse, die radikale, auch moralisch wertende Trennung zwischen der defizienten alten Welt und dem erhofften neuen Zustand, drückt sich in Bildern des Schmutzes und der Reinheit, der Krankheit und Gesundung, der Finsternis und des Lichtes aus. Der ‚böse Feind‘ wird als Bestie, als grausames und heimtückisches, widerwärtiges und ekelerregendes Tier gemalt. Die erhoffte Veränderung der Realität und der gesamten Existenz wird in den Symbolen der Wandlung und Erlösung, der Erneuerung, Wiedergeburt und Auferstehung gefaßt. Absolutheitsvokabeln wie ‚alles‘, ‚das Ganze‘, ‚das Letzte‘, bringen die Unbedingtheit der apokalyptischen Perspektive zum Ausdruck.

Das apokalyptische Deutungsmuster, wie ich es mit Blick auf die jüdisch-christliche Apokalyptik skizziert habe, findet sich auch in der politischen Religion des Nationalsozialismus. Die Gemeinsamkeiten, auf Grund derer ich die Übertragung des Begriffs für gerechtfertigt halte, erstrecken sich hauptsächlich auf die Struktur des Deutungsmusters, auf einzelne Deutungselemente und auf verschiedene, allerdings signifikante Bilder und Symbole; ich werde dies im folgenden demonstrieren. Die entscheidenden Unterschiede sind inhaltlicher Natur. Der wichtigste besteht darin, daß in der nationalsozialistischen Apokalypse nicht Gott eingreift, um das Weltgericht zu vollziehen, wie in den jüdischen und christlichen Apokalypsen, sondern daß das Erlösungswerk der Gemeinschaftsperson der innerweltlichen Ekklesia selbst aufgetragen ist. Folgerichtig wird der künftige Zustand der Vollkommenheit nicht als *himmlisches* Jerusalem vorgestellt, wie in der Offenbarung Johannis, sondern als innerweltliche Erlösung. Ein weiterer gravierender Unterschied betrifft die Relation von Erfahrungsanlässen und deren apokalyptischer Auslegung. Die Auslegung von Erfahrungen der Defizienz – für die es verschiedenartige historische und biographische Anlässe geben mag – als äußerste Krise, die zum apokalyptischen Umsturz führen muß, kann offensichtlich mehr oder weniger angemessen sein, mehr oder weniger übertrieben oder sogar imaginär. Es ist unsere Aufgabe, dies zu bewerten, zugleich aber auch in Rechnung zu stellen, daß das subjektive Erleben des Apokalyptikers und der Glaube an die Authentizität seiner Erfahrungsauslegung davon unberührt bleiben.

Bei meiner Explikation der nationalsozialistischen Apokalypse richte ich mein Augenmerk hauptsächlich auf zwei Dimensionen, die geschichtsspekulative und die existentielle. Diese Dimensionen sind für die Apokalypse seit jeher von Bedeutung. Die Apokalypse hat es mit der Geschichte zu tun. Sie deutet Geschichte in besonderer Weise, und sie setzt daher Bewußtsein von Geschichte voraus. Schon die frühesten apokalyptischen Texte des Buches Daniel machen dies deutlich. Zwar ist das altjüdische Geschichtsbewußtsein dem modernen nicht vergleichbar, und es gibt im Alten Testament auch kein hebräisches Wort, das unserem Wort ‚Geschichte‘ entspräche, dennoch lassen die Schriften des Alten Testaments erkennen, daß es in Israel wohl schon seit dem Exodus eine Vorstellung von Geschichte gab, und zwar als eines Prozesses, der durch das Wirken Gottes bestimmt wird. Diese Vorstellung verfestigte sich im Lauf der Zeit zu einer Geschichtsauffassung, die man ‚heilsgeschichtlich‘ nennt: Geschichte als eine von Gott gelenkte Kette von Ereignissen von der Schöpfung bis zur Erlösung. Die Anfänge der Apokalypse, die man zwischen dem 2. babylonischen Exil (587–538 v. Chr.) und dem 2. vorchristlichen Jahrhundert (167 v. Chr. Religionsedikt des Antiochus IV. Epiphanes) ansetzen kann, sind geprägt von der Spannung zur heilsgeschichtlichen Auffassung von Geschichte. Das apokalyptische Geschichtsdenken setzt die heilsgeschichtliche Betrachtungsweise als Folie voraus. Dies gilt auch für die Moderne, in der das heilsgeschichtliche Denken von inhaltlich veränderten, aber strukturell ähnlichen Vorstellungen von der Geschichte als eines planvollen Prozesses der Höherentwicklung und des Fortschritts abgelöst wurde. In jedem Fall setzt das apokalyptische Geschichtsdenken die Unterstellung voraus, der Geschichte eigne eine Qualität, die man in unserer heutigen Sprache als ‚Sinn‘ bezeichnet. Die apokalyptischen Reaktionen auf die Erfahrung, daß die Geschichte *keinen* Sinn hat oder daß dieser Sinn bedroht ist, sind nur unter dieser Voraussetzung verständlich.

Meine Bemerkungen über das apokalyptische Geschichtsdenken, dessen Voraussetzungen und dessen Entstehung implizieren, daß die Apokalypse kein überzeitliches und allgemein menschliches Phänomen, sondern historisch und zivilisatorisch bedingt ist. Etwas anders verhält es sich mit der existentiellen Dimension der Apokalypse, bei der es so etwas wie eine anthropologische Konstante gibt, aber nicht als Spezifikum der Apokalypse selbst, sondern gleichsam als anthropogene Voraussetzung des historisch kontingenten Phänomens. Hierzu später. Zunächst zur geschichtsspekulativen Dimension der nationalsozialistischen Apokalypse und den einschlägigen Symbolen des apokalyptischen Deutungsmusters.

Hitler entwarf in *Mein Kampf* und in vielen seiner Reden ein apokalyptisches Bild von der Welt, an das er zweifellos auch selbst glaubte. Er sah die Weltgeschichte durch den Kampf zweier universaler Mächte bestimmt, deren Unversöhnlichkeit er vorzugsweise in der dualistischen Symbolik ‚Licht – Finsternis‘ zum Ausdruck brachte,[24] und er glaubte die Entscheidungsschlacht nahe, die den Sieg über den „Todfeind jedes Lichtes“ bringen und „bis in fernste Zeiten“ befestigen sollte.[25] Die ‚Macht des Bösen‘ verkörperte sich für ihn im Judentum, dem „bösen Feind der Menschheit“,[26] dem er die Schuld an allen tatsächlichen Defiziten der Welt, aber auch an eingebildeten Gefahren und Bedrohungen zuschob. Hitler sah das Heil der ganzen Welt davon abhängen, daß Deutschland den apokalyptischen Endkampf gewinnt: „Werden unser Volk und unser Staat das Opfer dieser blut- und geldgierigen jüdischen Völkertyrannen, so sinkt die ganze Erde in die Umstrickung dieses Polypen; befreit sich Deutschland aus dieser Umklammerung, so darf diese größte Völkergefahr als für die gesamte Welt gebrochen gelten.“[27]

Auch Alfred Rosenberg übertrug dem „Weltjudentum“ die Rolle des universalen ‚bösen Feindes‘; er unterstellte eine „Weltverschwörung“ zwischen jüdischem Kapitalismus und jüdischem Bolschewismus gegen die „nordische Lichtrasse“.[28] Rosenberg schürte die Angst vor dem Untergang, indem er das Schreckbild einer „jüdischen Welt-

revolution" entwarf, die der „riesig angelegte ‚messianische' Versuch"
sei, „Rache am ewig fremden Charakter der Europäer, und nicht nur
der Europäer, zu nehmen"; und er prophezeite eine apokalyptische
Auseinandersetzung, einen „entscheidenden Weltkampf".[29] Ebenso
wie Hitler versuchte er jedoch, die Angst vor dem bösen Feind in den
Willen zu dessen Vernichtung umzukehren: „Die Überwindung der
bolschewistischen Lehre ist nur und ausschließlich durch einen neuen
Glauben, durch einen aus dieser Weltanschauung geborenen Willen
zur *Tat* und dann durch die entscheidende Tat selbst möglich."[30]

Die nationalsozialistische Apokalypse brachte die verheißene Erneuerung als ‚Reinigung' ins Bild und identifizierte zugleich den
Feind mit ‚Schmutz'. Hitler versprach Erlösung durch „Reinhaltung
des Blutes"; die Verwirklichung dieses Ziels sah er als die dem deutschen Volk „vom Schöpfer des Universums zugewiesene Mission".[31]
Behindert wurde die Mission durch das ‚unreine' Judentum; Goebbels
notierte in seinem Tagebuch: „Der Jude ist wohl der Antichrist der
Weltgeschichte. Man kennt sich kaum mehr aus in all dem Unrat von
Lüge, Schmutz, Blut und viehischer Grausamkeit."[32] Die anstehende
„endgültige Entscheidung" zeichnete Rosenberg als Kampf gegen den
Schmutz: „Entweder steigen wir [...] zu einer reinigenden Leistung
empor, oder aber auch die letzten germanisch-abendländischen Werte
der Gesittung und Staatenzucht versinken in den schmutzigen Men-
schenfluten der Weltstädte."[33]

Bilder des Schmutzes für den Gegner und der Flut für den Untergang verbanden sich häufig in der Bilderwelt der nationalsozialistischen Apokalypse. Der Literaturwissenschaftler Heinz Kindermann
perhorreszierte 1943 im Rückblick auf die zwanziger Jahre die „an-
steigende Flut dieser Schlammgeister", womit er in erster Linie Juden
meinte.[34] Um das Judentum als bösen Feind besonders gefährlich und
widerwärtig zugleich erscheinen zu lassen, wurde der Bildkomplex
‚Schmutz-Flut' noch mit Ungeziefer assoziiert. Der Film *Der ewige
Jude* z. B. führte die historischen Wanderungsbewegungen der Juden
auf der Landkarte Europas vor und kommentierte diese Demonstration immer wieder mit Einblendungen, die dahinströmende Ratten
zeigten.

Ihre äußerste Zuspitzung erfuhr die nationalsozialistische Apokalypse freilich erst dadurch, daß es nicht bei der sprachlichen Propagie-

rung dieses Weltbildes blieb – entsprechende verbale Exzesse gab es auch schon früher und in anderen politischen Lagern –, sondern daß die apokalyptischen Phantasien vom Kampf gegen den ‚bösen Feind der Menschheit' mit äußerster Konsequenz in die Tat umgesetzt wurden.

Sinnfälliges Symbol für das Mittel, mit dem die von Hitler, Rosenberg und anderen propagierte ‚Reinigung' der Welt zu vollziehen war, zugleich aber auch reales Mittel zur Ausmerzung des ‚bösen Feindes', war das Feuer. Die Engführung von Symbol und Handlung erfolgte zum erstenmal, gleichsam in einer Apokalypse *en miniature,* die die umfassendere präludierte, bei den Bücherverbrennungen am 10. Mai 1933. In den Reden und Ansprachen im Umkreis dieser Autodafés begegnen ständig die wohlbekannten Symbole des apokalyptischen Glaubens: Da ist von der „inneren Wandlung des deutschen Menschen" die Rede, von der Bücherverbrennung als Symbol nicht nur „des Niedergangs der alten Epoche, sondern auch des Aufstiegs der neuen Epoche": „Die Jugend verbrannte die Werke der alten Zeit, um den Anbruch der neuen Zeit zu verkünden." Und immer wieder wird die „Wiedergeburt" des deutschen Volkes und des „deutschen Geistes" beschworen; – an den Bücherverbrennungen waren Bildungsbürger noch maßgeblich beteiligt. Aus den Flammen der verbrannten Bücher von Juden und Regimegegnern sah man den „Phönix eines neuen Geistes" steigen.[35] Von diesen Feuern verlief der Weg über die brennenden Synagogen 1938 bis zu den Verbrennungsöfen der Vernichtungslager, dem mörderischen Extrempunkt der nationalsozialistischen Apokalypse.

Was läßt sich über die existentielle Motivation des Apokalyptikers sagen? Ich habe angedeutet, daß ich die existentielle Dimension der Apokalypse in einer anthropogenen Voraussetzung des gleichwohl historisch kontingenten Spekulationstyps sehe. Diese Voraussetzung ist für mich die *conditio humana* einer existentiellen Spannung zwischen Defizienz und Fülle. Wir alle werden von Erfahrungen der Defizienz nicht verschont, sie ereignen sich auf sämtlichen Ebenen menschlichen Seins und Handelns: Der Bogen reicht von Erfahrungen des Nichtgelingens im alltäglichen Leben und der eigenen Unzulänglichkeit über solche des materiellen Mangels oder sozialer Benachteiligung bis hin zu den Erfahrungen der existentiellen Gefährdung durch Verfolgung oder Krieg, bis hin zu den alles durchdringenden Erfahrungen der Vergänglichkeit, des Verlustes, des Todes. Doch es sind uns auch Erfahrungen der Fülle gegönnt, ebenfalls auf verschiedenen Ebenen: Die Natur kann uns den Eindruck der Fülle vermitteln und das Erlebnis, in körperlichem und psychischem Wohlbefinden ‚im Einklang mit der Welt‘ zu sein, teilzuhaben an der Fülle des Kosmos. Materielles Glück, das Erlebnis eigener Stärke und Macht, die Verbindung mit einem anderen Menschen in der Liebe können Erfahrungen der Fülle gewähren. Und schließlich vermag in der Erfahrung von Fülle die Präsenz eines jenseitigen Grundes aller Fülle aufzuleuchten.

Erfahrungen der Fülle sind nicht stabil, sie werden immer wieder, oft abrupt, von Erfahrungen der Defizienz abgelöst. Dieser Wechsel wird als Spannung erfahren, genauer: Was wir erfahren, sind Bewegungen in einem Spannungsfeld zwischen den Polen Defizienz und Fülle, nicht etwa einerseits ‚Defizienz‘ und andererseits ‚Fülle‘ in jeweiliger Ausschließlichkeit. Auch wenn wir uns dem einen oder anderen Pol sehr weit annähern, bleibt die Spannung zum jeweils anderen als schmerzvolle oder erhoffte Möglichkeit erhalten. Die Bewegungen im Spannungsfeld zwischen Defizienz und Fülle sind nicht richtungslos, die Spannung ist auf den Pol der Fülle hin ausgerichtet; wir streben danach, die Fülle, das Glück, als möglichst vollkommen und dauerhaft zu erreichen, obwohl oder gerade weil wir die Erfahrung der Defizienz nicht los werden.

Die Spannung zwischen Defizienz und Fülle kann in sehr unterschiedlicher Weise erfahren und ausgelegt werden. Die Apokalypse verstehe ich als die Symbolik *einer* spezifischen Art der Auslegung solcher Spannungserfahrungen. Und zwar markiert die Apokalypse den ‚Zerreißpunkt‘ dieser Spannung. Der Apokalytiker ist offenbar von Defizienzerfahrungen so überwältigt, daß er die Spannung nicht mehr auszuhalten vermag. Er sucht sie aufzuheben, indem er das Spannungsfeld zwischen Defizienz und Fülle dualistisch auslegt und die Pole der Spannung zu Entitäten hypostasiert, die sich als Mächte des Guten und des Bösen unversöhnlich gegenüberstehen. Diese Auslegung wird zugleich zeitlich perspektiviert, d. h. daß die Vergangenheit, die ‚alte Welt‘, insgesamt als defizient erklärt, Fülle hingegen für die Zukunft prophezeit wird. Diese besondere Art der Erfahrungsauslegung mit den ihr entsprechenden Symbolen unterscheidet die Apokalypse von anderen Möglichkeiten der Auslegung von Spannungserfahrungen, z. B. der prophetischen des Judentums oder der philosophischen Platons.

Der Weg von übermächtigen Defizienzerfahrungen zur Apokalypse ist nicht zwangsläufig, aber nach dem Ersten Weltkrieg sind ihn in Deutschland viele gegangen. Das Gefühl, an einem Tiefpunkt der Defizienz angelangt zu sein, wurde nicht nur durch den verlorenen Krieg, durch materielle Not und soziale Unsicherheit induziert. Die Partikularisierung der Gesellschaft und ihrer Normen, der Zerfall der Werte und der Institutionen, die vordem Sinn und Halt gegeben hatten, produzierten das Gefühl einer fundamentalen Sinnleere und Orientierungslosigkeit, einer umfassenden gesellschaftlichen und politischen, vor allem aber auch existentiellen Gefährdung. Für den Schriftsteller Rudolf G. Binding z. B. verdichteten sich die Erfahrungen des Mangels und des Verlustes zu einem Gefühl der „Nichtexistenz", das ihm „seelische Marter" verursachte.[36] Der junge Goebbels verriet in seinen Tagebüchern Mitte der zwanziger Jahre sein Leiden an der Defizienz der Welt und an der Unzulänglichkeit der eigenen Existenz: „O, diese entsetzliche Welt!" – „Trostlose Einsamkeit. Ich stehe vor der Verzweiflung." – „Wir alle sind krank. Wir werden innerlich aufgefressen." – „Ist denn die ganze Welt zum Untergang bestimmt!"[37] Die Reaktion auf solche Verzweiflung und Qual trug alle Zeichen der Panik. Binding gestand eine „wütende Sehnsucht", dem schrecklichen Zustand zu entgehen.[38] Goebbels brachte dies Verlangen auf den Punkt: „Wann werden wir erlöst werden?" fragte er in seinem Tagebuch. „Wann werde ich armer Teufel erlöst!"[39]

Die Hoffnung auf Erlösung war umfassend. Sie ging über die Hoffnung auf Veränderung der politischen und sozialen Verhältnisse, die Heinz Kindermann als „volkliche Erlösung" apostrophierte,[40] weit hinaus und schloß die Hoffnung auf existentielle Erlösung mit ein. Viele, gerade auch junge Menschen richteten dies umfassende Erlösungsverlangen auf den Nationalsozialismus als politische Religion und dessen Repräsentanten, Adolf Hitler, als Inkarnation des neuen Realissimum. Der neunzehnjährige Schriftsteller Gerhard Schumann stilisierte denn auch folgerichtig in einem Gedicht den politischen Kampf Hitlers nach dem Vorbild des nächtlichen Ringens Jesu im

Garten Gethsemane und verlieh ihm die Aura apokalyptischen Geschehens. Das Sonett ist eingespannt in die dualistische Symbolik von ‚Nacht' und ‚Licht', die den qualitativ wertenden Gegensatz zwischen zwei Existenzformen zugleich historisch auslegt: als Gegensatz zwischen der defizienten Existenz der Vergangenheit und der zukünftigen Existenz, deren Qualität mit dem Symbol ‚Erlösung' versehen wird.

> *Da kam die Nacht. Der Eine stand und rang.*
> *Und Blut entfloß den Augen, die im Schauen*
> *Erstarben vor dem fürchterlichen Grauen,*
> *Das aus den Talen zu dem Gipfel drang.*
>
> *Notschrei fuhr auf und brach sich grell und bang.*
> *Verzweiflung griff mit letzter Hand ins Leere.*
> *Er aufgebäumt, erzitternd vor der Schwere. –*
> *Bis der Befehl ihn in die Kniee zwang.*
>
> *Doch als er aufstund fuhr der Feuerschein*
> *Des Auserwählten um sein Haupt. Und niedersteigend*
> *Trug er die Fackel in die Nacht hinein.*
>
> *Die Millionen beugten sich ihm schweigend.*
> *Erlöst. Der Himmel flammte morgenbleich.*
> *Die Sonne wuchs. Und mit ihr wuchs das Reich.*[41]

Nacht und Licht sind auch Symbole für Tod und Leben; die von Schumann hergestellte Assoziation zu Jesus unterstellt, daß Hitler wie dieser den Tod besiegt hat. Die Apokalypse verspricht, sogar die höchste existentielle Erlösungshoffnung zu erfüllen; es sei daran erinnert, daß schon die Offenbarung Johannis die Grundbedingung menschlicher Defizienz in der apokalyptischen Vision aufhob: „Und Gott wird abwischen alle Tränen von ihren Augen, und der Tod wird nicht mehr sein."[42] Obwohl die nationalsozialistische Apokalypse innerweltlicher Natur ist, bietet auch sie diese Vision. In einem Mysterienspiel, das den einschlägigen Titel *Tod und Leben* trägt, läßt Gerhard Schumann die Getreuen, die sich um die nationalsozialistische Fahne scharen, den Sieg über den Tod davontragen. Der gläubige Nationalsozialist spricht zum Tod:

> *Wie sich der Schaft zum Himmel reckt*
> *Glaubst du es noch, daß du gewinnst?*
> *Das Tuch, das Tote auferweckt,*
> *Das zwingt auch dich zum Dienst.*[43]

Und der junge nationalsozialistische Schriftsteller Herbert Böhme schrieb dem Führer zu:

> *Du schreitest in das Volk als sein Erlöser,*
> *weil Du vom Glauben ganz besessen bist.*
> *[...]*
> *Da gilt kein Zittern mehr und auch kein Zagen:*
> *„Wenn ihr es glaubt, hab' ich den Tod erschlagen"*
> *sprichst Du zu uns, „auch wenn mein Leib zerfällt."*[44]

Die Apokalypse verspricht Erlösung durch Vernichtung. Dies ist ein fataler Zusammenhang, auch in der jüdisch-christlichen Apokalyptik, und hat viele Juden und Christen mit Skepsis gegenüber apokalyptischen Visionen erfüllt. Immerhin wird in der jüdischen und christlichen Apokalyptik das Weltgericht in die Hände Gottes gelegt und seinem unerforschlichen Ratschluß anheimgegeben. Den Frommen, denen Erlösung versprochen wird, kann die Apokalypse nur Trost spenden, solange Gott noch nicht eingreift, und sie aufrufen, in der gegenwärtigen Drangsal zu dulden und standzuhalten. Im Daniel-Buch werden Schadrach, Meschach und Abed-Nego in den Feuerofen geworfen, weil sie sich weigern, das goldene Bild anzubeten, dessen Verehrung Nebukadnezar befohlen hat.[45] Daniel selbst wird in die Löwengrube geworfen, weil er zu seinem Gott betet und dessen Gesetz höher stellt als das Gebot des Königs Darius, niemand dürfe von irgendeinem Gott oder Menschen etwas erbitten außer vom König.[46] Die beiden Geschichten sollen offenbar den Juden im Seleukidenreich zum Vorbild dienen, denn auch Antiochus IV. verbot den jüdischen Kult. In der Offenbarung ermahnt Johannes die christlichen Gemeinden, daß sie sich nicht der Macht des Bösen unterwerfen, die durch das römische Reich und dessen Gesetze repräsentiert wird, sondern Gott die Treue halten.[47] In beiden Fällen zieht freilich der Verstoß gegen das Gesetz der irdischen Machthaber und der Gehorsam gegenüber dem höheren Gesetz Gottes Strafe und Leiden nach sich, sogar den Tod.

Auch in der nationalsozialistischen Apokalypse berufen sich die Gläubigen auf ein höheres Gesetz, wie das oben zitierte Glaubensbekenntnis zeigte. Aber hier dient die Berufung auf das höhere Gesetz dazu, die Verfolgung und Tötung *anderer* zu rechtfertigen, anderer und zudem Wehrloser. Die Rückführung aller Defizienz auf die Juden als ,Macht des Bösen' ist eine Projektion. Die Sakralisierung von Blut und Volk und die Erhebung des ,Rassegesetzes' zur *qualitas absoluta* rechtfertigen jedes erdenkliche Mittel zur Vertilgung des ,bösen Feindes'. Und die Autosuggestion, daß die Entscheidung über Wohl und Wehe der ganzen Welt in den eigenen Händen liegt, setzt eine ungeheure Erregung der Affekte frei. Diese apokalyptische Erregung findet ihre angemessene Symbolisierung wieder im Feuer. Ein Sprechchor von Kurt Eggers:

> *Werft Feuer unter die Kessel*
> *und laßt die Flammen prasseln,*
> *die Feuer unter den Kesseln,*
> *die Feuer, die die Kraft entfesseln,*
> *entfesseln auch uns.*[48]

Es sei noch einmal festgehalten, daß auch die nationalsozialistische Apokalypse in religiösen Erregungen wurzelt, aber das Realissimum, in dem sich diese Erregungen erlösen, ist nicht, wie im jüdischen und christlichen Erlebnis, Gott, „sondern das Volk und die Bruderschaft der verschworenen Gefährten, und die Ekstasen sind nicht geistig, sondern triebhaft und münden im Blutrausch der Tat."[49] Zwar ist auch die innerweltliche Apokalypse eine Erlösungsvision und zielt sogar auf die Überwindung des Todes, aber immer muß sie zuerst durch den Untergang hindurch, und immer wieder *produziert* sie den Tod, *muß* sie den Tod produzieren, wenn die apokalyptische Wandlung von den Menschen selbst herbeigeführt werden soll. Diese Fixierung auf Tod und Untergang strahlt zurück auf die Produzenten; die nationalsozialistischen Apokalyptiker wurden in den Untergang hineingezogen, den sie selbst entfesselt hatten. Dies ist freilich kein Trost für die Millionen, die der nationalsozialistischen Apokalypse zum Opfer gefallen sind, aber – hoffentlich – eine Lehre, daß durch Vernichtung keine Erlösung zu erlangen ist, sondern daß dieser Weg in den Mord führt, in den Mord an Menschen und an der Menschlichkeit.

Anmerkungen

1 Eric Voegelin, Die politischen Religionen. Schriftenreihe „Ausblicke". Wien 1938, 2. Aufl. Stockholm 1939

2 Kenneth Burke, The Rhetoric in Hitler's „Battle". In: The Southern Review V, l (1939), S. 1–21. Zit. nach der Übersetzung in: ders., Die Rhetorik in Hitlers „Mein Kampf" und andere Essays zur Strategie der Überredung. Frankfurt a. M. 1967, S. 14

3 Hermann Rauschning, The Conservative Revolution. New York 1941, S. 11; übersetzt vom Verf.

4 Walter Künneth, Der große Abfall. Eine geschichtstheologische Untersuchung der Begegnung zwischen Nationalsozialismus und Christentum. Hamburg 1947

5 Albert Camus, L'Homme révolté. Paris 1951; zit. nach der dt. Übersetzung in: ders., Der Mensch in der Revolte. Reinbek bei Hamburg 1969, S. 145, 148, 150

6 Friedrich Heer, Der Glaube des Adolf Hitler. Anatomie einer politischen Religiosität. München und Eßlingen 1968

7 Zur neueren Literatur vgl. Jean-Pierre Sironneau, Sécularisation et religions politiques. Paris 1982; Hans Maier, Politische Religionen. Die totalitären Regime und das Christentum. Freiburg 1995; ders. (Hrsg.), Totalitarismus und politische Religionen. Konzepte des Diktaturvergleichs. Paderborn 1996.

8 Voegelin, Die politischen Religionen (1938 – wie Anm. 1), S. 9

9 Ebenda, S. 14 f.

10 Ebenda, S. 15 f.

11 Ebenda, S. 16

12 Ebenda, S. 47, 54

13 Ebenda, S. 55

14 Ebenda, S. 56

15 Dies ist die eigentliche Leistung Voegelins, auch wenn er an Vorarbeiten anknüpfen konnte, z. B. eine frühere Interpretation sowohl des Natio-

nalsozialismus und Faschismus wie des Kommunismus als politisch-religiöse Bewegungen: Etienne de Greeff, Le drame humain et la psychologie des „mystiques" humaines. In: Foi et „mystiques" humaines. Études Carmélitaines, 22. Jg., Bd.1 (1937)

16 Martin Heidegger, Die Selbstbehauptung der deutschen Universität. Breslau 1933, S. 13

17 Rede Hitlers am 2.11.1932 in Berlin. Zit. nach: Das dichterische Wort im Werk Adolf Hitlers. Wille und Macht, Sonderheft zum 20.4.1938

18 Eberhard Wolfgang Möller, Die Verpflichtung. Berlin 1935, S. 7

19 Ebenda, S. 8, 10, 13

20 Gerhard Schumann, Gedichte und Kantaten. München 1940, S. 44

21 Herbert Böhme, Das deutsche Gebet. München 1936, S. 7

22 Vgl. Studie des Verf., Magie und Manipulation. Ideologischer Kult und politische Religion des Nationalsozialismus. Göttingen 1971

23 Eine ausführlichere Darstellung apokalyptischer Phänomene der Moderne vor dem Hintergrund der apokalyptischen Tradition findet sich im Buch des Verf., Die Apokalypse in Deutschland. München 1988

24 Adolf Hitler, Mein Kampf, Bd. 1, München [5]1933, S. 123, 216, 320, 346; Bd. 2, München [7]1933, S. 421, 432, 724, 782

25 Ebenda, Bd. 1, S. 346; Bd. 2, S. 752

26 Ebenda, Bd. 2, S. 724

27 Ebenda, Bd. 2, S. 703

28 Alfred Rosenberg, Der entscheidende Weltkampf. Rede des Reichsleiters Alfred Rosenberg auf dem Parteikongreß in Nürnberg 1936. München o. J., S. 2 u. 4; ders., Der Mythus des 20. Jahrhunderts. Eine Wertung der seelisch-geistigen Gestaltenkämpfe unserer Zeit. 53.-54. Aufl. München 1935, S. 28, 590

29 Rosenberg, Der entscheidende Weltkampf, S. 12

30 Ebenda, S. 13

31 Hitler, Mein Kampf, Bd. 1, S. 234

32 Helmut Heiber (Hrsg.), Das Tagebuch von Joseph Goebbels 1925/26. Stuttgart [2]1961, S. 85

33 Rosenberg, Der Mythus des 20. Jahrhunderts, S. 82

34 Zit. nach Bernhard Zeller (Hrsg.), Klassiker in finsterer Zeit 1933–1945 (Ausstellungskatalog). Marbach 1983, Bd.1, S. 22 f.

35 Hans Naumann und Eugen Lüthgen, Kampf wider den undeutschen Geist. Reden, gehalten bei der von der Bonner Studentenschaft veranstalteten Kundgebung wider den undeutschen Geist auf dem Marktplatz zu Bonn am 10. Mai 1933. Bonn 1933, S. 4, 11; Die Verbrennung des undeutschen Schrifttums. Reichsminister Goebbels an die deutschen Studenten. In : Deutsche Kultur-Wacht, 1933, H. 10, S. 13; Werner

Schlegel, Dichter auf dem Scheiterhaufen Berlin 1934, S. 16, 53, 56; vgl. Heinz Kindermann (Hrsg), Des deutschen Dichters Sendung in der Gegenwart. Leipzig 1933, S. 8 f.,119, 265, 279. 283

36 Sechs Bekenntnisse zum neuen Deutschland. Rudolf G. Binding, E. G. Kolbenheyer, Die ‚Kölnische Zeitung‘, Wilhelm von Scholz, Otto Wirz, Robert Fabre-Luce antworten Romain Rolland. Hamburg 1933, S. 17

37 Heiber (Hrsg.), Das Tagebuch von Joseph Goebbels 1925/26, S. 25, 52, 35

38 Sechs Bekenntnisse zum neuen Deutschland, S. 18

39 Heiber (Hrsg.), Das Tagebuch von Joseph Goebbels 1925/26, S. 20, 25

40 Kindermann (Hrsg.), Des deutschen Dichters Sendung in der Gegenwart, S. 122

41 Gerhard Schumann, Die Lieder vom Reich. München 1936, S. 20

42 Offb. 21, 4

43 Gerhard Schumann, Siegendes Leben. Dichtungen für eine Gemeinschaft. Oldenburg und Berlin 1935, S. 25

44 Herbert Böhme, Das deutsche Gebet. München 1936, S. 14 f.

45 Dan. 3

46 Dan. 6

47 Offb. 2 u.13

48 Kurt Eggers, Sturmsignale. Revolutionäre Sprechchöre. Leipzig 1934, [2]1936, S. 18 f.

49 Voegelin, Die politischen Religionen (1938 – wie Anm. 1), S. 57 f.

Joachim Riedl

Der lange Schatten des Kreuzes
Von Golgotha zur Svastika

> Alles fließt aber der Fluß kommt jedesmal von
> irgendwoher. Er nimmt von den Gegenden, die
> er durchlaufen hat, Stoffe mit, die färben das
> Wasser noch lange. Ebenso sind in jeder neuen
> Form Reste einer älteren, zwischen heute und
> gestern ist kein unbedingter Schnitt. Es gibt kei-
> ne völlig neue Arbeit, am wenigsten eine revolu-
> tionäre; die alte wird nur klarer fortgeführt, zum
> Gelingen gebracht ... Die alten Formen helfen
> zum Teil, wenn richtig eingesetzt am Neuen mit.
>
> Ernst Bloch
> *Originalgeschichte* des *Dritten Reiches (1937)*

Ich möchte versuchen, einen – nicht nur historisch – sehr weiten Bogen zu spannen: von der Schädelstätte Golgotha bis hin zu den Todesfabriken unter der Svastika, dem Hakenkreuz; vom Stigma des Gottesmordes, das 2000 Jahre später zum praktizierten Völkermord
führt. Einen Bogen, der zeigt, wie zwei rivalisierende Religionen auf-
einanderprallen, die nur wenig miteinander gemein haben, außer ein
gemeinsames Feindbild: den Juden. Zwei Religionen: ein eschatologisches Bekenntnis, das auf einer überirdischen Heilserwartung basiert,
auf, wie es in seiner Verkündigung heißt, einem „Reich, das nicht von
dieser Welt ist"; und ein völkisches Glaubenssystem, das sich in einem
irdischen Ausrottungsfeldzug erfüllt und dessen ausgesprochenes
und eingestandenes Ziel die Errichtung eines „tausendjährigen Reiches" ist. Beide Religionen eint die Ausschließlichkeit, daß sie in ihrem mythischen Kosmos das Andere nicht dulden können, das
Heidnische und Ketzerische einerseits oder das Volksfremde und
Fremdrassige andererseits: von der Reinheit der Lehre zur Reinheit des
Blutes.

Meine These könnte, zugespitzt formuliert, so lauten: Der Nationalsozialismus, diese irdische rassistische Erlösungsbewegung, habe

das Erbe von knapp 2000 Jahren Theorie und Praxis des christlichen, und hier zunächst vor allem katholischen Antisemitismus angetreten, beides radikalisiert und in einem nie zuvor denkbaren und auch praktizierbaren, industriellen Ausmaß exekutiert.

Eines der wesentlichen Charakteristika der historischen Tatsache des Nationalsozialismus liegt in dem Synergismus von Moderne und Mythos: eine in jeder Hinsicht fortschrittliche Organisation von Staat und Gesellschaft, die im Dienst einer mythischen, mitunter sogar okkulten Glaubenswelt steht. Omer Bartov vertritt die These[1], daß in jenem Augenblick, in dem die deutsche Wehrmacht während des Überfalls auf die Sowjetunion ihren offensiven Schwung verliert und sich festfährt, in dem sich also eine „Entmodernisierung" der Kampfmaschine einstellt, es zu einer immer stärkeren Enthemmung und Brutalisierung der Truppe kommt, welche die bis dahin zumindest noch vordergründig aufrecht erhaltenen Konventionen eines soldatischen Verhaltenskodex außer Kraft setzen: Das führt schließlich zu den bekannten Massakern und zu der willfährigen Bereitschaft der Wehrmacht, an der Schoah maßgeblich mitzuwirken. Denn nach dem Verlust ihrer Modernität, so Bartov, „machte sich die Wehrmacht Hitlers Ansicht zu eigen, daß sie einen Kampf ums Überleben führe, einen Weltanschauungskrieg, der vollständige innere Hingabe erfordere." Zu jenem Zeitpunkt, an dem der Krieg zum archaischen, schicksalhaften Ringen mutiert, eskaliert gleichfalls der nationalsozialistische Angriff auf das Judentum zu seiner radikalsten Phase: zum Ausrottungsfeldzug, für den alle zur Verfügung stehenden Mittel und ein absoluter Vernichtungswille mobilisiert werden. Erst indem die Modernität der Mordmaschine auf den Mythos – auf einen antisemitischen Mythos – zurückgreifen kann, erlangt sie jene gewaltige Monstrosität, die diesen völkerverschlingenden Moloch in seiner Singularität aus den Genoziden der Menschheitsgeschichte herausragen läßt. Unter dieser Perspektive hat auch Heinrich Himmler in seiner berühmten Geheimrede vor SS-Führern in Posen die ekelhafte Arbeit des Massenmordens gesehen: als heilige Pflicht und als Offenbarung eines welthistorischen Willens zur Vorherrschaft seiner Rasse. Durchaus eine Erlösungsphantasie, in welcher die universelle Gottesvorstellung des Christentums, die einst hervorgehend aus der göttlichen Vaterfigur der Mosesreligion verallgemeinert worden war, nunmehr verweltlicht und gleichzeitig auf eine Stammesgottheit mit eigenen Insignia (Hakenkreuz und Runen) eingeschränkt wird.

In „Totem und Tabu" erläuterte Sigmund Freud[2], wie durch den Prozeß der „sekundären Bearbeitung" aus Traumgedanken ebenso wie bei Wahnerkrankungen und aus jedem anderen verdrängten Material der Wahrnehmung ein neuer Sinn und ein neues System gewonnen werden kann: „In allen Fällen können wir dann nachweisen, daß eine Umordnung des psychischen Materials zu einem neuen Ziel stattgefunden hat, oft eine recht gewaltsame, wenn sie nur unter dem Gesichtspunkt des Systems begreiflich erscheint. Es wird dann zum besten Kennzeichen der Systembildung, daß jedes der Ergebnisse desselben mindestens zwei Motivierungen aufdecken läßt, eine Motivierung aus den Voraussetzungen des Systems – also eventuell eine wahnhafte – und eine versteckte, die wir aber als die eigentlich wirksame, reale anerkennen müssen."

Ziel dieser 1912 verfaßten kulturhistorischen Untersuchung war der Nachweis, „daß die religiösen Phänomene nur nach dem Muster der uns vertrauten neurotischen Symptome des Individuums zu verstehen sind." In seiner letzten großen Studie versuchte Freud, diese Analogie auf die Rivalität der beiden ursprünglichen, monotheistischen Religionen und den daraus entstandenen Judenhaß zu übertragen. Er wagte das Werk erst nach seiner Flucht nach London im Exil zu veröffentlichen, weil er fürchtete, es könnte in Wien, solange die Stadt noch nicht von den Nazis vereinnahmt worden war, als Vorwand benutzt werden, die Feindschaft der katholischen Kirche gegen Judentum und Psychoanalyse anzustacheln: „Der neue Feind, dem zu Dienst zu sein wir uns hüten wollen, ist gefährlicher als der alte, mit dem uns zu vertragen wir bereits gelernt haben."[3] In „Der Mann Moses und die monotheistischen Religionen" entwarf Freud ein breites kulturhistorisches Szenario, das die Entstehung des Eingottglaubens aus ägyptischen Wurzeln, aus dem Sonnenkult des Amun-Re, herleitet und die Geburt des Christentums auf eine tiefe Kulturkrise im Judentum zurückführt, in dem das archaische Schuldbewußtsein des Vater- und Gottesmordes geschlummert habe. Es wird durch den Opfertod des vermeintlichen Sohnes gesühnt und überwunden, wodurch sich die Vaterreligion in eine Sohnesreligion verwandelt, die fortan das nicht reformbereite Judentum anklagt: „Sie wollen es nicht wahrhaben, daß sie Gott gemordet haben, während wir es zugeben und von dieser Schuld gereinigt worden sind."[4] „Die tieferen Motive des Judenhasses wurzeln in längst vergangenen Zeiten, sie wirken aus dem Unbewußten der Völker", schreibt Freud im ersten Teil der Moses-Studie. „Ich wage die Behauptung, daß die Eifersucht auf das Volk, welches sich für das erstgeborene, bevorzugte Kind Gottvaters ausgab, bei den anderen heute noch nicht überwunden ist, so als ob sie dem Anspruch Glauben geschenkt hätten. Ferner hat unter den Sitten, durch die sich die Juden absonderten, die der Beschneidung einen unliebsamen, unheimlichen Eindruck gemacht, der sich wohl durch die Mahnung an die gefürchtete Kastration erklärt und damit an ein gern vergessenes Stück der urzeitlichen Vergangenheit rührt. Und endlich das späteste Motiv dieser Reihe, man sollte nicht vergessen, daß alle diese Völker, die sich heute im Judenhaß hervortun, erst in späthistorischen Zeiten Christen geworden sind, oft unter blutigem Zwang dazu getrieben. Man könnte sagen, sie sind alle schlecht getauft, unter einer dünnen Tünche von Christentum sind sie geblieben, was ihre Ahnen waren, die einem barbarischen Polytheismus huldigten. Sie haben ihren Groll gegen die neue, ihnen aufgedrängte Religion nicht überwunden, aber sie haben ihn auf die Quelle verschoben, von der das Christentum zu ihnen kam. Die Tatsache, daß die Evangelien eine Geschichte erzählen, die unter Juden und eigentlich nur von Juden handelt, hat ihnen eine solche Verschiebung erleichtert. Ihr Judenhaß ist im Grunde Christenhaß, und man braucht sich nicht zu wundern, daß in der deutschen nationalsozialistischen Revolution diese innige Beziehung der zwei monotheistischen Religionen in der feindseligen Behandlung beider so deutlich Ausdruck findet."[5]

In der psychoanalytischen Theorie folgt die Entwicklung einer Neurose, also auch jene der „Menschheitsneurose" (Freud) Religion, der Abfolge von fünf Phasen: Frühes Trauma, Abwehr, Latenz, Ausbruch der neurotischen Erkrankung und teilweise Wiederkehr des Verdrängten.

Am Anfang stand also das Wort – etwa jenes aus dem Evangelium des Johannes – und am Ende war der Rauch, jener, der sich aus den Schornsteinen der Krematorien in den Wolken verlor und bei besonderer Witterungslage als leichter Aschenregen über der Umgebung der Mordfabriken niederging. Es sind vielfach geleugnete, verwischte, verharmloste, aber eigentlich gar nicht verschlungene Spuren, die von der christlichen Verkündigung zum mechanisierten Massenmord führen.

Sie beginnen unmittelbar nach der Kreuzigung des Jesus von Nazareth in der Auseinandersetzung der paulinischen Fraktion der Urkirche mit dem Judenchristentum, also den unmittelbaren Gefolgsleuten des Rabbi Jesus, und enden in den Gaskammern. Fast prophetisch könnte man lesen, was über die Ankunft des jüdischen Wanderpredigers Paulus in Korinth in der „Apostelgeschichte"[6] berichtet wird: „Und er lehrte in der Synagoge an allen Sabbaten und suchte Juden und Griechen zu überzeugen ... Als sie sich aber widersetzten und ihn schmähten, schüttelte er die Kleider aus und sagte zu ihnen: Euer Blut komme über euer Haupt; ich bin ohne Schuld und gehe von nun an zu den Heiden."

In aller Unschuld zitierte Dieter Hildebrandt vor wenigen Jahren in seiner Paulus-Biographie[7] den Theologen Ernst von Dobschütz: „Ohne Paulus wäre das Christentum eine jüdische Bewegung geblieben, wirkungslos, lebensunfähig, erstarrend und versteinernd."

Man muß sich also erst gar nicht bis zu dem Subtext kirchlicher Lehrmeinung durchwühlen, um die Frontstellung auszumachen: Hier die universelle christliche Frohbotschaft, dort das störrische Judentum, die Gottesmörder, die, selbst wenn sie dem Jesus nachgefolgt waren, aus jüdischer Sicht einem der vielen falschen Messiasse, auf dem Gesetz Mose beharrten, auf der Synagoge, auf dem Sabbat, auf den Speisegesetzen und vor allem auch auf der Beschneidung – in der nicht nur Freud die Quelle eines der Kastrationsangst entspringenden Antisemitismus ausfindig machte. Mit letzterer hatte Paulus schon am Apostelkonvent von Jerusalem, dem ersten großen Kulturkampf zwischen Judenchristen und Katholiken, aufgeräumt.

Aber: Kann solch uralter Streit unter Brüdern schließlich im Massenmord enden?

Am 21. März 1931, noch ist der Kampf um die Macht im Deutschen Reich nicht entschieden, und in Österreich rivalisieren Christlich-Soziale und Nationalsozialisten um die Gunst der Antisemiten, in diesem Jahr, in dem vieles noch auf des Messers Schneide steht, erläßt der Bischof von Linz, der Heimatdiözese des Katholiken Adolf Hitler, Dr. Johannes Maria Gföllner, einen Hirtenbrief[8], in dem er den „radikalen Rassenantisemitismus" der Nationalsozialisten verurteilt, allerdings, und das in Ausübung seiner seelsorgerischen Pflicht, weiter ausführt: Vom jüdischen Volkstum und von der jüdischen Religion verschieden sei der jüdische, internationale Weltgeist. Zweifellos übten viele gottentfremdete Juden einen überaus schädlichen Einfluß auf fast allen Gebieten aus. Presse, Theater und Kino – vorwiegend vom Judentum genährt – vergifteten mit zynischen Tendenzen die christliche Volksseele. Das „entartete Judentum" – man sieht, dem Seelenhirten war damals noch nicht die politisch korrekte Terminologie der Nazis geläufig, in der „entartetes Judentum" ein Pleonasmus ist – dieses doppelt schlimme Wesen also sei vorwiegend „Begründer und Apostel des Sozialismus und Kommunismus, der Vorboten und Schrittmacher des Bolschewismus". Es sei „strenge Gewißenspflicht eines jeden überzeugten Christen", diesen schädlichen Einfluß zu bekämpfen, und „es wäre nur zu wünschen, daß auf arischer und auf christlicher Seite die Gefahren und Schädigungen durch den jüdischen Geist noch mehr gewürdigt, noch nachhaltiger bekämpft werden".

Bemerkenswert, daß der Bischof in seinem Hirtenbrief die Begriffe „arisch" und „christlich" bereits synonym gebraucht. Man müsse vielleicht in dieser modernen Zeit, so fährt der Linzer Oberhirte fort, die Juden nicht mehr unbedingt so wie im Mittelalter des Landes verweisen oder massakrieren. Aber: „In Gesetzgebung und Verwaltung sollte ein starker Damm aufgerichtet werden gegen all den geistigen Unrat und die sittliche Schlammflut, die vorwiegend vom Judentum aus die Welt zu überschwemmen drohen."

Das sollte allerdings bald geschehen. Überschwenglich begrüßen die Diakonissen des Luise-Henrietten-Stiftes in Lehnin in der Mark Brandenburg am 2. Mai 1933 den neuen Führer und seinen Propagandaminister, die das Säuglingsheim der frommen Frauen besuchen. Hitler verewigt sich im Gästebuch: „Es wird die Zeit kommen, die Millionen Deutsche ersehnen".

Mitunter geradezu glühend sind die Huldigungsadressen, die katholische und protestantische Würdenträger nach der Machtergreifung der Nationalsozialisten an den „Führer" und das neue System richten. Sie verteidigen es bei ihren ausländischen Brüdern in Christo gegen die „Greuelpropaganda" und die „Schauernachrichten" – so der

Generalsuperintendent der Kurmark, Otto Dibelius – als in den Zeitungen der Welt erste Meldungen über antisemitische Ausschreitungen auftauchen, die über den sogenannten „Boykottag" am 1. April 1933 berichten, an dem der Pöbel erstmals im Einklang mit der neuen Staatsräson Juden attackierte und „Juda verrecke" an Auslagenscheiben und Mauern schmierte.

Nach bewährter Methode werden nun in diesen Verteidigungsbotschaften die Opfer als Täter denunziert. Über den Kurzwellendienst des Deutschen Reichssenders wendet sich Delius – nur eine Stimme unter vielen – an seine amerikanischen Glaubensbrüder und beteuert, daß der Nazi-Boykott Notwehr gewesen und „in absoluter Ruhe und Ordnung" verlaufen sei: „Auf Grund dieser falschen Nachrichten hat nun das Judentum in mehreren Ländern eine Agitation gegen Deutschland begonnen. Um diesen Boykott zu brechen, hätten die deutschen Nationalsozialisten nun ihrerseits eine Boykottbewegung gegen das Judentum in Deutschland eingeleitet".[9]

Die Kirchenhierachie mag kaum einen Makel an dem neuen Regime entdecken. Es sei vielmehr ein „großer Verdienst" der nationalsozialistischen Staatsführung, „dem würdelosen Treiben der Gottlosen energisch Halt geboten" zu haben. Der dies einer Studentenversammlung erklärt, ist der Bischof von Trier, Franz Rudolph Bornewasser. Kurz darauf verkündet er den Abordnungen der Katholischen Jugend, die zu einer Predigt im alten Kaiserdom angetreten sind: „Aufrechten Hauptes und festen Schrittes sind wir eingetreten in das neue Reich und sind bereit, ihm zu dienen ... Wir tun es, weil unser katholisches Gewissen es uns gebietet."[10]

Wie sollte da Hitler nicht darauf vertrauen, daß ihm seine Christen auf dem Kreuzzug, zu dem er sich und sein Volk aufrief, folgen sollten. Er ließ sie von allem Anfang gar nicht im Zweifel darüber, was er vorhatte. Am 26. April 1933 – zwei Wochen zuvor war das „Gesetz zur Wiederherstellung des Berufsbeamtentums" mit seinem Arierparagraphen (dem 3) bekannt gemacht worden – empfing der Reichskanzler Hitler den Osnabrücker Bischof Berning und den Berliner Generalvikar Seinmann zu einer Aussprache. Das „Protokoll der Konferenz der Diözesanvertreter in Berlin" vermerkt, die 75 Minuten lange Unterredung sei „herzlich und sachlich" gewesen." „Mit Wärme", so das Protokoll, erwidert Hitler den Bischöfen, nachdem sie ihre Loyalitätsbekundungen beendet haben: „Die katholische Kirche hat 1500 Jahre lang die Juden als Schädlinge angesehen, sie ins Ghetto gewiesen, und so weiter ... Ich gehe zurück auf die Zeit, was man 1500 Jahre lang getan hat ... Ich sehe die Schädlinge in den Vertretern dieser Rasse für Staat und Kirche, und vielleicht erweise ich dem Christentum den größten Dienst ..."[11]

Hatte der ehemalige Ministrant des Benediktiner-Stiftes Lambach, einer barocken, gegenreformatorischen Trutzfeste in Oberösterreich, etwa einiges miteinander verwechselt? Fühlte er sich berufen, wozu ihn gar niemand berief? In „Mein Kampf" sieht er sich bereits als Vollstrecker der heilsgeschichtlichen Offenbarung: „Somit geht er" – gemeint ist der Jude – „seinen verhängnisvollen Gang weiter so lange, bis ihm eine andere Kraft entgegentritt und in gewaltigem Ringen den Himmelsstürmer wieder zum Luzifer zurückwirft."[12]

Dieses gewaltige Ringen zwischen Judentum und „einer anderen Kraft" hatte durchaus Tradition. Darauf konnte „Der Stürmer", das wohl unverblümteste Blatt im braunen Zeitungswald, schon im April 1933 hinweisen: „Die Juden haben Christus ans Kreuz geschlagen und ihn totgeglaubt. Er ist auferstanden. Sie haben Deutschland ans Kreuz geschlagen und totgesagt, und es ist auferstanden herrlicher denn je zuvor."[13]

Dies ist zugegebenermaßen und gemessen an scholastischen, kasuistischen und sorgfältig abwägenden Dokumenten in den Kirchenarchiven eine äußerst grobe Formel, aber sie war auch für den groben Antisemiten gedacht, um ihm die historische Dimension seiner Mission in Erinnerung zu rufen. Es handelt sich um ein bemerkenswertes Zitat, das durchaus im Einklang mit der nationalsozialistischen Dogmatik steht. Was „Der Stürmer" hier unumwunden zum Ausdruck bringt, lautet: Deutschland, das idealisierte Arier-Deutschland selbstverständlich, sei der auferstandene Christus und der Nationalsozialismus sei seine Ecclesia im ursprünglichen Sinn des Wortes. Zwei Religionen, die eigentlich noch in Konkurrenz zueinander stehen, lösen hier einander bereits ab. Das Heilige Evangelium wird gewissermaßen von der Vorsehung verdrängt. Und beider gemeinsamer Feind sind eben die Juden. Das kommt nicht von ungefähr.

Es stellt sich natürlich die Frage, ob man überhaupt den religiös motivierten Antijudaismus mit dem modernen, rassistischen Antisemitismus vergleichen, geschweige denn gleichsetzen darf. Vor allem Hannah Arendt hat darauf bestanden, zwischen diesen beiden judenfeindlichen Strömungen streng zu trennen. Aus dem „Judenhaß des Mittelalters", aus dem traditionellen Antijudaismus also, so argumentiert sie[14], „habe es immer den Ausweg der Taufe gegeben, und das heißt, daß der Jude niemals – selbst der verbrannte und totgeschlagene Jude nicht – aufgehört hat, Mensch zu sein". Im modernen Antisemitismus erlaube hingegen die „Fatalität der Rasse" kein individuelles Entrinnen mehr.

Abgesehen davon, daß es der antisemitischen Geistlichkeit zumeist ganz gut gelang, diese augenscheinlichen Unvereinbarkeiten miteinander zu versöhnen – etwa dem Franziskanerpater Schlund 1923 in seinem Werk „Katholizismus und Vaterland"[15], in dem er explizit dazu aufrief, „das deutsche Blut, die deutsche Rasse reinzuhalten", oder seinem Glaubensbruder Josef Roth, der im selben Jahr in „Katholizismus und Judenfrage"[16] beteuerte: „Wenn bei dem Vorgehen gegen Juden als Rasse auch einzelne gute und harmlose Juden, bei denen die Unmoral infolge der Vererbung latent ist, mit den Schuldigen leiden müssen", so sei dies „sittlich berechtigt" wie das Leiden der zivilen Opfer in einem Krieg – abgesehen also davon, daß sich antisemitische oder antijudaische Katholiken über solche Feinheiten gar nicht erst den Kopf zerbrachen, kann man Hannah Arendts Argumentation nur dann folgen, wenn man davon ausgeht, daß der moderne, anthropologisch begründete Rassebegriff schon vor seiner Entstehung – also im Wesentlichen noch bevor Charles Darwin seine Evolutionstheorie aufstellte – Gültigkeit besessen hat. Der Begriff der Rasse, wie er auch dem Rassenantisemitismus als Wertmaßstab und Koordinatensystem sozialer Rangordnung zu Grunde liegt, ist ein kulturelles Phänomen, das nur innerhalb eines säkularisierten Weltbildes entstehen kann, in dem der Mensch zum Maß aller Dinge geworden ist. Solange dies nicht der Fall war, im Kontext dieses Referats im voraufklärerischen Abendland, galt im Wesentlichen die augustinische Civitas Dei als oberstes und letztgültiges gesellschaftliches Ziel. Innerhalb dieser vollkommen jenseitig orientierten Struktur findet sich für den naturwissenschaftlichen Rassebegriff keine Verwendung. Er ist bedeutungslos, da ihm der gesellschaftliche Überbau fehlt. Hier steht die Religion im Zentrum des kollektiven Selbstverständnisses, und die Phänomene der Natur werden nur im Einklang mit der ewigen göttlichen Wahrheit begriffen. Wer daran zweifelte, der galt ebenso als todeswürdiger Ketzer wie die Juden, denen man Ritualmorde, Hostienschändungen oder Brunnenvergiften zur Last legte, bevor sie abgeschlachtet oder vertrieben wurden. Es kann deshalb nicht einmal als „apologetische Klugscheißerei" gelten, wie Rudolf Krämer-Badoni etwas deftig in seiner Polemik über den christlichen Judenmord schrieb, wenn immer wieder versucht wird, zwischen barmherzigem Antijudaismus und unbarmherzigem Antisemitismus zu unterscheiden. Beide sind untrennbar miteinander verbunden. Sie sind, nicht nur in ihrer blutigen Konsequenz, sondern auch in ihrem Anspruch, ein und dasselbe. Beide kennen nur ein Ziel: Der Jude muß vom Angesicht der Erde verschwinden. In der vorrassistischen Variante hört der Jude auf, Jude zu sein, wenn er konvertiert – was, nebenbei gesagt, in vieler Hinsicht im traditionellen Selbstverständnis der Judenheit zumeist schwerer wog als die physische Vernichtung und wobei man auch mit Heinrich Heine die Überlegung anstellen könnte: „Ich bin aus dem Judentum ausgetreten, aber das Judentum nicht aus mir". Selbst dann aber durfte die Christenheit dem Konvertiten nicht immer trauen. Ich werde später noch auf eine bedeutsame Form eines prärassistischen Rassismus eingehen. Im modernen Antisemitismus hört der Jude auf, Jude zu sein, wenn er ermordet worden ist. Insofern kann man den Unterschied zwischen Antijudaismus und Antisemitismus, wie folgt, formulieren: Der eine beansprucht die Seele, der andere den Körper. Beide aber sind, dem unterschiedlichen gesellschaftlichen Stellenwert folgend, in letzter Konsequenz absolute Ausrottungsstragien.

Sehr treffend haben diesen, sich durch alle gesellschaftlichen Bereiche ziehenden Paradigmen-Wechsel von der Seele hin zum Körper Peter Weingart, Jürgen Kroll und Kurt Bayertz in ihrer Geschichte der Eugenik formuliert.[17] Die „vorwissenschaftlichen" eugenischen Utopien – Platons „Utopia" etwa, Thomas Morus' „Utopia" oder Thomas Campanellas „Sonnenstaat" – müßten als Ausdruck eines unspezifischen Strebens nach Höherentwicklung gewertet werden. Erst in dem Augenblick, „in dem die Utopien ihre ersten wissenschaftlichen Grundlagen erhalten und zugleich ihren Status als Utopien verlieren, degenerieren sie zu Programmen der Wissenschaft", werden also verobjektiviert und erhalten konkrete soziale und politische Ziele.

Als Begründer der Eugenik gilt der britische Darwin-Schüler Francis Galton mit seinem 1865 erschienen Aufsatz „Heriditary Talent and Character". Darauf baute der Begründer der deutschen Eugenik, Alfred Ploetz, auf, der in die neue Wissenschaft den Begriff der „Rassehygiene" einführte. Er plädiert bereits dafür, „mißgebildete Geburten" durch „sagen wir eine kleine Dosis Morphium" zu beseitigen. Weiterführend waren, daran anschließend, die eugenischen Phantasien von Willibald Hentschel, dem geistigen Vater des „Mittgartbundes", der bereits 1907 einen „Weg zur Erneuerung der germanischen Rasse" konzipierte. Dieser sollte zu sogenannten „Zuchtgemeinschaften" von jeweils 1000 Frauen und 100 Männern führen.[18]

Im Kontext solcher Züchtungsphantasmagorien treffen der verwissenschaftlichte und der religiös motivierte Strang des Judenhasses wieder aufeinander. Und zwar beispielsweise in der Person des Wiener – wie soll man ihn nennen – Originals Jörg Lanz von Liebenfels (übrigens ein anmaßender Künstlername), der in seinem zentralen opus magnum, der „Theozoophie", der „Lehre vom Götterelektron und den Schrättlingen", aus katholischen, rassistischen, mythischen, sexualpathologischen und schlicht paranoiden Ingredienzien eine Rassereinheitsreligion zusammenrührte. Wahrscheinlich wird Nike Wagner in ihrem Beitrag über den „Gralsplatz Wien" näher auf diese bemerkenswerte Figur und ihren katholisch-antisemitischen Umkreis[19] eingehen, sodaß ich jetzt nicht vorgreifen will. Nur soviel: Lanz war im Wien der Jahrhundertwende keineswegs der exotische Außenseiter, als den man ihn heute gerne beschmunzelt. Er konnte zu Recht einen einflußreichen sozialen Stellenwert für sich und seinen Kreis beanspruchen. Wir wissen auch, daß der junge Adolf Hitler auf seiner Sinnsuche aus den Mitteilungsblättern des abgefallenen Zisterziensermönches antisemitisches Futter bezog und manche drastische Formulierung des selbsternannten Erzpriors des Neutemplerordens fast wortgleich in sein Bekenntnisbuch übernahm. 1907 hißten die Gefolgsleute dieses Rasseritters auf ihrer Ordensburg, der Ruine Werfenstein, erstmals eine Hakenkreuzfahne[20]. Auf dem Weg von Golgotha zur Svastika haben die Neutempler um Lanz einen nicht unbedeutsamen Meilenstein gesetzt.

Allerdings finden sich schon Jahrhunderte zuvor Präzedenzfälle, bei denen die Vorstellung von reiner Lehre und reinem Blut zu einer mörderischen Konsequenz vereinigt wurde. Während der letzten Phase der spanischen Reconquista im 15. Jahrhundert verstärkte sich der Konvertierungsdruck auf die Juden, die auf der iberischen Halbinsel lebten, immer mehr, bis sie 1492 nur mehr die Wahl zwischen Vertreibung oder Taufe hatten. Auch die Konvertiten, verächtlich Marranen, also Niederträchtige oder Schweine, genannt, wurden mißtrauisch verfolgt. Man verdächtigte sie des Scheinchristentums, und mit immer größerem Aufwand versuchte die Inquisition, in der Regel auf der Folter, sie der heimlichen Ausübung ihres alten religiösen Kultes zu überführen. Der große Zufluß an conversos, „den die Kirche keineswegs als Erfüllung eines dringenden Traumes betrachtete", wie Amos Funkenstein meint[21], habe „Ängste vor Überfremdung und vor geheimen Rückfällen ins Judentum" geweckt. Über zwei Jahrhunderte blieb Spanien eine „vom Mißtrauen besessene Gesellschaft, der erste Staat im modernen Europa, der mittels einer Rassenpolitik regiert wurde."

Dieses amtskirchliche Mißtrauen hielt sich, nebenbei gesagt, bis in die Tage der nationalsozialistischen Verfolgung wachsam am Leben. Im „Deutschen Pfarrblatt" findet sich unter dem Titel „Berechtigung des Arier-Paragraphen in der Kirche nach Anweisung des Römerbriefes" auch die unmißverständliche Warnung: „Für die Kirche von heute ist es jedenfalls Pflicht, jüdische Taufbewerber sehr scharf daraufhin zu prüfen, ob sie die göttliche Einberufungsorder tatsächlich besitzen, oder nur galizische Schnorrer sind."[22]

Im Spanien an der Schwelle zur Neuzeit mögen einander der Glaubenseifer des Großinquisitors Torquemeda und die Raffgier seiner Denunzianten und Häscher beim Aufspüren immer neuer Opfer die Waage gehalten haben. Die Güter der Verurteilten verfielen nämlich dem Religionstribunal und der Krone. Die institutionalisierten Spione, ehrfurchtsvoll „Vertraute" genannt und mit einem Emblem, das ein Kreuz zwischen Dolch und Ölzweig zeigte, geschmückt, umschlichen sogar die Gräber der Marranen. Wurde jemand post mortem überführt, exhumierte man seine Gebeine und verbrannte sie. Seine Nachkommen galten daraufhin ebenfalls als Häretiker, wurden aus allen Ämtern entfernt und lebenslang mit einem Bußzeichen stigmatisiert.

Während dieser allmählich zur Massenhysterie gesteigerten Marranen-Jagd entwickelte sich langsam eine proto-rassistische Theorie des reinen Blutes: die Limpezza de sange. „Auch wenn sie es nicht offen zugab", schreibt Valeriu Marcu[23], so sei die Inquisition doch der Überzeugung gewesen, „daß ein mit jüdischem Blut Belasteter den Teufel in sich trüge".

Der Madrider Arzt Juan Huarte de San Juan versuchte sogar wenige Jahre nach Einführung der Inquisition, die biologischen Eigenheiten der Juden aufzuzeigen und wissenschaftlich ihre angebliche „Perfidie" zu beweisen. Nach Huarte sei der jüdische Geist, der seit Jahrhunderten nur Schlechtes hervorgebracht habe, einst während der Wanderung von Ägypten nach Palästina entstanden. Das heiße Klima, die unfruchtbare Gegend und die eigentümliche Ernährung einer vierzigjährigen Wanderschaft hätten die jüdischen Eigenschaften hervorgebracht. Die Juden hätten während dieser Nomadenzeit nur ganz leichtes Wasser getrunken und nur ganz feine Luft geatmet. Das habe die Geburt scharfsinniger Kinder bewirkt. Als aber das israelitische Volk in den Besitz des verheißenen Landes gelangte, habe es unvorgesehene Mühseligkeiten erdulden müssen; das habe seine Melancholie erzeugt. Diese schwarze Galle habe sich vererbt und die Juden listig, verschlagen und voller Bosheit gegen die Nichtjuden gemacht.

Dem gegenüber stellte die romantische, spanische Phantasie den Quell des reinen Blutes, der in den Pyrenäen geortet wurde. Vor Jahrhunderten hätten sich nämlich die Reinrassigen vor der maurischen Übermacht in die Berge zurückgezogen und wären in ihrem unwegsamen Refugium rein geblieben. Nur durch himmlische Wunder und verstärkt durch die Heerschar der Heiligen hätten sie gesiegt. Alles, was jedoch in der Ebene geblieben war und sich der Fremdherrschaft unterworfen hatte, sei unrein, von Mauren- und Judenblut besudelt.[24]

Natürlich ist man versucht, von abergläubischen Exzessen zu sprechen, die sogar teilweise im offenen Widerspruch zur vatikanischen Politik standen. Doch auf gewisse Weise besaßen die Vorgänge auch eine nachvollziehbare Logik: Nur wer im Besitz der Limpezza war, war auch in der Lage, treu katholisch zu sein. Eine Massenhysterie hatte sich ausgebreitet, die kraft ihrer Eigendynamik die Ereignisse vom ursprünglichen, sich durchaus noch im Rahmen katholischer Missionierungspraxis befindlichen Ziel weit hatte abdriften lassen. Dies wird insbesondere um so deutlicher, wenn man liest, daß der Bischof von Avila eines Nachts auf den Friedhof schlich, die Gebeine seiner Großeltern aus der Erde holte und sie heimlich verbrannte – er fürchtete nämlich, seine Ahnen könnten von jüdischem Blut gewesen sein. Der greise Bischof von Granada, Ferdinand von Talavera, ein hochgerühmter Bibelgelehrter und Ratgeber der Krone, entging nur mit knapper Not der Tortur, als die Spione der Inquisition entdeckten, daß seine Urgroßmutter eine Marranin gewesen war. Und der Inquisitor von Cordoba verfiel sogar unleugbar frommem Wahnsinn: Er sah nachts die Gestalten von Juden in seinem Palast herumspuken und ganze Prozessionen von Mönchen und Nonnen zu geheimen Synagogen pilgern. Jeder dieser Anfälle kostete in den darauf folgenden Tagen Hunderte das Leben. Schließlich führte sein Wüten zu so großer Empörung, daß sich der Großinquisitor gezwungen sah, seinen Statthalter einzukerkern und öffentlich kundzumachen, es handle sich bei dem Besessenen in Wahrheit um einen verkappten Juden, der das heilige Offizium habe der Lächerlichkeit preisgeben wollen.[25]

Die Wurzeln dieses bis zu solchen Exzessen gesteigerten Antijudaismus liegen allerdings im Ursprung, in der Entstehungsgeschichte des Christentums selbst begründet: Im ersten großen Kirchenkonflikt zwischen Judenchristen und dem darüber hinausreichenden paulinischen Christentum. Ein Schlüssel findet sich im Evangelium des Johannes, dessen Entstehung nach dem Ausbruch des Jüdischen Krieges, der mit der Zerstörung des Zweiten Tempels und der Zerstreuung der Juden geendet hatte, angesetzt werden muß. Es wird eine Begebenheit im Tempel in Jerusalem geschildert. Jesus spricht zu „den Juden, die zum Glauben an ihn gekommen waren." Es entspinnt sich ein Disput, Jesus beschuldigt seine Zuhörer, ihn töten zu wollen, weil „mein Wort bei euch keinen Anklang findet", und als sie behaupten, auch sie hätten Gott zum Vater, werden sie von Jesus verflucht: „Wenn Gott euer Vater wäre, würdet ihr mich lieben ... Ihr habt den Satan zum Vater ... Der war von Anbeginn ein Menschenmörder ... Er ist ein Lügner und Vater der Lügner."[26]

Gleich, wie man diesen Passus exegetisch dreht und wendet oder wem man ihn zuschreibt – etwa existiert die Mutmaßung, er könnte bei einer späteren Redaktion des Textes entstanden sein –, hier befindet sich ein Beginn der blutigen Spur, die sich durch die Jahrhunderte zieht. Krämer-Badoni meint, ursprüngliche Zielrichtung der kanonisierten Passage sei es gewesen, das Judenchristentum, das ja am Judentum festhalten und gleichzeitig Jesus nachfolgen wollte und dessen Marginalisierung ein konkretes Ergebnis der katastrophalen Niederlage der aufständischen Juden gegen die römische Besatzungsmacht war, noch post festum „zu satanischen Häretikern zu stempeln".[27]

Aus welchem Grund auch immer sich der oder die Verfasser des Evangeliumstextes, beziehungsweise eine spätere Redaktion, dazu entschlossen haben, ein derart schweres Geschütz gegen das jüdische Volk, aus dem ihre Religion einst hervorgegangen war, aufzufahren: Dies bleibt eine kirchenpolitische Schlüsselstelle, in welcher der Keim aller späteren Anschuldigen steckt und die das Grundgerüst des Topos des christlich-katholischen Antisemitismus beinhaltet: Gottesmördertum, Verrat, satanischer Ursprung, Lüge. In den folgenden Jahrhunderten begegnet man diesen grundsätzlichen Argumentationslinien in mannigfacher Wiederholung und Ausschmückung in den Texten der Kirchenlehrer, Heiligen, Päpste, Bischöfe, Äbte oder Bußprediger, der Eiferer und schließlich auch des kleinen Klerus und der einfachen Laien immer wieder. Sie rechtfertigen Verfolgungen, Pogrome, Folter, Vertreibungen und schließlich Massenmord. Sie werden im Verlauf der abendländischen Geschichte zunehmend verweltlicht und politisch instrumentalisiert.

Es ist im Rahmen dieses Beitrages natürlich vollkommen unmöglich, auch nur einen schemenhaften Überblick über die Geschichte des christlichen Antisemitismus, über die Verteufelungen, Verhetzungen, Blutbeschuldigungen und über deren mörderische Konsequenzen zu geben: über die brandschatzenden Horden der deutschen Rittersleute Armleder und Rindfleisch etwa oder über das Auspressen der Juden in der kaiserlichen Kammerknechtschaft, über Kreuzzugsmassaker und über Pestpogrome, über das ganze Jahrtausende währende Elend. Jede auch nur stichwortartige Chronologie füllte Bände. Den immer nur halbherzigen Schutzbriefen und päpstlichen Bullen, die mitunter erlassen wurden, stand stets eine höchst autoritative und unmißverständliche Lehrmeinung gegenüber.

Kaum war die katholische Kirche an der Macht, war sie Staatsreligion im römischen Reich geworden, legte sie sich keinerlei Hemmnisse mehr auf. Als der Kaiser Theodosius erfuhr, daß die Christen im syrischen Kallinikon eine Synagoge niedergebrannt hatte, wollte er die Frevler bestrafen und zum Wiederaufbau des Bethauses verpflichten lassen; doch Ambo, der Bischof von Mailand, wo der Kaiser gerade residierte, setzte ihn unter Druck und verweigerte ihm in offener Rebellion solange das Meßopfer, bis der offensichtlich verblendete Gerechtigkeitsfanatiker seinen Befehl wieder zurücknahm.

Der Kirchenvater Johannes Chrysostomos, der Goldmund, Patriarch von Konstantinopel, predigte zur gleichen Zeit: „Weil ihr Christus getötet habt, weil ihr gegen den Herren die Hand erhoben habt, weil ihr sein kostbares Blut vergossen habt, gibt es für euch keine Besserung, keine Verzeihung, keine Entschuldigung. All eure alten Untaten habt ihr in den Schatten gestellt mit der Raserei gegen Christus. Deshalb werdet ihr auch jetzt mehr gestraft als für eure alten Untaten."

Bei dem Kirchenlehrer Augustinus, doch wahrlich eine Autorität, findet sich die Einschätzung, die Juden wären eine „triefäugige Schar". Bloß antik-orientalische, blumige Rede? Augustinus leitete aus der biblischen Überlieferung der Zwillinge Esau und Jakob eine folgenreiche Hierarchie ab, die seitdem als unzweifelhafte Interpretation der Schrift gilt und zu berücksichtigen ist, wenn gegenwärtige Päpste von den Juden als „unseren älteren Brüdern" sprechen: „Der Ältere muß dem Jüngeren dienen, das heißt das früher geborene Volk der Juden dem später geborenen Volk der Christen ... So ist nun der Jude der Sklave des Christen ... Das ist allbekannt und erfüllt den Erdkreis."

Die Aufzählung der Demütigungen, Schmähungen und Verwünschungen könnte, wie gesagt, beliebig lang fortgesetzt werden. Es würde lediglich beweisen, wie abgrundtief sich das Stereotyp bereits festgesetzt hatte. An der Schwelle zum zwanzigsten Jahrhundert, die Nebel des Mittelalters waren längst verzogen, herrschte in Kirchenkreisen der nämliche Ton. Während der Dreyfus-Affäre bewährte sich die katholische Partei an vorderster Front der Tumulte – und Clemenceau hatte die Initiatoren der Anschuldigungen sogar „eine Militärkaste unter Befehl der Kirche" genannt.

Unter Papst Leo XIII., der von 1878–1903 regierte, flammten die uralten Ritualmordbeschuldigungen wieder auf, besonders die Geschichte des Simon aus Trient, und die von Leos Vorgänger gegründete Jesuitenzeitschrift „Civiltà Cattolica" wurde zu einem antisemitischen Zentralorgan im Vatikan. Sie breitete genüßlich die vor Jahrhunderten auf der Folter erpreßten Geständnisse der Juden von Trient für ihre Leser aus und erläuterte 1891: „In Deutschland, Österreich-Ungarn, Frankreich und Italien haben die Juden sich zu Herren des Kapitals gemacht. In jeder Nation bleiben sie Ausländer, ja schlimmer noch, Feinde der Völker, unter denen sie wohnen. Gemäß dem Talmud ist es ihr Ziel, sich zu bereichern und die Christen zu armen Leuten zu machen. Der Talmud erlaubt hierzu alle, auch die verbrecherischsten Mittel. Er mahnt sie, die Christen grausam zu hassen. Diese feindlichen Ausländer häufen die Schätze der Nationen bei sich an."[29] – und so fort, und so fort.

Wie sollte man dies alles nicht damit in Verbindung bringen können, was in der Schoah mündete. Benito Mussolini beispielsweise tat es. Als er 1938 im Schulterschluß mit dem nationalsozialistischen Verbündeten versuchte, auch in Italien verschärfte Rassegesetze durchzusetzen, berief er sich explizit auf die Vorlagen in der „Civiltà Cattolica". Und obwohl die antisemitische Propaganda nicht im entferntesten deutsche Ausmaße erreichte, stellten sich auch im Duce-Staat Kirchenkreise in den Dienst der rassistischen Sache. Das römische, katholische Wochenblatt „Crociata Italica" denunzierte so noch im April 1944 den „Anglo-russisch-amerikanischen Zionismus" als „Sakrileg an Jesus Christus und dem Glauben der gesamten Christenheit", oder ein katholischer Gelehrter namens Gino Sottochiesa rief zum „religiösen Rassismus" auf und prangerte in seinen Publikationen den verderblichen jüdischen Einfluß an. Unter dem Titel „Sotto la maschera d'Israele" urteilte er, das Judentum sei „die Quintessenz des Anti-Christen und des Anti-Katholizismus." Erschienen zu Mailand, anno Domini 1938.[30]

Man könnte mit dem sonst so regimetreuen Breslauer Kardinal Bertram fragen, der entgeistert reagierte, als er nach dem Anschluß Österreichs von den Huldigungen seines Wiener Amtsbruders Innitzer erfuhr: „Kennt Innitzer denn nicht die Enzyklika ‚Mit brennender Sorge'?" Das Rundschreiben, das Papst Pius XI. am Palmsonntag 1937 erlassen hatte, war die einzige, kräftige katholische Stimme, die sich gegen den sich anbahnenden Massenmord des nationalsozialistischen Regimes in sogar ungewohnt unvatikanischer Deutlichkeit erhob. Der Text wurde nach Deutschland eingeschmuggelt und führte, nachdem er verlesen worden war, zu heftigen Repressionen des Regimes. Ein Teil des Klerus schwieg daraufhin, bis es zu spät war; der andere beteuerte ein ums andere Mal, man habe jetzt wichtigere Sorgen, nämlich die Rettung der kirchlichen Institutionen. So wurden auch nach und nach die nichtarischen Christen, die in die Vernichtungslager verschleppt wurden, von ihren Glaubensgemeinden in Stich gelassen. In einer skurrilen katholischen Eingabe wurde die SS immerhin ersucht, Seelsorger zur Betreuung der nichtarischen Glaubensbrüder in Auschwitz zuzulassen; dies werde zweifelsohne das moralische Niveau im gesamten KZ heben. Es fehlt auch hier die Zeit, die tiefe Verstrickung der christlichen Kirchen in die nationalsozialistische Vernichtungsmaschine näher zu behandeln. Nur soviel: Die Glaubensbewegung „Deutsche Christen", die 1933 die Kirchenwahlen in fast allen protestantischen Gemeinden gewann, hatte schon 1932 den Arier-Paragraphen in ihren Reihen eingeführt. In ihren Richtlinien hieß es: „Der Weg ins Reich Gottes geht durch Kampf, Kreuz und Opfer, nicht durch falschen Frieden". Punkt 9 dieser Satzung läßt keine Fragen mehr offen: „In der Judenmission sehen wir eine schwere Gefahr für unser Volkstum. Sie ist das Eingangstor fremden Blutes in unseren Volkskörper. Wir lehnen die Judenmission in Deutschland ab, solange die Juden Staatsbürgerrecht besitzen und damit die Gefahr der Rassenverschleierung und Bastardisierung besteht. Die Heilige Schrift weiß auch etwas zu sagen von heiligem Zorn und sich versagender Liebe."

Der Jesuit und Diözesanpriester Professor Hermann Muckmann, dessen eugenische Forschung von den katholischen Bischöfen finanziell unterstützt wurde, sah es 1934 an der Zeit, seinen „Grundriß der Rassenkunde" zu veröffentlichen. „Man berufe sich nicht auf die Taufe, die aus einem Juden einen Christen macht", heißt es darin: „Die Taufe macht den Menschen zum Gotteskind, ändert aber niemals sein Erbgefüge"[31]. Was war hier noch katholisches, was schon nationalsozialistisches Gedankengut? Kümmerte das den Vertreter der Societas Jesu?

Zu diesem Zeitpunkt hatten die Machthaber längst ihren eigenen religiösen Kult voll entfaltet. Das Hakenkreuz hatte das Gotteskreuz verdrängt. Lichtdome ersetzten bei den völkischen Weihefesten die Kathedralen der althergebrachten Liturgie. Parallel zum Kirchenjahr war ein „NS-Feierjahr" eingesetzt worden, das den Höhepunkten des völkischen Kreislaufs folgte.[32] Vom „Tag der Machtergreifung" über „Führer-Geburtstag", den „Nationalen Feiertag" am 1. Mai, Muttertag, Sommersonnenwende, den „Gedenktag für die Gefallenen der Bewegung" bis zur „Volksweihnacht" spannte sich der Bogen. Die Bewegung verehrte ihre eigenen Märtyrer, zelebrierte ihren eigenen Totenkult, huldigte ihren eigenen Götzen. Anstelle des Reiches Gottes, das die Kirche noch immer unverdrossen verhieß, war ein neues, mystisches Territorium getreten: Es versprach Lebensraum, war von dieser Welt und judenfrei.

Anfang 1943 beauftragte der Chef des amerikanischen Geheimdienstes OSS, Bill Donovan, den Psychoanalytiker Walter Langer mit einer Fernanalyse des psychischen Zustandes von Adolf Hitler. Die Studie „The Mind of Adolf Hitler"[33] ist ein erstaunliches Dokument, weil es einesteils akkurate Schlüsse zieht, obwohl es auf Grund der begrenzten Informationsquellen lücken- und fehlerhaft bleiben mußte, anderseits aber ohne jegliche Relativierungen, wie sie später geradezu zur Voraussetzung für die historischen Arbeiten über den NS-Komplex wurden, auskommt. „Germany was not a product of Hitler's madness", schreibt Langer ziemlich unverblümt, „but Hitler was a product of Germany's madness". Für den Analytiker ist Hitler ein psychopathologischer Fall. Er attestiert ihm, unter anderen, einen „Messias-Komplex", der sich in der Zeit nach der Landsberger Festungshaft voll entfaltet haben soll: „Im Lauf der Zeit wurde klarer, daß er sich selbst als der Messias sah, der dazu bestimmt war, Deutschland zum Ruhm zu führen. Seine Anspielungen an die Bibel wurden häufiger und die Bewegung nahm langsam eine religiöse Atmosphäre an. Vergleiche zwischen ihm und Christus fielen öfter und fanden ihren Weg in seine Unterhaltungen und Reden ... In all dem identifizierte er sich nicht mit Jesus Christus, dem Gekreuzigten, sondern mit Jesus Christus, dem Wütenden, der zwischen die Wechsler im Tempel fährt. Tatsächlich empfand Hitler wenig Bewunderung für den gekreuzigten Christus ... Diesen Christus hielt er für weich und schwach und nicht geeignet, der deutsche Messias zu sein. Sein

Christus mußte hart und brutal sein, wollte er Deutschland retten und zu seiner Bestimmung führen."

Zur Unterstützung seiner Diagnose führt Langer ein Zitat seines Patienten Hitler an:

„Mein Gefühl als Christ führt mich als Kämpfer zu meinem Herrn und Heiland. Es führt mich zu jenem Mann, der einst in der Einsamkeit, umgeben nur von wenigen Gefolgsleuten, die Juden als das erkannte, was sie waren und der die Männer zum Kampf gegen sie zusammenrief und der, bei Gott!, am größten war nicht als Leidensmann sondern als Kämpfer. In grenzenloser Liebe, als Christ und als Mann, lese ich die Stelle, die erzählt, wie der Herr sich endlich erhob in seiner Macht und die Geisel nahm, um die Brut der Nattern und Vipern aus dem Tempel zu treiben. Wie großartig war dieser Kampf um die Welt gegen das jüdische Gift."

Anmerkungen

1 Omer Bartov, Hitlers Armee – Soldaten, Fanatismus und die Brutalisierung des Krieges, Reinbek bei Hamburg 1995

2 Sigmund Freud, Totem und Tabu; zit. nach Freud, Studienausgabe, Band IX, Frankfurt/M. 1974

3 Sigmund Freud, Der Mann Moses und die monotheistischen Religionen; zit. nach Freud (wie Anm. 2)

4 Freud, Mann Moses (wie Anm. 3)

5 Freud, Mann Moses (wie Anm. 3)

6 Apg. 18,4 ff.

7 Dieter Hildebrandt, Saulus Paulus, München 1989

8 Zit. nach Ernst Klee, Die SA Jesu Christi – Die Kirche im Banne Hitlers, Frankfurt/M. 1989; der Wortlaut findet sich im Linzer Diözesanblatt Nr.1,1933, und wurde vom katholischen Linzer. Preßverein auch als Flugschrift verbreitet.

9 Abgedruckt im „Reichsanzeiger" vom 6.4.1933 unter dem Titel „Evangelischer Appell an Amerika"; zit. nach Klee (wie Anm. 8)

10 „Kölnische Volkszeitung" Nr. 300 vom 3.11.1933

11 Akten Deutscher Bischöfe über die Lage der Kirche 1933–45, bearbeitet von Bernhard Stasiewski, Mainz 1975, zit. nach Klee (wie Anm. 8)

12 Adolf Hitler, Mein Kampf, München 1934

13 Zit. nach Michael Ley, Genozid und Heilserwartung, Wien 1993

14 Hannah Arendt, The Origins of Totalitarianism, New York 1951

15 Rudolf Krämer-Badoni, Judenmord, Frauenmord, Heilige Kirche, München 1988

16 Zit. nach Krämer-Badoni (wie Anm. 15)

17 Peter Weingart, Jürgen Kroll, Kurt Bayertz, Rasse, Blut und Gene, Frankfurt/M. 1988

18 Zit. nach Weingart, Kroll, Bayertz (wie Anm. 17)

19 Vgl. dazu auch Verf., Das Geniale, das Gemeine, München 1992

20 Wilfried Daim: Der Mann, der Hitler die Ideen gab, München 1958; vgl. zu der speziellen Wiener Situation: Friedrich Heer, Der Glaube des Adolf Hitler, München 1968; Nicholas Goodrick-Clarke, The Occult Roots of Nazism, London 1992; Robert Bowen, Universal Ice – Science and Ideology in the Nazi State, London 1993; Dusty Sklar, Gods & Beasts – The Nazis and the Occult, New York 1977.

21 Amos Funkenstein, Jüdische Geschichte und ihre Deutungen, Frankfurt 1995

22 Deutsches Pfarrblatt, Nr.19 vom 8.5.1934; zit. nach Klee (wie Anm. 8)

23 Valeriu Marcu, Die Vertreibung der Juden aus Spanien, Amsterdam 1934; Reprint München 1991

24 Zit. nach Marcu (wie Anm. 23)

25 Henry Charles Lea, Die Inquisition, Nördlingen 1985

26 Johannes-Evangelium, 8, 28 ff.

27 Vgl. etwa Rudolf Schnackenburg, Johannesevangelium, Bd II, Freiburg 1971

28 Zit. nach Krämer-Badoni (wie Anm. 15)

29 Zit. nach Krämer-Badoni (wie Anm. 15)

30 Felicia Bottino, Federico Castellucci, La Menzogna della Razza, Bologna 1994

31 Zit. nach Klee (wie Anm. 8)

32 Vgl. dazu und ff.: Peter Reichel, Der schöne Schein des Dritten Reiches, München 1991

33 Walter Langer, The Mind of Adolf Hitler, New York 1972

Hans-Christof Kraus

Eric Voegelin redivivus?
Politische Wissenschaft als Politische Theologie*

Vergleicht man den Anspruch, den der Politikwissenschaftler und Philosoph Eric Voegelin (1901–1985) mit seinem umfangreichen Werk erhoben hat – nämlich der Begründer einer neuen Art des historischen Denkens und einer ebenso grundlegend neuen politischen Wissenschaft zu sein –, mit der Beachtung und der Rezeption, die sein Werk in den vergangenen Jahrzehnten erfahren hat, dann muß man zugeben, daß dieses – in der Tat nicht eben bescheidene – Ziel nicht erreicht worden ist.

Woran liegt das? Mehrere – allerdings an dieser Stelle nur vorläufige – Antworten lassen sich formulieren: *zuerst* einmal an der Fremdartigkeit einer Terminologie, die mit einer erstaunlichen Unbekümmertheit Begriffe und Konzepte der antiken Philosophie ebenso wie der mittelalterlichen Theologie rezipiert, sie neu definiert und in neue Zusammenhänge stellt – und dies auf eine Weise, die jeden Wissenschaftler, der das Handwerk historisch-kritischen Arbeitens gelernt hat, wenigstens auf den ersten Blick befremdlich anmuten muß.

Der *zweite* Grund dürfte in dem Anspruch Voegelins begründet sein, mit seiner „Neuen Wissenschaft der Politik" die breite Bewegung der modernen Säkularisierung, insbesondere auch das Auseinanderfallen von Theologie und Philosophie, geistig zu überwinden

---

* Zugleich Besprechung von: Eric Voegelin: Die politischen Religionen (Periagogé), hrsg. v. Peter J. Opitz, München 1993; Eric Voegelin: Autobiographische Reflexionen (Periagogé), hrsg. v. Peter J. Opitz, München 1994; Eric Voegelin: Das Volk Gottes. Sektenbewegungen und der Geist der Moderne (Periagogé), hrsg. v. Peter J. Opitz, München 1994; Eric Voegelin / Alfred Schütz / Leo Strauss / Aron Gurwitsch: Briefwechsel über „Die Neue Wissenschaft der Politik" (Praktische Philosophie, Bd. 46), hrsg. v. Peter J. Opitz, Freiburg i. Br. – München1993. – Diese Bände werden im Text mit den folgenden Siglen zitiert: PR (= Die politischen Religionen); AR (= Autobiographische Reflexionen); VG (= Das Volk Gottes); BW (= Briefwechsel über „Die neue Wissenschaft der Politik").

und damit rückgängig zu machen. *Drittens* aber muß auch die Zeitgebundenheit vieler seiner Argumente und Thesen erwähnt werden, denn immer wieder finden sich bei Voegelin – selbst in hochtheoretischen philosophischen und theologischen Spekulationen – abrupt vorgetragene Bezüge und Hinweise auf die Gegenwart, auf die Erfahrung der großen totalitären Ideologien und Systeme dieses Jahrhunderts, deren unerbittlicher Gegner Voegelin in der Tat von Anfang an gewesen ist.

Und *viertens* schließlich ist Voegelins komplexe, schwer zugängliche Idee einer „inneren Erfahrung" zu nennen, die im Spätwerk zunehmend die Gestalt einer religiös-mystischen Lehre annimmt. Er selbst hat immer wieder aufs Neue versucht, seinen eigentümlichen Erfahrungsbegriff – Erfahrung hier als Medium verstanden, über dessen Analyse das Vordringen zur eigentlichen, geistigen „Realität" möglich wird – zu definieren und verbindlich zu explizieren; noch seine letzten Aufsätze sind dieser Bemühung gewidmet. Indes wird man – sofern man sich nicht gerade zum engeren Kreis der „Voegelinianer" zählt – nicht sagen können, daß ihm dies befriedigend gelungen ist. Hier liegt die Crux dieses umfassenden und ohne jeden Zweifel überaus bedeutenden Werkes, das trotz mancher Defizite zu den eindrucksvollsten Denkanstrengungen und intellektuellen Abenteuern dieses Jahrhunderts gehört.

In seiner Zeit als Professor für Politische Wissenschaften an der Ludwig-Maximilians-Universität zu München (1959 bis 1969) hat Voegelin einen großen Schülerkreis um sich sammeln können, der sich noch heute vorbildlich um die Pflege seines Werkes kümmert. Hier ist in erster Linie Peter J. Opitz zu nennen, der gegenwärtig bemüht ist, in einer Reihe von Neueditionen nicht nur wichtige Schriften seines Lehrers erneut zu publizieren, sondern auch bedeutende Teile des sehr umfangreichen unedierten Nachlasses der Öffentlichkeit vorzulegen. Zu diesem Zweck hat er die Reihe „Periagogé" gegründet, in der bisher drei Bände erschienen (und zwei weitere angekündigt) sind. „Periagogé" ist ein Schlüsselbegriff Voegelins, den dieser (in einem Brief an Alfred Schütz vom 1. Januar 1953) anhand des platonischen Höhlengleichnisses erläutert hat: „Plato läßt seine Menschen angekettet in der Höhle sein, der Wand zugewendet, auf der sie nur die Schatten der Dinge sehen, die hinter ihnen vorbeigetragen werden. Diese Situation wird dadurch in Bewegung gebracht, daß einer dieser Menschen ‚gezwungen‘ wird, sich umzuwenden, und weiter mit Gewalt zum Höhleneingang hinaufgeschleppt wird, wo er die Sonne sehen kann. Frage: von *wem* wird dieser Mensch zur Umwendung, zur *periagogé*, ‚gezwungen‘? … Dieser ‚Zwang‘, das ist im wesentlichen, was im Christlichen als ‚Offenbarung‘ oder ‚Gnade‘ differenziert wird als der erlebte Eingriff der Transzendenz in das menschliche Leben, der so überwältigend von außen kommen kann, daß es wie bei Paulus und Augustin zur Infragestellung der menschlichen Freiheit führen kann“ (BW, 107).

Damit wird ein Anspruch erhoben, wie er wohl größer kaum sein kann: Voegelin als „Umwender“ in der Form des Begründers einer völlig neuen Art des politischen Denkens, ja – mehr noch – einer neuen (wiederum zugleich alten) Art zu sehen, zu „erfahren“, zu denken, die „Wirklichkeit“ wahrzunehmen. Die christliche Offenbarung weise, so Voegelin, allein den Weg zur wahren Erkenntnis, und alle Abirrung der Gegenwart, ja der gesamten neuzeitlichen Moderne überhaupt, beruhe in letzter Konsequenz darauf, daß ein Beschreiten dieses Weges konsequent verweigert worden sei, was letztendlich zu einer verkürzten und damit verfehlten Wirklichkeitserkenntnis habe führen müssen.

Eric Voegelins „Autobiographische Reflexionen“ – er hat sie im Sommer 1973 diktiert – können durchaus als Einführung in sein Werk (dessen Entwicklungsgeschichte hier *in nuce* rekonstruiert ist) gelesen werden. Zuerst einmal fällt der außerordentliche geistige Hunger dieses Autors auf, der weit über den normalen Bildungseifer eines begabten jungen Intellektuellen hinausgeht. Zudem hat sich der junge Voegelin in allen politischen und geistigen Lagern, die nach dem Ersten Weltkrieg in Wien wie in einem Brennspiegel versammelt waren, umgesehen – und seine Schlußfolgerungen daraus gezogen. Politisch entwickelte er sich in dieser Zeit, wie er sagt, von einem „Sozialdemokrat(en) der Gesinnung“ zu einem Anhänger der damaligen christlich-sozialen Regierung Österreichs, die sich, im Gegensatz zum Marxismus in dessen verschiedenen Spielarten, in den „Traditionslinien der europäischen Kultur“ (AR, 58f.) bewegte.

Die verschiedenen wissenschaftlichen Lager der Zeit waren ihm ebenso vertraut: Voegelin brachte tatsächlich das Kunststück fertig, zugleich bei zwei politischen und geistig-wissenschaftlichen Antipoden zu promovieren: bei Othmar Spann und Hans Kelsen, dessen Assistent er zeitweilig war. Vom Spann-Kreis entfernte er sich bald, die „Reine Rechtslehre" Kelsens hat er als Methodologie des Rechtsdenkens auch später stets akzeptiert und nur die in ihrem Zusammenhang entstandenen „ideologischen Komponenten" (AR, 39) abgelehnt. Max und Alfred Weber, Eduard Meyer und Bergson, aber auch Stefan George und Karl Kraus waren weitere Leitsterne des jungen Voegelin – nicht zu vergessen die angelsächsische Philosophie von Dewey, Santayana und Whitehead, die der junge Student kennenlernte, als er sich von 1924 bis 1926 als Stipendiat der Rockefeller Foundation in den Vereinigten Staaten aufhielt.

In seinen Urteilen war Voegelin von jeher überaus entschieden: Hegel, Marx und Heidegger erhalten Abfuhren, die den bekannten Urteilen etwa eines Popper nicht nachstehen: Gegen Heidegger habe ihn, erfahren wir, sein Aufenthalt in Amerika „immun gemacht" (AR, 51), Marx wird knapp als „intellektueller Betrüger" (AR, 67f.) abgetan und Hegel werden wiederum kurz und unzweideutig „falsche Prämissen" (AR, 67) unterstellt. Intellektueller Redlichkeit entspricht es nicht gerade, wenn er als Hauptargument gegen Marx anführt, dessen „Schwindel gründet sich auf der platten Verweigerung, die aitiologische Argumentation von Aristoteles zu akzeptieren, nach der der Mensch nicht aus sich selbst, sondern aus dem göttlichen Grund aller Realität heraus existiert" (AR, 68). Diese Art des „Argumentierens" ist nicht weniger platt, als es etwa die Behauptung wäre: Voegelins Schwindel gründet sich auf die Weigerung, Hegels Einsichten in den Gang der Weltgeschichte zu akzeptieren.

Überhaupt fällt demjenigen, der Voegelins Reflexionen und Briefe im Zusammenhang liest, bald auf, daß hier ein schnell denkender und vermutlich ebenso schnell formulierender Autor am Werk ist, der es sich zudem zur Gewohnheit gemacht hat, unzweideutige, harte, konsequente – und daher im einzelnen auch nicht immer haltbare – Urteile zu fällen. Sein alter Freund und Korrespondenzpartner in der amerikanischen Emigration, Alfred Schütz, hat dieses Problem einmal auf den Punkt gebracht: „... warum, warum, warum nehmen Sie eine so monopolistisch-imperialistische Haltung ein? Im Leben wie in der Wissenschaft arbeitet jeder innerhalb der Grenzen, die er sich, oder die ihm sein Dämon steckt. Man überschreitet sie nicht ohne Gefahr. Aber es ist auch nicht ohne Gefahr zu vergessen, daß es im Hause unseres Vaters viele Wohnungen gibt" (BW, 74f.; Schütz an Voegelin, 10. Oktober 1952).

Es gehörte wohl zu Voegelins Natur, daß er weder willens noch imstande war, derartige Grenzen zu akzeptieren und die Warnung überhaupt zur Kenntnis zu nehmen, die sein alter Freund ihm hier zukommen ließ. Sein offenbar geradezu monomanisches Beharren auf Allkompetenz läßt sich auch nicht mit der von Opitz im Vorwort zu den „Autobiographischen Reflexionen" gemachten Bemerkung entschuldigen, Voegelin habe nun einmal „die Philosophie nie als intellektuelles Glasperlenspiel, sondern immer als intellektuelle Verpflichtung verstanden" (AR, 7). Die merkwürdige Zwischenstellung, die Voegelin in der Geistesgeschichte dieses Jahrhunderts einnimmt, hängt zweifellos mit diesem „geistigen Imperialismus" zusammen: Einerseits vereinte er ungeheure Bildung und die Kraft zur umfassenden, wenngleich niemals widerspruchsfreien geistigen Synthese, zum anderen aber wiederum gehörte er nie zu den ganz großen, überragenden Geistern seiner Zeit, so daß er die hohen Ziele, die er sich steckte, trotz aller Anstrengungen nicht erreicht hat. Dies eben deshalb, weil er sich der eigenen Grenzen nicht bewußt war (und ein solches Bewußtsein gehört nun einmal zur menschlichen Größe).

Jedenfalls wird man nicht sagen können, daß ihm eine umfassende Neubegründung der „Politischen Wissenschaft" geglückt ist – unbeschadet der mannigfachen Anregungen, die von seinem Werk ausgegangen sind, und der vielfach grundlegenden Einsichten, die es enthält. Fragt man nach denjenigen unter Eric Voegelins Schriften, die bleibende Beachtung auch künftig verdienen, dann ist das zuerst 1938 erschienene Bändchen „Politische Religionen" fraglos mit einzubeziehen. Es enthält nämlich nicht nur im Keim mehrere, erst später umfassender ausgeführte zentrale Gedanken dieses Denkers, sondern versucht sich auch an der Analyse eines besonders wichtigen Grundproblems politischen Denkens, nämlich des Verhältnisses zwischen Religion und Gemeinwesen.

Das Neue an seiner Schrift ist (und war es schon 1938) nicht etwa, daß hier der Nationalsozialismus als eine pseudoreligiöse Bewegung verstanden und analysiert wurde, sondern neu und wichtig erscheint die Perspektive, die Voegelin einnimmt. Ihm sei völlig klar, heißt es schon im – bereits in der amerikanischen Emigration Ende 1938 verfaßten – Vorwort zur zweiten Ausgabe (die erste war nach dem „Anschluß" Österreichs im März 1938 beschlagnahmt worden), „daß sich diese Welt in einer schweren Krise befindet, in einem Prozeß des Verdorrens, der seine Ursache in der Säkularisierung des Geistes, in der Trennung eines dadurch nur weltlichen Geistes von seinen Wurzeln in der Religiosität hat, und ... daß die Gesundung nur durch religiöse Erneuerung, sei es im Rahmen der geschichtlichen Kirchen, sei es außerhalb dieses Rahmens, herbeigeführt werden kann". Es sei „grauenhaft", von den „politisierenden Intellektuellen" der Gegenwart „immer wieder zu hören, daß der Nationalsozialismus ein Rückfall in die Barbarei, in das dunkle Mittelalter, in Zeiten vor dem neueren Fortschritt zur Humanität sei, ohne daß die Sprecher ahnen, daß die Säkularisierung des Lebens, welches die Humanitätsidee mit sich führte, eben der Boden ist, auf dem antichristliche religiöse Bewegungen wie der Nationalsozialismus erst aufwachsen konnten" (beide Zitate PR, 6f.).

Eine Bemerkung dieser Art ist typisch für Voegelin: Obwohl seine Aussage etwas Richtiges trifft, nämlich den Zusammenhang von Säkularisierung und dem Aufstieg politischer Ersatzreligionen, ist sie in dieser Form doch plakativ und undifferenziert – zudem widerspricht sie auch den durchaus sorgfältigen, interessanten Analysen, die in dem Buch folgen. Denn dort führt er die einleuchtende Unterscheidung zwischen „überweltlichen Religionen", die als „Geistreligionen ... das Realissimum im Weltgrund finden", und „innerweltlichen Religionen", die „das Göttliche in Teilinhalten der Welt finden" (PR, 17), ein. Und er stellt die These auf, daß es die apokalyptischen Prophetien Joachim de Fiores aus dem 12. Jahrhundert sind, die, neben dem „Symbolismus des Spätmittelalters", „den geschichtstiefen Untergrund der apokalyptischen Dynamik in den modernen politischen Religionen" (PR, 40) bilden – mitsamt den bereits hier auftauchenden Symbolen des „Dritten Reiches" und des „Führers".

Das heißt aber: Die Wurzeln der „politischen Religionen" der Gegenwart liegen sehr viel tiefer, als im Vorwort ausgesprochen; allenfalls kann man sagen, daß gewisse extreme Ausformungen etwas mit der modernen Säkularisierung *zu tun* haben, aber ihre *tiefsten* Ursa-

chen liegen eben doch anderswo – in bestimmten Formen (oder De-
formierungen) des spätantiken und mittelalterlichen Christentums.
Derartige Unschärfen beeinträchtigen zweifellos die Wirkung einer
solchen Schrift, deren Verdienst allerdings darin liegt – und dies sollte
mit Nachdruck festgehalten werden –, daß sie den Zusammenhang
von Religion und Politik in einer Zeit aufs Neue eingeschärft hat, in
der das Bewußtsein hierfür fast völlig verlorengegangen war: „Das Leben der Menschen in politischer Gemeinschaft", heißt es am Ende der
Schrift, „kann nicht als ein profaner Bezirk abgegrenzt werden, in dem
wir es nur mit Fragen der Rechts- und Machtorganisation zu tun haben. Die Gemeinschaft ist auch ein Bereich religiöser Ordnung, und
die Erkenntnis eines politischen Zustandes ist in einem entscheidenden Punkt unvollständig, wenn sie nicht die religiösen Kräfte der Gemeinschaft und die Symbole, in denen sie Ausdruck findet, mitumf-
faßt, oder sie zwar umfaßt, aber nicht als solche erkennt, sondern in
a-religiöse Kategorien übersetzt. In der politischen Gemeinschaft
lebt der Mensch mit allen Zügen seines Wesens von den leiblichen bis
zu den geistigen und religiösen" (PR, 63).

Es ist in diesem Zusammenhang fast unnötig zu sagen, daß sich
weiter vorn im Buch eine scharfe Polemik gegen Hegel (PR, 13ff.)
findet, denn die Hegelsche – fraglos moderne – Trennung von Staat
und Gesellschaft widerspricht dem traditionellen Konzept einer zugleich religiösen und politischen Gemeinschaft zutiefst. Die Problematik des modernen politischen Gemeinwesens hat Voegelin hier
sehr genau erfaßt: Der bürokratische Anstaltsstaat unserer Epoche ist
ein funktionalistisches Gebilde, das die innere Ordnung des Ganzen
zufriedenstellend zu regeln vermag, das aber doch, eben weil es auf
seine Funktionen begrenzt ist, die tieferen Bedürfnisse des Menschen
unberücksichtigt läßt. In liberaler Sicht ist dieser Zustand völlig in
Ordnung, sogar wünschenswert: Je weniger der Staat in die Belange
des einzelnen eingreift, desto besser.

Gefahr entsteht allerdings dann, wenn der Staat, aus welchen
Gründen auch immer, nur noch unzureichend oder auch gar nicht
mehr imstande ist, das politische Gemeinwesen als funktionierende
Ordnung, die dem Staatsbürger Schutz und Sicherheit gibt, zu erhalten. Gerade in politischen Krisenzeiten zeigt sich, daß es zum Überleben eines Gemeinwesens noch etwas anderes geben muß als nur

funktionsfähige Institutionen. Dieses Defizit erscheint in Voegelins Deutung als „überweltliche Religion", man könnte es auch – Voegelins Gedanken aufnehmend, aber in der Sache deutlich über ihn hinausgehend, als *politische Norm, Staatsidee, Patriotismus* bezeichnen. Freilich, wie mit besonderem Nachdruck betont werden muß, als eine politische Norm, die *an das Recht* gebunden ist, an Traditionen, die den Wert des Eigenen nicht absolut setzen, sondern sich an den moralischen Schranken orientieren, die von der überweltlichen Religion des eigenen Kulturkreises gesetzt sind.

Dieser Aspekt allerdings steht nicht im Mittelpunkt des Briefwechsels über „Die Neue Wissenschaft der Politik", den Voegelin mit Leo Strauss, Alfred Schütz und Aron Gurwitsch in den Jahren 1951 bis 1953 geführt hat. Anlaß waren Voegelins „Walgreen Lectures" an der Universität Chicago, die er 1951 dort gehalten hatte und die im folgenden Jahr unter dem Titel „The New Science of Politics" auch als Buch publiziert wurden. Das eigentlich wenig ermutigende Fazit dieser Briefe ist – jedenfalls wenn man auch zwischen den Zeilen zu lesen versteht –, daß man hier im wesentlichen aneinander vorbeiredete.

In seinen sehr sorgfältig formulierenden Schreiben bemüht sich Leo Strauss, sein Gegenüber auf den, wie er meint, fundamentalen Unterschied zwischen Religion und Philosophie aufmerksam zu machen. So sehr Strauss wohl, wie sich vermuten läßt, Voegelin als willkommenen Mitstreiter im Kampf gegen Historismus und Positivismus in der politischen Philosophie begrüßt haben mag, so klar zieht er doch seinen Trennungsstrich: Es sei nicht in Abrede zu stellen, „daß ein wesentlicher Unterschied zwischen dem auf Offenbarung beruhenden Denken des Mittelalters und dem nicht auf Offenbarung beruhenden Denken des klassischen Altertums besteht" (BW, 30; Strauss an Voegelin, 25. Februar 1951). Die religiöse Offenbarung und ihr unbedingter Wahrheitsanspruch sei mit dem menschlichen Wissen, der *episteme*, die sich im Mittelpunkt der Philosophie befinde, schlechterdings unvereinbar. Einen Zugang zu philosophischer Erkenntnis über den wahren Weltgrund auf dem Wege der Analyse religiöser „Erfahrung" erschien ihm nicht denkbar. Voegelins Antwort konnte den Graben nicht überbrücken, Strauss bestand auch im folgenden Schreiben darauf, daß Glaubensinhalte von der „Philosophie als Philosophie" (BW, 48; Strauss an Voegelin, 4. Juni 1951) nicht vorausgesetzt werden können. Damit bricht dieser Dialog ab.

Alfred Schütz und Aron Gurwitsch bringen in ihren Briefen an (und über) Voegelin eine deutlich größere Bereitschaft als Strauss mit, sich auf Voegelins Gedanken und Ideen einzulassen, auch wenn sie (wie oben bereits zitiert) seine „monopolistisch-imperialistische Haltung" rügen. Aber ihr Interesse ist doch eigentlich, sieht man genauer hin, ein anderes. Als Wissenssoziologen, die aus der phänomenologischen Schule Husserls kommen und sich für Relevanzproblematik, Wahrnehmungsformen, Strukturen des Denkens und der Lebenswelt interessieren, stehen sie den geschichtsphilosophischen und -theologischen Voraussetzungen Voegelins einigermaßen skeptisch gegenüber. Ihr Interesse ist auf Voegelins Bemühen um die Entwicklung von Erkenntnis aus introspektiver Wahrnehmung von „Erfahrungen", auch religiösen und seelischen Empfindungen gerichtet. „Obwohl Sie dagegen vielleicht protestieren werden", heißt es in einem Brief von Schütz an Voegelin (November 1952), „sehe ich die von Ihnen in Ihrer New Science of Politics entwickelte Theorie als einen Bestandteil dieser allgemeinen Phänomenologie der Motivation an" (BW, 77), und Gurwitsch schreibt im November des gleichen Jahres an Schütz: Was anderes sei „Voegelins Buch ... weitgehend, wenn nicht Phänomenologie historisch aktiver Gesellschaften!" (BW, 133; Gurwitsch an Schütz, 2. November 1952; vgl. auch BW, 142; Gurwitsch an Schütz, 24. Januar 1953).

Doch auch hierauf ist Voegelin, der auf die religiösen Komponenten seines Denkens in seinem – für das Verständnis der eigenen Methode sehr wichtigen und aufschlußreichen – Brief an Schütz vom 1. Januar 1953 (BW, 105–120) mit besonderem Nachdruck hinweist, kaum eingegangen. Vielmehr stellte er seine Antwort auf die Frage, „warum ich als Philosoph nicht geneigt bin, das Christentum über Bord zu werfen" (BW, 111), in den Mittelpunkt: Das „wesentliche" Christentum (also nicht die eschatologischen und gnostischen Strömungen) sei „historisch wirksam geworden durch die Paulinischen Kompromisse mit der Ordnung der Welt ... und die Transformation der Gläubigen, die in eschatologischer Erwartung leb(t)en, in das geschichtliche corpus mysticum Christi" (BW, 112).

Eine Analyse der geistig-politischen Wirklichkeit dürfe – ebensowenig wie am Phänomen der Religion selbst – auch an den Leistungen der christlichen Theologie nicht achtlos vorübergehen, sondern habe sie in die eigenen Analysen mit einzubeziehen. Das „Symbolgewebe" der christlichen Dogmatik, „das die außerordentlich komplizierten religiösen Erfahrungen expliziert und differenziert" habe (BW, 117), könne, sofern es einer sorgfältigen, unvoreingenommenen Analyse unterzogen werde, bedeutende Aufschlüsse nicht nur über den inneren Gehalt vergangener, sondern auch gegenwärtiger politischer Ordnungsstrukturen, ihrer Bedeutung und ihrer Defizite, vermitteln. Jedenfalls gebe es keinen Anlaß, die christliche Theologie, in der „ein mehr als tausendjähriger Schatz von religiösen Erfahrungen" (BW, 118) verborgen liege, von philosophischer Seite hochmütig zurückzuweisen. – In diese Sphären vermochten Schütz und Gurwitsch ihrem Briefpartner allerdings nicht zu folgen.

Man muß sich hier vor Augen halten, daß Voegelin bereits seit über einem Jahrzehnt intensiv an einer umfassenden Gesamtdarstellung der politischen Ideengeschichte gearbeitet hatte, die er allerdings nicht vollendete und auch unpubliziert ließ; Teile daraus sind in sein fünfbändiges, ebenfalls nicht vollendetes Hauptwerk „Order and History" (1956–1987) eingegangen. Einen zentralen Abschnitt aus dieser „History of Political Ideas" hat Opitz jetzt separat unter dem Titel „Das Volk Gottes – Sektenbewegungen und der Geist der Moderne" veröffentlicht – zentral deshalb, weil Voegelin hier die einzelnen historischen Manifestationen dessen genauer in den Blick nimmt, was er in den „Politischen Religionen" als „innerweltliche Religionen", die „das Göttliche in Teilinhalten der Welt finden" (PR, 17), bezeichnet hatte – also jene gnostischen und eschatologischen Glaubensrichtungen, die den Paulinischen Kompromiß mit der Ordnung der Welt widerriefen.

Voegelin geht aus von grundlegenden – und, nebenbei bemerkt, höchst aktuellen – Überlegungen zum Thema „Institution und Bewegung". Der oberen Ebene der „öffentlichen Institutionen" entspreche in jeder historischen Epoche auch eine „untere Ebene als die der Bewegungen, die sich in permanenter Revolte gegen die etablierten Institutionen befinden" (VG, 18). Daraus folgt: „Eine Institution muß dauernd am Prozeß ihrer Restabilisierung arbeiten durch die Lösung der Probleme, die – bleiben sie ungelöst – ihren Wert und ihre Bedeutung zerstörten. Versäumt die herrschende Gruppe einer Institution eine solche Anpassung, so wird sich eine zunehmende Personenzahl ‚ausgeschlossen' fühlen" (VG, 19) – eine Situation, aus der sich im Extremfall eine veritable Revolution entwickeln kann. Diese Ausschließung kann die unterschiedlichsten Ursachen haben und die verschiedensten Formen annehmen: extreme soziale Ungleichheit ebenso wie massive religiöse Unterdrückung.

Die Phasen des Niedergangs, die Voegelin zu rekonstruieren versucht, beginnen um das Jahr 1300: Hier habe die Absorptionsfähigkeit der Kirche in bezug auf mystisch-revolutionäre Bewegungen abgenommen und eine Entwicklung eingeleitet, die um 1500 zur Reformation und zur Heraufkunft neuer häretischer Bewegungen in den „protestantischen Jahrhunderten" 1500 bis 1700 geführt habe. Um 1700 wiederum beginnt die „letzte Periode der Bewegungen", die jetzt „eine zunehmend internationale Form" annehmen, „die die Form des Nationalstaats zu sprengen droht", und die im 18. und 19. Jahrhundert schließlich „ihren säkularistischen, antichristlichen Charakter" offenbaren und im „Ruf nach vollständiger Zerstörung dieser Institutionen" (alle Zitate VG, 25f.) gipfeln.

Der Autor schlägt nun einen weiten historischen Bogen, der (stark verkürzt formuliert) von den radikal dichotomischen Spekulationen der spätantiken Gnostiker über Joachim de Fiores Geschichtsphilosophie der drei Stadien, über Hussiten und Puritaner, die Säkularisierung der Aufklärung im 18. Jahrhundert bis hin zu den totalitären Bewegungen der Gegenwart reicht. In allen Bewegungen meint Voegelin die im Kern gleichen Grundideen ausmachen zu können: nämlich einen radikalen Dualismus, der das Bestehende konsequent verneint und mit Hilfe totaler Vernichtung des „Falschen" und „Bösen" eine – wie im einzelnen auch immer geartete – „neue Welt" zu errichten beabsichtigt. Ursache für eine solche Haltung kann übrigens auch, wie Voegelin feststellt, nicht nur Empörung über soziale oder religiöse „Ungerechtigkeit" sein: „Es gibt eine noch tiefere Quelle, die es uns erlaubt, diesen Glauben [„an eine transfigurierte Welt", H.-C. K.] selbst zu interpretieren, und das ist die Quelle des aktivistischen Glaubens und aktivistischen Nihilismus in einem profunden *taedium vitae*, in einer *malaise* historischer Existenz, in einer tiefsitzenden spirituellen Unfähigkeit, das Leben zu nehmen, wie es ist, und konsequenterweise in einem Willen, vor der Bürde der Existenz in ein Paradies zu entfliehen" (VG, 77).

So einleuchtend vieles von dem ist, was Voegelin hier ausführt – durch seine zuweilen allzu grobschlächtige und undifferenzierte Kategorisierung, insbesondere durch seine problematische Ausweitung des „Gnosis"-Begriffs auf „Positivismus, Progressivismus, Kommunismus und Nationalsozialismus" (VG, 79), macht er es den Gegnern seiner Konzeption doch allzu leicht, diese Thesen als insgesamt verfehlt abzutun. Der bekannte Heidelberger Ägyptologe Jan Assmann, ausgewiesener Spezialist zum Thema der Politischen Theologie, hat es denn auch im vergangenen Jahr unternommen, in einer ausführlichen Rezension des „Volkes Gottes" einen scharfen Angriff gegen Eric Voegelin und dessen Ideen zu führen („Der Sonderweg des christlichen Abendlandes", in: Frankfurter Allgemeine Zeitung, 3. Juni 1994, S. 10).

Assmanns drei Hauptvorwürfe (von kleineren Korrekturen in Detailfragen abgesehen) sind: *Erstens* führe Voegelin einen „Frontalangriff gegen die Moderne als ‚Gnosis'", er behaupte, daß die gnostisch-häretischen „Bewegungen nicht als lokale Ereignisse, sondern als zusammenhängende Manifestationen einer abendländischen Gegenkultur zu verstehen sind, die sich dann in der Gestalt der Moderne als dominierende Kultur durchsetzt". *Zweitens* denunziere Voegelin „die Aufklärung": „Die Ungeheuerlichkeit dieses Ansatzes einer Epochenschwelle um 1700" liege, so Assmann weiter, „in der Nivellierung dessen, was mit Hitler und Stalin passiert. Wer in ihnen die Vollstrecker der Aufklärung sieht, verunglimpft die Aufklärung und verharmlost die politischen Verbrechen". Und *drittens* beachte Voegelin nicht, daß es vielen religiösen Bewegungen um „Gerechtigkeit" gegangen sei: Bereits das Volk Israel habe sich „nicht im Zeichen des Geistes, sondern in dem der Gerechtigkeit konstituiert, und den biblischen Propheten ging es nicht um die andere Welt, sondern um die Abschaffung der Ungerechtigkeit und Unterdrückung in dieser Welt ... Voegelin ist blind für die Tatsache, daß Ordnung und Gerechtigkeit verschiedene Dinge sind und daß es ungerechte Ordnung geben kann".

Es ist nicht ganz leicht, diesen Vorwürfen entgegenzutreten, denn mit seiner Leidenschaft für zugleich deutlich-drastische und allzu vereinfachende und undifferenzierte Formulierungen hat Voegelin selbst manchen Mißverständnissen Vorschub geleistet. Dennoch sind Assmanns Vorwürfe in dieser Form unzutreffend. *Erstens* kritisiert Voegelin nicht „die Moderne" als Ganzes, sondern *diejenigen Strömungen in der Moderne*, die ein radikal-dichotomisches und eschatologisches Denken ermöglichen und befördern. Er weiß sehr genau, daß es auch *vor* der Moderne Bewegungen dieser Art gegeben hat und daß es ebenfalls *in* der Moderne die anti-eschatologische Gegenseite gab und gibt. Wie sonst sollte wohl *auf dem Boden der modernen Welt* ein Kampf gegen die zeitgenössischen „Gnostiker" und „politischen Religionen" noch möglich sein?

Zweitens sieht Voegelin in Hitler und Stalin keineswegs die „Vollstrecker der Aufklärung", sondern er weist nur darauf hin, daß die aufklärerische Idee vom Fortschritt in Richtung einer „Vollkommenheit der Vernunft, die nach und nach von den Menschen erreicht werden kann" (VG, 121), nicht nur zur Säkularisierung führt, sondern schließlich auch zur Anmaßung eines totalen menschlichen Zugriffs auf Welt und Natur, die – wenn sie nach bestimmter Auffassung als „unvollkommen" oder gar „verdorben" erscheinen – durch menschlichen Eingriff radikal umgestaltet werden sollen. Voegelin weist also lediglich darauf hin, daß die Hybris der *Idee einer totalen Weltveränderung*, die den beiden großen totalitären Strömungen dieses Jahrhunderts eignet, ihre Wurzeln *auch* (wenngleich keineswegs ausschließlich) im Perfektibilitätsdenken der Aufklärung besitzt.

Assmanns *dritter* Vorwurf schließlich vermag am wenigsten einzuleuchten: Obwohl Voegelin den Begriff der „Gerechtigkeit" in dem genannten Zusammenhang tatsächlich nicht gebraucht, so spricht er doch ausdrücklich von den „legitimen Beschwerden einer spirituellen Bewegung", deren „Ruf nach Reformen im christlichen Sinne ... von einer feindseligen Haltung gegenüber zivilisatorischen Werten" (VG, 21) begleitet sein könne. Und er stellt auch nicht in Abrede, daß es unter Umständen die Schuld bestehender Institutionen (und ihrer mangelnden Fähigkeit zur Wandlung und Anpassung an neue Situationen) sein kann, wenn sich berechtigte Reformforderungen, denen nicht entsprochen wird, allmählich „in einen Ruf nach vollständiger Zerstörung dieser Institutionen" (VG, 26) verändern können. Es bleibt nur die Frage (die sich Assmann nicht einmal ansatzweise stellt): *Wer entscheidet wann und in welcher historischen Situation – was „Gerechtigkeit" denn eigentlich ist?* Es dürfte klar sein, daß kaum ein Begriff so mißbraucht werden kann wie dieser. Voegelin hat sich in seinen „Autobiographischen Reflexionen" im Anschluß an Max Weber jedenfalls deutlich genug hierzu geäußert: „Hehre moralische Absichten können nicht als Rechtfertigung für die negativen Folgen einer sittlichen Handlung dienen. Ein vom Moralischen her akzeptabler Zweck rechtfertigt nicht eine unmoralische Vorgehensweise" (AR, 29).

Es handelt sich hier, kurz gesagt, nur um die Wiederaufnahme des uralten Streites um Reform oder Revolution, um den Versuch, bestehende Defizite durch friedliche Reform – in Voegelins Sprache: durch einen *Prozeß ständiger Restabilisierung von Institutionen* – zu beseitigen, – oder aber auf die Revolution zu setzen, auf die vollständige Vernichtung des Bestehenden mit dem Ziel der Etablierung einer „neuen Ordnung". Assmanns knappe Hinweise auf das „Gottesvolk" und dessen angebliches „Projekt ‚Gerechtigkeit'" lassen Rückschlüsse auf seinen eigenen Standort innerhalb dieser Auseinandersetzung zu. Eines hat er jedenfalls nicht gesehen oder nicht sehen wollen: Daß es Voegelin in jedem Fall um die Verteidigung kultureller Grundwerte und Institutionen gegen radikal intolerante religiöse und pseudoreligiös-totalitäre Fundamentalismen geht.

Was bleibt also von Voegelin und seinem Werk? Nicht dazu gehören dürfte wohl seine merkwürdige Theorie existenziell-religiöser Grunderfahrungen, die durch die Analyse von „Transzendenzerlebnissen" gewonnen werden und Auskunft über die Struktur der „Wirklichkeit" geben können. Hier bewegt sich Voegelin eher auf dem Gebiet theologischer Spekulation als auf dem der politischen Philosophie. Dieser – vom Verfasser der vorliegenden Ausführungen bereits früher formulierten – Ansicht wird zwar von Opitz (in seinem Nachwort zu PR, 78f.) widersprochen, doch die Bedenken gegen Voegelins Methode vermag sein Schüler auch jetzt nicht auszuräumen: Es mag ja zutreffen, daß sich der Denker stets auch „immer als strenger Empiriker" verstanden hat, aber die Bewertung von „Transzendenzerlebnissen" und „Existenzerfahrungen" ist nun einmal nicht mit einem intersubjektiv gültigen Maßstab zu messen. Opitz muß selbst einräumen, daß, wenn bei der Interpretation derartiger „Erlebnisse" „nicht mit äußerster intellektueller Redlichkeit vorgegangen" werde, „in der Tat die Gefahr des Abgleitens in halt- und inhaltslose Spekulation" (PR, 79) drohe. Nur: Eine verbindliche Bestimmung der Maßstäbe dessen, was hier mit „intellektueller Redlichkeit" gemeint ist, kann er *eben nicht* angeben – und genau da liegt das Problem.

Andere Resultate des Voegelinschen Nachdenkens über die Zusammenhänge von Religion und Politik allerdings dürften durchaus gegenwärtig bleiben – und darüber hinaus von höchstem aktuellen Interesse sein: darunter vor allem sein Nachweis der unmittelbar *politischen* Bedeutung von Emotionen religiöser Art. Die Unterscheidung zwischen den institutionalisierten überweltlichen Religionen einerseits und den innerweltlichen religiösen Bewegungen gnostischen und revolutionären Charakters andererseits kann als treffende Beschreibung auch noch einer gegenwärtigen Problemlage aufgefaßt werden: Wie anders sollte man etwa die Bedeutung religiös-fundamentalistischer Bewegungen überall auf der Welt und vor allem die Gefahren, die von radikal-chiliastischen Sekten gegenwärtig ausgehen (das Beispiel Japan dürfte kein Einzelfall sein) analysieren können?

Die Polemik Jan Assmanns gegen Eric Voegelin hat darüber hinaus noch etwas anderes deutlich gemacht: daß es auch gegenwärtig noch die Frontstellungen zweier Arten von politischer Theologie gegeneinander (man mag sie eine „linke" und eine „rechte" nennen) gibt: Die *eine* versteht sich als radikale innerweltliche Erlösungsbewegung, die ein (meistens bezeichnenderweise bewußt unklar definiertes) „Projekt Gerechtigkeit" verfolgt und zu dessen Verwirklichung im Extremfall auch vor radikalen Maßnahmen, Umsturz und Revolution, „Beseitigung des Systems", nicht zurückschreckt. Die *andere* aber weiß, daß es – um in letzter Konsequenz zerstörerische radikale Bewegungen nicht aufkommen zu lassen – notwendig ist, sich stets um die Stabilisierung (und gleichzeitige Weiterentwicklung, Reform) von Institutionen zu bemühen, und daß es – insbesondere in Krisenzeiten – nicht ausreicht, sich ausschließlich auf einen Staat ohne Idee, ohne verbindliche „Religion" zu verlassen, sondern daß es darauf ankommt, bestimmte „Kräfte der Seele" zu entbinden, die dem einzelnen eine – auch im Gefühl verankerte – persönliche Identifikation mit dem eigenen Gemeinwesen ermöglichen. In dem Aufweis dieser Notwendigkeit könnte der heutige Sinn einer Politischen Theologie liegen.

Der Nationalsozialismus
als religiöses Gesamtkunstwerk

Gottfried Wagner

Vom Erlösungswahn Wagners im Lohengrin und Parsifal

Was haben Wagners Gralswelten in den Opern „Lohengrin" und „Parsifal" mit dem „Nationalsozialismus als politische Religion" zu tun? Der Zusammenhang der Wagnerschen Kunstwerke mit der pervertiertesten Form christlichen Fundamentalismus, des Antijudaismus und Antisemitismus, als „gutes Prinzip im Kampf mit dem bösen" um die Herrschaft des Universums mag auf den ersten Blick befremden. Zwei Aussagen Hitlers als Ausdruck dieser pervertierten Tradition halte ich für besonders aufschlußreich: einmal Hitlers Aussage in „Mein Kampf", in der er sich mit folgenden Worten zum christlichen Erlöser stilisierte: „So glaube ich heute im Sinne des allmächtigen Schöpfers zu handeln: Indem ich mich des Juden erwehre, kämpfe ich für das Werk des Herrn."[1] Zum anderen machen die „Gespräche mit Hermann Rauschning" seine Endlösungsvision deutlich, wenn er behauptete: „Es kann nicht zwei auserwählte Völker geben. Wir sind das Volk Gottes. Besagt das nicht alles?"[2]

Mit Recht weisen Michael Brocke und Herbert Jochum in ihrer Schrift „Theologie des Holocaust" darauf hin, daß „das, was die Theoretiker des Nazismus als „politische Theologie" und als „säkulären Messianismus formuliert hatten, dem jüdischen Glauben und jüdischen Messianismus diametral entgegengesetzt" war.[3] Wie weit besteht aber nun eine Verbindung zwischen der „politischen Theologie" und dem „säkulären Messianismus" als antisemitisches Credo der Nazis mit Wagners Konzept von „Kunst und Religion", wie man sie gerne fälschlicherweise im Zusammenhang mit der gleichnamigen Schrift von 1880 als Qintessenz für die Oper „Parsifal" zitiert. Folgende Passagen aus der Schrift sind typisch für Wagners neuchristliche Ideen:

„Man könnte sagen, daß da, wo die Religion künstlich wird, der Kunst es vorbehalten sei, den Kern der Religion zu retten, indem sie die mythischen Symbole, welche die erstere im eigentlichen Sinne als wahr geglaubt wissen will, ihrem sinnbildlichen Werthe nach erfaßt, um durch ideale Darstellung derselben die in ihnen verborgene tiefe Wahrheit erkennen zu lassen."[4] Nach einer konfusen Analyse der Weltreligionen voller antisemitischer Äußerungen und subjektiven Beschreibungen christlicher Musik der Vergangenheit weist Wagner der „heiligen christlichen Musik" die Aufgabe zu: „... Den Tempelmauern entschwebt, durfte die heilige Musik jeden Raum der Natur neu belebend durchdringen, der Erlösungs-bedürftigen Menschheit eine neue Sprache lehrend, in der das Schrankenloseste sich nun mit unmißverständlichster Bestimmtheit aussprechen konnte".[5]

Weit bedenklicher wird dann seine abschließende prophetische Apokolypse:

„Man sollte glauben, dieses alles, mit Kunst, Wissenschaft, Tapferkeit und Ehrenpunkt, Leben und Habe, könnte einmal durch ein unberechenbares Versehen in die Luft gesprengt werden."[6] Der erdachte Sprengsatz wurde im eigenen Bayreuther Erlösungs-Zentrum durch ihn in der Tat bereits in seinem Propagandaorgan, den „Bayreuther Blättern", mit großer internationaler Breitenwirkung zur Explosion gebracht. Wagner blieb keineswegs, wie man schon diesem Zitat entnehmen kann, nur im Rahmen einer Diskussion über die Rettung der christlichen Religion durch seine Kunst. Diese plumpe Täuschung sollte man sich erst nach der Explosion, also nach dem Holocaust, als unverzeihliche Ehrenrettung des Chefideologen Wagner, einfallen lassen.

Wagner hinterließ besonders im Zusammenhang mit seinem „Lohengrin" und „Parsifal" Schutthalden von gewaltigem Ausmaße, deren Abtragung noch weiterer Generationen bedarf. Die Gründe dafür ergeben sich u. a. aus den Inhalten und den damit verbundenen ideologischen Zusammenhängen sowie aus Wagners historischer Breitenwirkung auf Politik und Kultur in Deutschland, die von seinem Erlösungswahn bis zu Hitlers Endlösung reichen. Die Auseinandersetzung berührt daher immer noch gesellschaftliche Tabubereiche, die schmerzlich und weit davon entfernt sind, als historisch aufgearbeitet betrachtet werden zu können.

Vom Dilemma des Erlösungsgedankens bei Richard Wagner

Der Erlösungsgedanke durchzieht den gesamten Nachlaß Wagners, also seine Partituren, Dichtungen, theoretischen Schriften, Briefe und

Stellungnahmen zu Ereignissen seiner Zeit. Er ist weder einheitlich, noch von kontinuierlicher Entwicklung und meist sehr widersprüchlich. Und dennoch gibt es im „Lohengrin" und im „Parsifal" thematische Zusammenhänge und ideologisch-biographische Entwicklungen, die bezüglich der Wagnerschen Wahnidee von Erlösung einzigartig und offensichtlich sind. Versuche, wie u. a. die von Hans Joachim Bauer – immerhin Herausgeber „Sämtlicher Wagner Briefe" ab dem 6. Band von 1986 – sind wegen ihrer manipulierten Zitattechnik zugunsten des „reinen Künstlers" Wagner zum Scheitern verurteilt. Bauer glaubt u. a. in seinem „Wagner Lexikon" von 1988 die „Erlösungsthematik" im „Lohengrin" und „Parsifal" so beschreiben zu können: „Im ‚Lohengrin' ... ist aber bereits die Unvereinbarkeit göttlicher Heilswege mit den Wünschen menschlicher Erlösung dokumentiert" ... [während im „Parsifal"] im Zentrum der Erlösungsgedanke aus der Überwindung der Welt und des Weltlichen durch Mitleid, das „welthellsichtig" macht, und als Kern der Religion im Musikdrama aufbewahrt werden soll."[7]

Definitionen der offiziellen, Bayreuth nahestehenden Wagner-Forschung sind auch deshalb falsch, weil sie von der Teilung und nicht der unauflöslichen Einheit der Partituren, der Schriften, Briefe sowie der anderen Dokumente Wagners ausgehen, um durch den Künstler Wagner und den eigenen „selbstlosen" Beitrag zur großen Bayreuther Sache die wirtschaftliche Zukunft des Festspielunternehmens mitabzusichern. Wer nicht diesem fatalen Verdrängungspfad und blütenreinen Bayreuth-Marketing folgt, wird bei der mühsamen und endlosen Durchsicht aller Wagnerschen Dokumente besonders im Zusammenhang mit dessen Ideen zur „Erlösung" zum Ergebnis kommen, daß der Ideologe Wagner mit Begriffen wie Religion und Erlösung willkürlich, dilettantisch und in gefährlicher Weise spekulierte und operierte. Sie sind nicht mehr mit „künstlerischer Freiheit" zu rechtfertigen, sondern trugen wegen ihres totalitären Anspruches und ihrer Maßlosigkeit auch zur verhängnisvollen Entwicklung von Wagner zu Hitler bei. Mit dieser Erkenntnis nähere ich mich erst einmal dem Leben und Werk Wagners vor und während der Entstehung des „Lohengrin" und dann der Entwicklung zum „Parsifal".

Wagner als Verfälscher seines Werkes und Lebens

Eine der Voraussetzungen, sich in unabhängiger Weise mit der Rezeption des „Lohengrin" zu beschäftigen, ist die wiederholte, distanzierte Lektüre sämtlicher Briefe, der theoretischen Schriften und Werke von Wagner bis zur und während der Entstehungszeit von 1845 bis 1848. Wer die Kommentare zu den Sämtlichen Briefen des 1. und 2. Bandes von 1967 und 1970 des ehemaligen VEB Musikverlages Leipzig kennt, weiß, daß sie in ihren verlogenen SED-Kommentaren jeder seriösen Forschung spotten. Ebenso problematisch ist die Situation der gesamten theoretischen Schriften und Kompositionen, zu denen immer noch eine vollständige Dokumentation fehlt. Diese Situation beeinflußt bis heute auch die „Lohengrin"-Rezeption nachteilig.

Eines der entscheidendsten Hindernisse zu einer überfälligen, neuen Ära einer seriösen „Lohengrin"-Rezeptionsaufarbeitung ist, endlich anzuerkennen, daß Wagner der erste Verfälscher seines eigenen Werkes und seiner Biographie war. Ich nenne hier den Fall Meyerbeer als ein Beispiel der Spurenverwischungen wesentlicher künstlerischer Inspirationsquellen von Wagner mit allen späteren daraus sich ergebenden Folgen. Wer die verschiedenen autobiographischen Quellen von der „Roten Brieftasche" bis zur großen offiziellen Staatsbiographie „Mein Leben" im Auftrage von Ludwig II. von Bayern sowie die Briefe Wagners in verschiedenen Zeitabschnitten kritisch vergleicht, kann dies leicht nachweisen. Mein Ergebnis ist daher auch für eine Auseinandersetzung mit der Werkgeschichte des „Lohengrin" folgendes: „Man tut gut daran, Wagners Kommentaren grundsätzlich erst einmal *nicht* zu vertrauen! Noch größere Skepsis ist für die Zeit nach Wagners Tod angebracht. Die „Lohengrin"-Verfälschungen von Richard Wagner wurden mit Cosima Wagner, Hans Paul von Wolzogen, Houston Stewart Chamberlain und Winifred Wagner in kontinuierlichem Crescendo in Bayreuth betrieben, – und dies keineswegs nur im Sinne einer Kunstweihestätte, sondern als kulturpolitische, neuchristliche Ideologieschmiede für Deutschland und Europa. Wer nun glaubt, daß nach der Blütezeit des arischen Bayreuther Erlösungszentrums und dessen Verfälschertradition von 1883 bis 1944 eine grundsätzliche und kritische Aufarbeitung des „Lohengrin" und

„Parsifal" in der Neu- oder gar Post-Neubayreuther Ära stattfand, wird bei genauerer Analyse u. a. der Programmhefte und Beiprogramme der Bayreuther Festspiele ab 1951 erkennen, wie sehr diese Annahme bis heute nicht der Realität entsprach und entspricht. Einer der Höhepunkte der Verfälschungstradition im Alt-Bayreuther Stile war die Ausstellung „Wagner und die Juden" von 1984 und der 1985 dazu erschienene Katalog, der bis heute immer noch den Touristen in der Villa Wahnfried eine heile, aufgearbeitete Wagner-Welt aus der Sicht des Wagner-Marktes vorgaukelt. Meine bitteren Bemerkungen haben bedauerlich viel mit der Behinderung bei der Erforschung meines heutigen Themas zu tun. Aufgrund meist unerfreulicher Erlebnisse mit der offiziellen, Bayreuth-nahen Wagner-Forschung, die immer noch die Zusammenhänge von Wagner, Hitler und dem Holocaust beschönigt, relativiert oder verleugnet, komme ich zu folgendem Ergebnis: Sage mir, wie, was und wen du zitierst, und ich werde dir sagen, welchen Wagner du meinst."

Des weiteren gilt für mich bei der Bewertung von Wagners Werk und Biographie, also auch beim „Lohengrin": Alle Dokumente, also nicht nur seine Werke und Briefe, sondern auch theoretischen Schriften, sind wegen ihres sehr subjektiven Charakters als autobiographisches Material zu sehen und dementsprechend kritisch zu interpretieren. Größte Skepsis ist daher nicht nur bei Wagner, dem Verfälscher des eigenen Werks und Lebens, sondern auch bei Wagner, dem „Universalgenie", und dessen Meinung zur Erlösung der Welt durch seine Kunst angebracht. Die Geschichte seiner Bayreuther Festspiele als ein kontinuierliches kulturpolitisches Dishumanum beweist dies, trotz aller scheinliberalen Alibibemäntelungen, bis heute in beeindruckender Weise. Zwischen Größenwahn und Verfälschertradition ist daher auch die offizielle „Lohengrin"-Rezeption seit der Entstehung des Werkes ab 1845 angesiedelt, – und dies keineswegs nur ansatzweise. Bereits vor und während der Entstehung des „Lohengrin" zeigen sich deutlich die Tendenzen und Visionen, die Wagner dann seit seiner antisemitischen Hetzschrift „Das „Judentum in der Musik" von 1850 unmißverständlich propagierte und die er bis zu den „Regenerationsschriften" von 1879 bis 1881 kontinuierlich weiterentwickelte. In späteren, nach 1848 hinzugekommenen Aussagen zu „Lohengrin" neigte Wagner oft dazu, mit seinem von ihm so geliebten Lohengrin die ursprünglichen eigenen Spuren und Absichten im, oft bedenklich vieldeutigen, mythologischen Nebel verschwinden zu lassen und zu verfälschen.

Wesentliche Schriften und Werke bis 1848

Wer die Schriften „Ein Ende in Paris" und „Über die Ouvertüre" von 1841, „Halevy und die Französische Oper" von 1842, die „Autobiographische Skizze" von 1843 in Verbindung mit den Briefen bis 1848 und dem „Liebesmahl der Apostel" von 1843 vergleicht, findet bereits nicht nur wesentliche Elemente von Wagners Kunstideologie, die vom „Lohengrin" bis zum „Parsifal" eine Rolle spielen sollten, sondern auch seinen intolerant-totalitären Umgang mit denen, die seine Heilsbotschaft in Frage stellten. Der Grund, warum u. a. die genannten Titel bei der offiziellen „Lohengrin"-Forschung und auf dem Wagner-Opernaufführungsmarkt keine wesentliche Rolle spielten und spielen, ist evident: Sie würden nicht nur entscheidende künstlerische Einflüsse auf Wagner wie Mendelssohn, Meyerbeer und Heine verdeutlichen. Sie würden auch die kontinuierliche Entwicklung von Wagners Antisemitismus und deutsch-nationalistischem Identitätsgetue ab Beginn der vierziger Jahre bis hin zum offenen, pathologischen Judenhaß von 1850 und bis zu seinem Tode 1883 als wesentlichen Teil der Wagnerschen Ideologie transparent machen. Um meine Behauptung zu verdeutlichen, möchte ich kurz auf die von mir zitierten Schriften eingehen.

Ein Ende in Paris

Man lese das Credo in der autobiographischen Novelle „Ein Ende in Paris" des biederen deutschen Musikers Wagner, in der er gegen die, „die Wucher mit der hohen keuschen Kunst treiben, die schändeten und entehrten aus Schlechtigkeit des Herzen und schnöder Gier nach Sinneslust ..." vorgeht und deren Ende er „im jüngsten Gericht in furchtbarer Verdammung" prophezeit. Mit seinem Glauben an „Gott, Mozart und Beethoven, ingleichen an ihre Jünger und Apostel", indem er „an den heiligen Geist und an die Wahrheit der einen, unteilbaren Kunst glaubte, und daß diese Kunst von Gott ausgehe und in den Herzen aller erleuchteten Menschen lebe"[8], begann Wagner mit den totalitären Abgrenzungen gegen die, die ihm bei der Durchsetzung seines Werkes und seiner Ideologie im Wege standen. Bereits hier argumentierte Wagner nicht mehr, sondern betrieb spekulative Demagogie mit allen Schattierungen, die von der selbstinszenierten Legende des verfolgten Opfers bis hin zum moralisierenden Weltenrichter Wagner reichten.

Über eine Ouvertüre

Ebenso aufschlußreich ist die Schrift „Über eine Ouvertüre" aus demselben Jahr, also 1841. Wagner schrieb hier u. a.: „Stellen wir nun fest, daß die Ausarbeitung rein musikalischer Elemente mit der dramatischen Idee so weit zusammenfallen soll, daß selbst der Abschluß der musikalischen Bewegung der Entscheidung der szenischen Handlung entspreche ... Denn wir fanden, daß eine rein musikalische Konzeption sehr wohl die leitenden Grundgedanken des Dramas, nicht aber den individuellen Schicksalsverlauf einzelner Personen in sich fassen könne. In einem sehr bedeutenden Sinne verfährt der Tonsetzer als Philosoph, welcher nur die Idee der Erscheinungen erfaßt; ihm, wie in Wahrheit ebenfalls nur dem großen Dichter, liegt es somit nur an dem Sieg der Idee, wogegen der tragische Untergang des Helden, persönlich genommen, ihn nicht bekümmert. Von diesem Gesichtspunkte aus hält er sich die Verwicklungen, Einzelschicksale und der sie begleitenden Zufälle ferne; er triumphiert, wenn der Held untergeht ..."[9]

Bei wiederholtem und kritischerem Lesen der Formen und Inhalte der historischen griechischen Tragödie tritt immer deutlicher eine weitere bedenkliche Tendenz bei Wagner zutage: Er mißbrauchte die universale Kulturgeschichte, um daraus in den verschiedenen Phasen pseudo-philosophischer Ergüsse seinem eigenen Werk Ewigkeitswert zu suggerieren. Wagners Deutung der griechischen Tragödie entpuppt sich als Selbstüberhöhung. Er sah sich und sein Werk immer als Teil der Weltkunst, mit der er auch die eigene Ideologie durchsetzte. Im Falle des „Lohengrin" stellte er seinen neuchristlichen, verdeutschten Gral und sein Frageverbot als blinder Gehorsam, bis hin „zum Untergang", in den Mitttelpunkt seines ideologischen Anliegens. Ich werde noch darauf zurückkommen.

Halevy und die französische Oper

Im Vorfeld der „Lohengrin"-Ideologie kommt auch der Schrift „Halevy und die Französische Oper" von 1842 eine besondere Bedeutung zu. Hier verdammt Wagner die meisten seiner bedeutenden Zeitgenossen mit verallgemeinernden Phrasen. Schuld an dem Verfall der Kunst seiner Zeit sei, so Wagner, „die künstlerische Demoralisation". Mit einer niederträchtig kleinlichen Intrige gegen Mendelssohn und Rossini kommt er dann schließlich zu dem immer zentraler werdenden Thema: zum Judentum. Durchaus als Präludium zum „Judentum in der Musik" wird Wagner dann immer besonders demagogisch, wenn er Juden scheinbar mit Worten wie folgenden lobt: „Wie bewundernswert und liebenswürdig war Rossini, solange er ein großes Talent war! Seitdem er und die Leute entdeckten, daß er eigentlich ein großes Genie sei, wurde er arrogant und grob, und sprach von Juden, die ihn durch ihren Sabbat von der großen Oper vertrieben hätten. Und doch sollte er diesen Juden nicht so zürnen, sondern bedenken, daß sie ihn durch ihren Sabbat zur Reue und Buße gebracht haben, und die religiösen Gefühle und Übungen sind jedenfalls geeignete Wege zur Rückkehr zum ewigen Heil nach einer nicht ganz sündlosen Jugend ..."[10] Wer den Text nicht im Zusammenhang mit der Intrige gegen Mendelssohn liest, wird ihn mißverstehen. Diese Schrift hat mit all ihrem ständigen theatralischen Seitenwechsel unübersehbare antisemtitische Tendenzen, die auch in der „Autobiographischen Skizze" von 1843 immer wieder als versteckte, scheinbar allgemeine Attacke gegen die Opernwelt, die er mit der realen Welt verwechselte, aufscheinen. Schon hier brachte Wagner seine selbstverschuldete Pariser Misere mit Meyerbeer in Verbindung, wenn er schrieb: „Gänzlich ohne Empfehlungen war ich einzig nur auf Meyerbeer angewiesen". Was ihn nicht hinderte, dann einige Zeilen später wieder scheinbar positiv über seinen Förderer Meyerbeer zu schreiben: „... Endlich schickte ich meine neue Arbeit [sich beziehend auf den „Fliegenden Holländer"] an Meyerbeer nach Berlin ... So sah ich nun der Aufführung zweier meiner Werke – [anspielend auch auf „Rienzi"] auf den ersten deutschen Bühnen entgegen ... Ich verließ [Paris] daher im Frühjahr 1842. Zum ersten Male sah ich den Rhein, mit hellen Tränen im Auge schwur ich armer Künstler meinem deutschen Vaterlande ewige Treue."[11] Auch wenn dieser nationale Rausch sich erst später in Verbindung mit seinen Bayreuther Festspielen als antijüdisches Kulturzentrum gegen die Pariser Oper von Meyerbeer voll entfalten konnte, hat er doch viel mit Wagners deutschem Identitätsgetue als aggressiver Abgrenzung und Einfalt sowie seinem deutschen Neuchristentum der Zukunft zu tun, das sich bereits im „Lohengrin" nachweisen läßt.

Das Liebesmahl der Apostel

Es ist wohl kein Zufall, daß Wagner in demselben Jahr, in dem er seine „Autobiographische Skizze" verfaßte, also 1843, „Das Liebesmahl der Apostel" schuf. Im Chor der Apostel und der Jünger spiegelte Wagner die sozialrevolutionären Ideen seines Christentums der Zukunft in deutlicher Abgrenzung vom Judentum wider. Das unvollendete Manuskript zu der geplanten Oper „Jesus von Nazareth" von 1848/49 sollte dann eine weitere Entwicklung in Wagners Verständnis der Jesus-Figur und seines Christentums der Zukunft aufzeigen. Sie sind als weitere Bausteine zum „Judentum in der Musik" zu sehen. Bleiben wir aber im Vorfeld des „Lohengrin", also bei dem „Liebesmahl der Apostel." In Rom, und nicht in Jerusalem, sah Wagner abgrenzend die einzig wahre Verkündigung des Wortes seines neuchristlichen Gottes. Er verstand bereits hier mit allen kompositorischen Mitteln eines grandiosen Opernchors, dem Zuhörer seine textliche Botschaft zu suggerieren. Die Form der Präsentation der Aussage, die in ihren musikalischen Mitteln den „Tannhäuser" und „Parsifal" antizipiert, entsprach bereits dem späteren ideologischen Mißbrauch der Kunstgattung Oper im Vorfeld des „Lohengrin".

Zum „Lohengrin"

Nun aber zum „Lohengrin". Der fiktive A-Dur-Messen-Klang des Vorspiels zum ersten Akt der romantischen Oper „Lohengrin" versetzt nicht nur den Wagnerianer immer wieder durch seine perfekte Machart in den Zustand, dem kommenden Erlöser Glauben schenken zu wollen. Doch: Der keimfreien, reinen Gralswelt folgt der harte Aufprall im unreinen, irdischen Jammertal Brabant, wo die reine Elsa unter Verdacht steht, ihren Bruder ermordet zu haben. Was Gralswelt und Brabant verbindet, ist der Nebel ahistorischer Mythologie, um der Welt den Beginn der Epoche Wagnerscher, neuchristlicher Erlösung bis hin zu den Gralsglocken im „Parsifal" einzuläuten. Die machtpolitische Provinzintrige gegen Elsa verbindet Wagner unmittelbar mit der großdeutschen Forderung von König Heinrich an die Brabanter, Heerscharen für das deutsche Reich im bevorstehenden heiligen Krieg gegen den im Osten drohenden Feind zu stellen. In der für die Ideologie der Oper typischen Weise folgen die Heerverbände mit ihrem Schwur auf ihren christlichen Gott und das großdeutsche Reich im blinden Gehorsam. Die anschließende Gerichtsverhandlung über die angebliche Ermordung Gottfrieds durch Elsa, die sich als Geiselnahme Ortruds zur Rückerhaltung verlorener Macht entpuppt, dient ausschließlich der Polarisierung zweier pseudoreligiöser, totalitärer Mächte: der „reinen, guten Gralswelt" des Lohengrin und der „unreinen, Anti-Gralswelt" der Ortrud, die im erbitterten Kampf miteinander stehen. Die Adjektive „rein" und „gut" sowie „unrein" und „böse" werden im Sinne der jeweiligen Abgrenzungen und eigenen Identitäten zur Machterhaltung bzw. Machtzurückerlangung verwendet und mißbraucht. Not tut daher für Wagner die durch ein willkürlich festgesetztes Gottesgericht heraufbeschworene Wundertat des Erlösers Lohengrin. Sein Kommen setzt Wagner in Text, Musik und theatralischer Raffinesse als massenpsychologische Hysterie mit allen übersteigerten Mitteln der Kunstgattung Oper um, die in ihrer Absolutheit blinde Gefolgschaft suggeriert. Nach der mysteriösen Verabschiedung wird der künftige, prädestinierte Gralsritter Gottfried in das Ideologiezentrum Monsalvat zur Unterweisung in das neuchristliche Dogma gesendet – man kennt es als Gralserzählung, besonders in den Worten: „So hehrer Art doch ist des Grales Segen, enthüllt, – muß er des Laien Auge fliehn, des Ritters drum sollt Zweifel ihr nicht hegen, erkennt ihr ihn, dann muß er von euch ziehn."[12]

In diesem Sinne stellt Lohengrin die Bedingungen seiner Erlösung öffentlich zweimal: einmal direkt an Elsa, dann in der Wiederholung an alle. Das Frageverbot erweist sich im Laufe der Handlung als allgegenwärtiges Frageverbot, das an wesentlichen Stellen der Oper als Motiv totalitären, blinden Gehorsamsanspruches bedrohlich und in aller Überdeutlichkeit als ideologischer Zeigefinger von Wagner wiederholt wird. Um das Frageverbot und das Gute des Monsalvatevangeliums in der gottgewollten Gralsmission zu erzwingen, greift Lohengrin im unbezweifelbaren Gottesgericht zur Gralswunderwaffe, – dem eigentlichen Wunder in der Oper –, um den Feind Telramund und dessen unreine Frau Ortrud auszuschalten. Mit dem Gralswunderschwert ist der siegreiche Ausgang des Guten über das Böse im christlichen Universum Wagners vorbestimmt – oder, genauer gesagt, zugunsten Lohengrins manipuliert. Die ebenso fanatische Gegenseite, also Ortrud, begreift die Schwäche des Frageverbots und entwikkelt darauf ihre Gegenstrategie. Sie spricht in der 1. Szene des 2. Aktes gegenüber Telramund von der Verunreinigung des Blutes durch Verletzung oder Verlust eines Körperteils. Durch die Gralswunderwaffe ist der reine, gralsgläubige Erlöser Lohengrin vor der Verunreinigung seines Blutes durch und gegen die dunklen Kräfte geschützt und immun. Daher bleibt der „Bösewichtin" Ortrud nach einem fanatischen Aufschrei an ihre fiktive Götterwelt – die sicher wenig mit der Edda, wohl aber mit pseudoreligiösem Wahn einer Sektenführerin zu tun hat – und ihren jämmerlichen Mann nur noch der Kampf gegen Lohengrin mit der öffentlichen Infragestellung des Frageverbots. So klagen erst Ortrud, dann Telramund Lohengrin des Zaubers an. Die Zweifel Elsas wachsen, aber letztlich weichen sie vor ihrer Hochzeit dem öffentlichen Druck und der Angst, Lohengrin zu verlieren.

Ganz anders verhält sich Elsa in der geglaubten Intimität des Brautgemachs. Hier bricht sie (die sich vorher bis zur Selbstverlegung ihrem Erlöser unterordnete, aus Sorge um Lohengrins Wohlergehen und, ihn zu verlieren), dessen Frageverbot. In diesem Dialog wird Lohengrins blinder Gehorsam gegenüber den Gralsregeln besonders deutlich. Der Attentatsversuch auf Lohengrin durch Telramund beweist die gerechtfertigte Angst Elsas, aber auch wieder den wundersamen Schutz des „reines Blutes" von Lohengrin als gläubigem Gralsritter durch das Gralswunderschwert. Das Aufzeigen des Frageverbots als inhumane Ideologie durch Elsa stellt aber *nicht* den heiligen Krieg gegen den Feind im Osten in Frage. Er vollzieht sich in aller Konsequenz und mit Fanatismus bereits im Vorspiel, dann im Zwischenspiel zur dritten Szene des 3. Aktes. Wagner kommentierte hier in unmißverständlicher Weise, was die Verherrlichung seiner Vision eines deutsch-nationalistischen Expansionskrieges gegen den Feind im Osten tatsächlich bedeutet, der in dem Satz „Für deutsches Land das deutsche Schwert"[13] ganz im Sinne seines neuchristlichen Grales endet: Gut und rein ist das, was dem Gral und seinen Anhängern bei der Durchsetzung des neuen Christentums und seines Gottes dient. Der totalitäre Charakter des Frageverbots und des blinden Gehorsams als männliche Gralsgesetze wird in der 3. Szene des 3. Aktes durch Lohengrins öffentliche Anklage gegen Elsa als verräterische Frau noch aggressiver verdeutlicht: Wer die Gralsregeln in Frage stellt, muß nicht nur auf sein privates Glück verzichten, sondern hat auch keinen Platz mehr im Brabant der Zukunft. Das Brabant der Zukunft im Sinne männlicher Gralsideologie als Erlösungs- und Vernichtungswahn, die Lohengrin in der blendend-schönen Gralserzählung allen verkündet, hat nur Platz für den gralsgeschulten Führer von Brabant, der mit dem Wunderschwert, dem Ring und Horn des Grales den großen Sieg des deutschen Heeres für Großdeutschland erstreiten wird. Die Oper endet mit der Vision des siegreichen Expansionskriegs des deutsch-nationalistischen Reiches im Osten und mit der persönlichen Tragödie Elsas. Elsa wird – unter den Wehe-Rufen aller – der Gralsideologie und dem expandierenden deutschen Reich im Sinne Wagners und des „Lohengrin" am Ende des Stückes geopfert.

Es kann kaum verwundern, daß der „bösen" Ortrud in dieser neuchristlichen brutalen Männerwelt kein ziviler Prozeß gemacht wird. Sie wird, dramaturgisch gesehen, völlig unüberzeugend, durch Lohengrins „Wundertaten" zur Rettung Gottfrieds ausgeblendet, was dann auf der Opernbühne bedeutet: Frau Kammersängerin sinkt als „böse" Zauberin „entseelt" zu Boden, während das Gebet des „guten und reinen Lohengrin" in Monsalvat erhört wird. Die dem faschistoiden Männerstück meiner Meinung nach entsprechendere Lösung ist die Ermordung Ortruds und der Selbstmord Elsas. Soweit meine Interpretation der Geschichte und Ideologie von Wagners „Lohengrin".

Auf dem Weg zum „Judentum in der Musik"

Weitere Etappen bis hin zur Niederschrift der ersten öffentlichen, antisemitischen Hetzschrift Wagners „Das Judentum in der Musik" von 1850 sind u. a. neben der geplanten Oper „Jesus von Nazareth" von

1848/49 die Schriften „Kunst und Revolution" und „Das Kunstwerk der Zukunft" von 1849, letzte unter dem Einfluß des Antisemiten Feuerbach, der ebenso von Bedeutung für Wagner war wie die Junghegelianer August Röckel, Wilhelm Weitling und Friedrich Theodor Fischer. Wagner nahm auf Röckels Einfluß in seiner Autobiographie „Mein Leben" noch einmal vage Bezug, wenn er „von Sozialisten Lehren", von „der Vernichtung der Macht des Kapitales durch unmittelbare produktive Arbeit" sprach und „[Röckel darauf] eine ganz neue moralische Weltordnung aufgebaut habe."[14] Wagner war davon so angezogen, daß er auf Röckels Gedankengut die „Realisierung seines Kunstideals aufzubauen begann.[15] Später wird – im „Ring des Nibelungen" – die alte Weltordnung der kapitalistischen Figuren Alberich und Mime mit eindeutig antisemitischen Anspielungen, der „neuen reinen Weltordnung" weichen. Auch in „Kunst und Revolution" verwendet Wagner indirekt antijüdische Metaphern, indem er Jesus und Apollo als die „beiden erhabensten Lehrer der Menschheit"[16] bezeichnet und wesentliche jüdische Sozial-und Moralbegriffe und deren Einfluß auf das Christentum bewußt verschweigt und damit verfälscht.

Mit der Schrift „Das Kunstwerk der Zukunft" äußert sich Wagner zum erstenmal offen antisemitisch, wenn er den Kunstsinn des Judentums als „modernen Utilitarismus, roh, sinnlich genießbar"[17] diffamiert. Dem „Künstler-Egoismus" seiner Zeit stellt er das Volk als einzigen Dichter und Künstler entgegen. Mit der Deutung der germanischen Sage von „Wieland dem Waffenschmied", der sich aus der Knechtschaft seiner Peiniger – in versteckter Anspielung an die Juden – durch einen Flugapparat zur Rache aufschwang, wird das deutsche Volk bereits in dem Sinne der späteren Schrift „Eine Mitteilung an meine Freunde" von 1851, wie folgt, definiert: „Meine Studien trugen mich so durch die Dichtungen des Mittelalters hindurch bis auf den Grund des alten urdeutschen Mythos ... was ich hier ersah, war der wirkliche, nackte Mensch, an dem ich jede Wallung des Blutes, jedes Zucken der kräftigen Muskeln, in uneingeengter, freister Bewegung erkennen durfte, der wahre Mensch überhaupt."[18]

Vom „Judentum in der Musik" zu Parsifal und dessen Theorie

Folgende Passagen aus der antisemitischen Hetzschrift „Das Judentum in der Musik" in der Fassung von 1850, die Wagner noch mit dem Pseudonym Freigedank zeichnet, halte ich für mein Thema von Bedeutung. Der Jude ist für Wagner im allgemeinen „abstoßend", „Er ... herrscht, und wird so lange herrschen als das Geld die Macht bleibt, vor welcher all unser Tun und Treiben seine Kraft verliert ... Der Jude, der bekanntlich einen Gott ganz für sich hat, fällt im gemeinen Leben zunächst durch seine äußere Erscheinung auf, die, – mögen wir nun einer europäischen Nationalität angehören, welcher wir wollen, etwas dieser Nationalität unüberwindlich unangenehm Fremdartiges hat ... Der Jude, der an sich unfähig ist, weder durch seine äußere Erscheinung, noch durch seine Sprache, am allerwenigsten aber durch seinen Gesang sich uns künstlerisch mitzuteilen, hat nichts desto weniger vermocht, in der verbreitetsten der modernen Kunstarten, der Musik, zur Beherrschung des öffentlichen Geschmackes zu gelangen ... Der Jude hat nie eine eigene Kunst gehabt, daher nie ein Leben von kunstfähigem Gehalte ... Wir müssen daher die Periode des Judenthums in der modernen Musik geschichtlich als die der vollendeten Unproduktivität, verkommenden Stabilität bezeichnen."[19] Verhängnisvoll endet Wagner nach einer Verunglimpfung von Mendelssohn und Meyerbeer seine Schmähschrift mit folgendem Aufruf: „Nehmt rücksichtslos an diesem selbstvernichtenden, blutigen Kampfe Theil, so sind wir einig und untrennbar! Aber bedenkt, daß nur Eines Euere Erlösung von dem auf Euch lastenden Fluch sein kann, die Erlösung Ahasver's: der Untergang!"[20]

„Das Judentum in der Musik" war der Beginn von Wagners Antisemitismus als kulturpolitisches Konzept und ist als Auftakt des Wagnerschen biologischen Rassismus zu sehen, wie er sich in den Schriften „Oper und Drama" 1851, „Über Staat und Religion" (1864), „Was ist Deutsch" (1865/78) bis hin zu den „Regenerationsschriften" von 1879 bis 1881 unter dem Einfluß von Gobineau weiterentwickelte. Am Ende der Schrift „Erkenne dich selbst" von 1881 spricht Wagner von der „großen Lösung" eines judenfreien Deutschlands durch die „Überwindung falscher Scham" seitens der Deutschen. Der Zusammenhang mit der Taufe Kundrys im 3. Akt der pseudoreligiösen Erlösungsoper „Parsifal" macht das rassistische Gedankengut Wagners transparent. Man begreift, wie und warum Wagner mit der bereits im „Judentum in der Musik" geforderten Zwangskonversion der Juden zum Christentum und mit dem Untergang durch Selbstmord der Juden ernst machte. Die erwähnte „große Lösung" von 1881 wird in dem dramaturgisch sinnlosen Tod der inzwischen getauften Jüdin am Ende der Oper szenisch skizziert, aber auch rassistisch-ideologisch fixiert. Der Zusammenhang mit dem Schlußsatz des Werkes „Erlösung dem Erlöser" wird deutlicher: Durch die Befreiung vom Judentum wird Jesus und damit das Christentum arisiert und erlöst. Wie früher mit dem Griechentum, spielte Wagner ab Mitte der fünfziger Jahre mit seiner skurrilen Buddhismus-Interpretation mit falschen Bezügen zu Schopenhauer das Judentum gegen sein Neu-Christentum aus, indem er die ethischen Traditionen des Judentums verleugnete, verfälschte und verunglimpfte. Wer die hier genannten Schriften ab 1841 bis 1881, Symbole, Rituale und Werkinhalte von „Lohengrin" und „Parsifal" analysiert und vergleicht, sieht Wagners Erlösungs- und Vernichtungswahn bestätigt. Houston Stewart Chamberlain fuhr dann mit Cosima Wagner fort, die Vision „der großen Lösung" durch die kulturellen, politischen und wirtschaftlichen Kreise zu propagieren, die den totalitären Bayreuther Erlösungswahn unterstützten. Man lese dazu die Bayreuther Blätter, Festspielführer und vor allem den Brief vom 7.10.1923 von Chamberlain, in dem er Hitler wie die reinen „Lohengrin"- und „Parsifal"-Figuren beschrieb. In diese Tradition reihte sich dann auch meine Großmutter Winifred Wagner mit ihrem „offenen Brief" vom 14. November 1923 ein. Die lebenslange, pubertäre Faszination Hitlers seit dem Besuch einer „Lohengrin"-Vorstellung mit 12 Jahren und dessen „Rienzi-Vision" als 16jähriger stehen in ebenso engem Zusammenhang mit Hitlers Gesprächen mit Hermann Rauschning von 1940 und Dr. Picker von 1941 in der Wolfsschanze wie August Kubizeks Erinnerungen von 1956. Das im „Parsifal" geforderte „Mitleid durch Wissen" bezog sich also nur auf den arischen Neuchristen der Zukunft des Erlösers Richard Wagner durch und in seiner Bayreuther Erlösungskultstätte.

Die Erkenntnis bleibt schockierend. Da helfen keine Rufmorde gegen Autoren wie Hartmut Zelinsky, Paul Lawrence Rose, Ulrich Drüner, Marc Weiner und Michael Ley und andere, einschließlich meiner selbst, im Stile der Bayreuther Verdrängungskläranlage und ihrer Beiprodukte wie der Ausstellung „Wagner und die Juden". Es wird in der Zukunft nicht nur die Wahrheitsverkündigung durch Bayreuth und seine Jünger geben. Die Erlösung vom falschen Propheten Wagner, dem Ideologen des „Lohengrin" und „Parsifal", steht immer noch aus: Sie wird nicht nur die verheerende Wirkung von Wagners Antisemitismus, sondern auch dessen Antifeminismus zum Gegenstand haben müssen.

Anmerkungen

1 A. Hitler, Mein Kampf, 2. Band, 14. Auflage, München 1933, S. 70
2 H. Rauschning, Gespräche mit Hitler, Zürich – New York, 1946, S. 227
3 Wolkensäule und Feuerschein, Jüdische Theologie des Holocaust, Gütersloh 1982, S. 254
4 Richard Wagner, Gesammelte Schriften und Dichtungen, Leipzig, 1871–1883, Band 10, S. 211, Wagners Antisemitismus vgl. u. a. S. 232, wo Wagner es für „mehr als zweifelhaft [hielt], ob Jesus von jüdischem Stamme gewesen sei".
5 Vgl. Anm. 4, S. 250
6 Vgl. Anm. 4, S. 252
7 Hans-Joachim Bauer, Richard Wagner Lexikon, Bergisch Gladbach, 1988, S. 122–134. H.-J. Bauer verzichtet auch hier auf jeden Zusammenhang mit Wagners Antisemitismus, der aber wesentlich ist.
8 Richard Wagner, Ausgewählte Schriften, Leipzig 1982, S. 56 f.
9 Vgl.Anm. 8, S. 43 f.
10 Vgl. Anm. 4, Band 12, S. 147
11 Vgl. Anm. 8, S. 79 f.
12 Richard Wagner, Lohengrin, Klavierauszug, Leipzig 1914, S. 243
13 Vgl. Anm. 12, S. 229
14 Vgl. Anm. 4, Band 14, S. 210 f.
15 Ebenda
16 Vgl. Anm. 4, Band 4, S. 41
17 Vgl. Anm. 4, Band 3, S. 144
18 Vgl. Anm. 4, Band 4, S. 32
19 Neue Zeitschrift für Musik Nr. 19, Leipzig 3. 9. 1850. S. 102–106
20 Neue Zeitschrift für Musik Nr. 20, Leipzig 6. 9. 1850, S. 112

Ernst Piper

Alfred Rosenberg – der Prophet des Seelenkrieges
Der gläubige Nazi in der Führungselite
des nationalsozialistischen Staates

Auf dem Reichsparteitag des Jahres 1938 sprach Alfred Rosenberg über „Persönlichkeit und Gemeinschaft". Der zweite Absatz seiner Rede beginnt mit der Feststellung: „Die nationalsozialistische Revolution hat sich ihren politischen Gegnern gegenüber außerordentlich großzügig erwiesen."[1] Zahllose politische Gegner, so wäre hinzuzufügen, büßten diese Großzügigkeit mit ihrem Leben, und nicht nur sie.

Drei Jahre zuvor, im Oktober 1935, hatte Carl Jacob Burckhardt, im Auftrag des Internationalen Roten Kreuzes, einen jener politischen Gegner im Konzentrationslager Esterwegen besucht. In seinen Lebenserinnerungen berichtet er darüber:

„Der kritische Augenblick meines Besuches trat um 3 Uhr nachmittags ein ... mitten auf dem großen Freiplatz zwischen den Barakken, sagte ich zu dem Kommandanten, Standartenführer Loritz: ‚Jetzt wünsche ich Herrn von Ossietzky zu sehen und zeugenlos mit ihm zu sprechen, den Hamburger Pazifisten und Schriftsteller Ossietzky ...' Die Umstehenden nahmen eine fast drohende Haltung an, Loritz[,] hochrot im Gesicht, preßte hervor: ‚Wen wollen Sie sehen? Wer ist das?' ‚Sie wissen es genau!' ‚Kein Häftling dieses Namens ist hier.' ‚Doch[,] er ist hier, falls er noch lebt. Wir wollen keine Zeit verlieren', dann lauter, ‚falls er nicht mehr lebt, mache ich Sie persönlich verantwortlich.' Jetzt schrie Loritz: ‚Unmöglich, ausgeschlossen, ich weigere mich.' Nun[,] ein einziges Mal entschloß ich mich auch zu dem Kasernenhofton: ‚Was ist das für eine verdammte Schweinerei, daß hier Befehle nicht durchgehen. Sie kennen Ihren Befehl, ich sehe die Häftlinge, die ich zu sehen wünsche und ich spreche mit ihnen, Sie wissen, um was es geht.' Nach zehn Minuten kamen zwei SS-Leute, die einen kleinen Mann mehr schleppten und trugen als heranführten. Ein zitterndes, totenblasses Etwas, ein Wesen, das gefühllos zu sein schien, ein Auge verschwollen, die Zähne anscheinend eingeschlagen, er schleppte ein gebrochenes, schlecht ausgeheiltes Bein. Ich ging ihm entgegen, reichte ihm die Hand, die er nicht ergriff. ‚Melden!‘ schrie Loritz. Ein unartikulierter, leiser Laut kam aus der Kehle des Gemarterten. ‚Herr von Ossietzky‘, sprach ich ihn an, ‚ich bringe Ihnen die Grüße Ihrer Freunde, ich bin der Vertreter des Internationalen Komitees vom Roten Kreuz, ich bin hier, um Ihnen, soweit uns dies möglich ist, zu helfen.‘ Nichts. Vor mir, gerade noch lebend, stand ein Mensch, der an der äußersten Grenze des Tragbaren angelangt war. Kein Wort der Erwiderung. Ich trat näher. Jetzt füllte sich das noch sehende Auge mit Tränen, lispelnd unter Schluchzen sagte er: ‚Danke, sagen Sie den Freunden, ich sei am Ende, es ist bald vorüber, bald aus, das ist gut.‘ Und dann noch ganz leise: ‚Danke, ich habe einmal Nachrichten erhalten, meine Frau war einmal hier; ich wollte den Frieden.‘“[2]

Alfred Rosenberg, der große Theoretiker des Nationalsozialismus, hatte, wie er später auf Befragen einräumte, immerhin von der Existenz zweier Konzentrationslager gehört – Dachau und Oranienburg. Mit eigenen Augen gesehen hatte er kein einziges. Auf Vorhaltungen seines Verteidigers erklärte er vor dem Nürnberger Kriegsverbrechertribunal, er sei einer entsprechenden Einladung Heinrich Himmlers nicht gefolgt, „aus Geschmacksrücksichten, ihrer Freiheit beraubte Menschen nicht einfach beobachten zu wollen“[3]. Selbst als Rosenbergs eigener Schwiegervater, als Este in die Mühlen nationalsozialistischer Volkstumspolitik geraten, sich im Lager wiederfand, sich aber gleichwohl der ihn bedrängenden Herrenrasse nicht anschließen wollte, hielt Rosenberg sich fern. Er trug lediglich dazu bei, den alten Mann zur Stellung eines Einbürgerungsantrages zu überreden, was die Voraussetzung für seine Freilassung war. Auch Liselotte Kohlrausch, eine Jüdin, mit der Rosenberg ein Verhältnis gehabt hatte, befreite er immerhin aus der Gestapo-Haft.[4]

Von Adolf Hitler wird berichtet, er habe immer alle Vorhänge zuziehen lassen, wenn sein Sonderzug sich einer der durch den von ihm begonnenen Krieg zerstörten Städte näherte. Auch Rosenberg gehörte zu den Feinfühligen. Ein ums andere Mal versicherte er dem Nürnberger Gerichtshof, daß er stets für eine „ritterliche Lösung“ der Judenfrage eingetreten sei. Mit einem von Hilflosigkeit zeugenden Redeschwall versuchte er dem Gericht einzureden, daß er mit seiner

Forderung nach Ausrottung der Juden nicht für deren Tötung plädiert habe.

Carl von Ossietzky war, wie viele andere Linksintellektuelle, nach dem Reichstagsbrand inhaftiert worden. Wie seine Mitgefangenen berichten, wurde er immer wieder gezielt ganz besonders schrecklich mißhandelt, zum einen, weil er unerschrocken wie wenige gegen den immer mächtiger werdenden Ungeist der Nazis opponiert hatte, zum anderen, weil seine Peiniger ihn unzutreffenderweise für einen Juden hielten. Bald setzte eine internationale Kampagne zu seinen Gunsten ein, die in dem Vorschlag gipfelte, ihm den Friedensnobelpreis zu verleihen. Zunächst wagte das Komitee dies nicht und verlieh den Preis gar nicht. Doch im November 1936, ein Jahr nach dem Besuch von Carl Jacob Burckhardt, wurde Carl von Ossietzky nachträglich der Friedensnobelpreis für 1935 zuerkannt.

Nachdem die Nazis sich von ihrem ersten Schreck erholt hatten, erklärte Hermann Göring am 30. Januar 1937 im Reichstag: „Wenn wir sehen, daß man versucht, Deutschland dadurch vor der Welt zu kränken, daß man einem Landesverräter, einem mit Zuchthaus bestraften Individuum, einen Preis des Friedens zuerkennt, dann ist das nicht für Deutschland beschämend, sondern es ist lächerlich für die, die solches getan haben. Weil aber Deutschland auch in Zukunft sich diese beschämenden Dinge weder gefallen lassen will, noch überhaupt darüber zu diskutieren wünscht, hat der Führer mit dem heutigen Tag folgenden *Erlaß* herausgegeben: Um für alle Zukunft beschämenden Vorgängen vorzubeugen, verfüge ich mit dem heutigen Tage die Stiftung eines *deutschen National-Preises für Kunst und Wissenschaft.* Dieser National-Preis wird jährlich an drei verdiente Deutsche in der Höhe von je 100 000 Reichsmark zur Verteilung gelangen. Die Annahme des Nobelpreises wird damit für alle Zukunft Deutschen untersagt."[5] Das Protokoll vermerkt lebhaften Beifall.

Der Balte Alfred Rosenberg war es, an den als „erster unter den Lebenden" sein Intimfeind Joseph Goebbels den neugeschaffenen Deutschen National-Preis verlieh. In der Begründung hieß es: „Alfred Rosenberg hat in seinen Werken in hervorragendstem Maße die Weltanschauung des Nationalsozialismus wissenschaftlich und intuitiv begründen und festigen geholfen ... Erst eine spätere Zeit wird wohl zu ermessen vermögen, wie tief der Einfluß dieses Mannes auf die weltanschauliche Gestaltung des nationalsozialistischen Reiches ist."[6] Ein Satz von abgründiger Zweideutigkeit.

Und noch heute ist das Panorama des wissenschaftlichen Meinungsstreites – war Rosenberg ein harmloser, weltfremder Träumer, der an den Nationalsozialismus wirklich glaubte, oder vielmehr der strategische Kopf, der aus dem Hintergrund Hitlers Entscheidungen lenkte? – erstaunlich groß, doch das ist hier nicht mein Thema.

„Der Nationalsozialismus als politische Religion" lautet die Überschrift, die uns zusammengeführt hat. So geht es also um den Rosenberg, den der amerikanische Ankläger Jackson in Nürnberg den „geistigen Priester der ‚Herrenrasse'" genannt hat, „der die Lehre des Hasses schuf, die den Anstoß zur Vernichtung des Judentums gab."[7]

Alfred Rosenberg wurde am 13. Januar 1893 in Reval geboren. Sein Vater war Kaufmann, seine Mutter, die kurz nach der Geburt des Sohnes starb, die Tochter eines Färbereibesitzers. Der Großvater väterlicherseits war Lette, dessen Großmutter wiederum soll Jüdin gewesen sein. Der Großvater mütterlicherseits hatte französische Vorfahren, und der Großvater der Großmutter war dem Vernehmen nach Mongole. Auch wenn dies alles nicht mehr restlos aufzuklären ist, steht jedenfalls fest, daß für eine Karriere bei der SS, die den Nachweis „reinarischer" Abstammung bis 1750 verlangte, dieser Stammbaum keinesfalls geeignet war. In der Tat machte Rosenberg nie den Versuch, sich dieser Mörderelite anzuschließen. Auch von der SA, deren Führer Ernst Röhm mit der ihm eigenen rauhen Herzlichkeit Rosenberg als „Baltenschwein" bezeichnete[8], hielt er sich fern.

Alfred Rosenberg hatte zuerst in Riga studiert, dann in Moskau mit dem Entwurf eines Krematoriums das Diplom für Architektur erworben. Als er Ende 1918 nach München kam, sprach er nur eine Sprache wirklich fließend – Russisch. Um so sinnfälliger ist es, daß er sich das erste Geld mit Aufsätzen für eine Zeitschrift verdiente, die den Namen „Auf gut deutsch" führte. Einen Versuch als Architekt zu arbeiten, machte Rosenberg trotz mehrerer guter Angebote nie. Herausgeber von „Auf gut deutsch" war Dietrich Eckart, Morphinist, Bohémien und völkischer Schriftsteller, der in der Münchner Gesellschaft über ausgezeichnete Verbindungen verfügte. Mit Eckarts Hilfe gelang der NSDAP 1920 der Erwerb des „Völkischen Beobachters", den erst er selbst, nach seinem Tod 1923 dann Rosenberg leitete. Rosenberg schloß sich eng an Eckart an und lernte durch ihn auch Hitler kennen.

Neben Gottfried Feder waren es vor allem Eckart und Rosenberg, die in den entscheidenden Jahren zwischen 1919 und 1923 zur Ausformung von Hitlers Weltbild beitrugen. In Ansehung des Ortes, an dem ich dies sage, füge ich hinzu: Hitler hat auch in Wien prägende Eindrücke erhalten. In „Mein Kampf" sagt er selbst, daß sich damals seine Weltanschauung gebildet habe, womit er die „Wandlung zum Antisemiten"[9] meinte. Wir können aber davon ausgehen, daß nicht die abstruse Traktätchenliteratur eines Lanz von Liebenfels, sondern die eben genannten Theoretiker unter seinen frühen Mitstreitern, die auch die offiziellen Kommentare zum Parteiprogramm von 1920 schrieben, vor allem Hitlers Gedankengänge zu historischen, kulturgeschichtlichen, wirtschaftlichen und politischen Fragen beeinflußten.

Als am Ende des Jahres 1933 Hitler die nationalsozialistische Revolution für beendet erklärte, richtete er an seine wichtigsten Mitstreiter Glückwunschtelegramme. Rosenberg dankte er für die „geistige Zertrümmerung der uns gegenüberstehenden feindlichen Gedankenwelt": „Sie, mein lieber Parteigenosse Rosenberg, haben seit der Zeit Dietrich Eckarts nicht nur unentwegt den Angriff gegen diese Ideenwelt geführt, sondern durch die politische und weltanschauliche Leitung des Zentralorgans der Partei unerhört dazu beigetragen, die weltanschaulich einheitliche Durchdringung unseres politischen Kampfes sicherzustellen."[10] Tatsächlich war Rosenberg rasch der Welt der weißrussischen Hilfskomitees und der deutschen Volksküchen, bei denen man kein Geld, sondern nur seinen eigenen Suppenlöffel mitbringen mußte, entwachsen. Bereits Anfang 1923, lange vor Hitler, erlangte er die deutsche Staatsbürgerschaft und entwickelte sich bald zu einem vielgelesenen Autor, wobei die Titel seiner Publikationen von einer starken thematischen Fixierung zeugen: „Die Spur der Juden im Wandel der Zeiten", „Unmoral im Talmud", „Der staatsfeindliche Zionismus" oder „Die Protokolle der Weisen von Zion". Vor allem um die Verbreitung der zuletzt genannten „Protokolle", die Rosenberg schon aus Moskau kannte, war es ihm zu tun, ein antisemitisches Machwerk erster Güte, das Hitler nachweislich beeindruckt hat und das leider noch heute in vielen Ländern auf der Bestsellerliste steht. Rosenberg dämmerte es bald, daß es mit der

Echtheit dieser „Protokolle" nicht weit her war, aber er erkannte auch, daß das ihren propagandistischen Wert nur unwesentlich beeinträchtigen würde. Es ist, nebenbei bemerkt, einer der größten antisemitischen Propagandaerfolge, daß auch in aufgeklärten Kreisen bis heute vielfach davon die Rede ist, diese Protokolle seien eine Fälschung. In Wahrheit sind sie keine Fälschung, etwa ursprünglich vorhandener echter Protokolle. Sie sind eine Erfindung, und zwar der russischen Geheimpolizei, was m. E. ein ganz wesentlicher Unterschied ist.

1924 wurde Alfred Rosenberg Herausgeber einer neuen Zeitschrift: „Der Weltkampf. Monatsschrift für die Judenfrage aller Länder". Im darauffolgenden Frühjahr ordnete der zwischenzeitlich aus der Festungshaft entlassene Hitler an, daß diese „Waffe allererersten Ranges" in jeder Ortsgruppe der eben wiedergegründeten NSDAP aufzuliegen habe, denn – so die Begründung: „Sie vermittelt den besten Einblick in die grauenerregende Tätigkeit des Judentums, das in den letzten Jahrzehnten immer mehr der Weltherrschaft entgegenstrebt."[11] Rosenberg, der hinter allem und jedem geheime Hintermänner und Machenschaften vermutete, leistete durch seine Publizistik der antisemitischen Paranoia in besonderem Maße Vorschub. Die Zentrale der geheimen Mächte konnte dabei, je nach Kontext, die Großloge der Freimaurer, deren „Verbrechen" Rosenberg eine eigene Darstellung widmete, aber auch die Sozialistische Internationale oder die großen Börsen sein – alles Institutionen, die – ebenso wie die internationale Presse und noch einiges mehr – in letzter Instanz vom Weltjudentum kontrolliert wurden. 1924 erschien, aus dem Nachlaß Dietrich Eckarts, eine in der Historiographie erstaunlicherweise nur gelegentlich beachtete Schrift: „Der Bolschewismus von Moses bis Lenin. Zwiegespräch zwischen Adolf Hitler und mir". Das Büchlein wurde in dieser Form nicht nachgedruckt, weil im nachhinein unliebsam aufgefallen war, daß der Titel einen Fehler enthielt, der die erhoffte propagandistische Wirkung beeinträchtigen könnte: Moses war mit einigem Recht als führender Vertreter des Judentums anzusprechen, nicht aber Lenin. Im Nachwort des Verlages wird das schmale Werk als hochbedeutsames Zeugnis für die „christliche Einstellung der völkischen Bewegung" bezeichnet.[12] In der Tat bekennt sich Hitler darin zu seiner katholischen Konfession, sieht allerdings die Kirche vom jüdischen Geist geknechtet. Der Anmerkungsapparat hält sogar eine Liste jüdischer Päpste bereit.

Dietrich Eckart zitiert Arthur Trebitsch: „Deutschland bolschewistisch und die Juden werden mit Rom spielend fertig." Darauf antwortet Hitler: „Rom wird sich ermannen, aber erst, wenn wir uns ermannt haben werden. Nur die Gründlichkeit des Deutschen kann der Welt die Augen öffnen. Ein zweiter Hildebrand wird erscheinen, ein noch größerer, und den Weizen von der Spreu sondern. Und eines Tages wird es heißen: die Kirchenspaltung ist gewesen."[13]

Die Nationalsozialisten wollten die Macht im Staate. Deshalb konnten sie sich die Kirchen, denen, mit wie viel oder wenig Inbrunst auch immer, sich mehr als 90 % der Bevölkerung zugehörig fühlten, nicht zum Gegner machen. In „Mein Kampf" sagt Hitler das mit nicht zu überbietender Deutlichkeit: „Dem politischen Führer haben religiöse Lehren und Einrichtungen seines Volkes immer unantastbar zu sein, sonst darf er nicht Politiker sein, sondern soll Reformator werden, wenn er das Zeug hierzu besitzt! Eine andere Haltung würde vor allem in Deutschland zu einer Katastrophe führen."[14] Das ging an Eindeutigkeit noch über das Bekenntnis zum „positiven Christentum" in Punkt 24 des Parteiprogramms hinaus. Der letzte Satz machte zugleich deutlich, daß eine offene Konfrontation mit den Kirchen ein unkalkulierbares Risiko für die Partei bedeutet haben würde.

Auf der anderen Seite gab es zwei Gruppen, gegen die scharfe Agitation auf Sympathie in weiten Teilen der Bevölkerung rechnen durfte: Juden und Kommunisten. Radikaler als jede andere Gruppierung setzten die Nationalsozialisten angebliches jüdisches Weltherrschaftsstreben und die Ziele der Kommunistischen Internationale in eins. Rosenbergs erster, in der Zeitschrift „Auf gut deutsch" veröffentlichter Aufsatz trug den Titel: „Die russisch-jüdische Revolution". Und in „Mein Kampf" schreibt Hitler: „Indem ich mich in die Lehre des Marxismus vertiefte und so das Wirken des jüdischen Volkes in ruhiger Klarheit einer Betrachtung unterzog, gab mir das Schicksal selber seine Antwort ... Siegt der Jude mit Hilfe seines marxistischen Glaubensbekenntnisses über die Völker dieser Welt, dann wird seine Krone der Totentanz der Menschheit sein, dann wird dieser Planet wieder wie einst vor Jahrmillionen menschenleer durch den Äther ziehen."[15] Die aggressivste Totschlägerbande suggerierte ihrem

willigen Publikum, daß man sich in einem verzweifelten Abwehr-
kampf befinde. Die Hetzschrift „Die Protokolle der Weisen von
Zion" wurde beispielsweise von einer Organisation verbreitet, die sich
„Verband gegen Überhebung des Judentums" nannte. In Wirklichkeit war es natürlich genau umgekehrt. Die Juden befanden sich, allen
Emanzipations- und Assimilationsbemühungen zum Trotz, stets in
einer gefährdeten Lage, der Zugang zu vielen Bereichen war ihnen ver-
schlossen. Sozial wurden sie von den alten gesellschaftlichen Eliten in
Wirtschaft, Politik und Beamtenapparat weithin gemieden. Noch viel
mehr galt das natürlich für die junge Bewegung der Kommunisten,
und es war nur allzu bequem, darauf zu verweisen, daß es unter ihren
Führern, ebenso wie bei den Sozialdemokraten, einige Juden gab.

Hitler wollte die Macht im Staate, er wollte mit allen Mitteln eine
Diktatur errichten. Er wollte die „Machtergreifung", wie es der von
den Nazis geprägte Terminus mit schöner Deutlichkeit sagte. Deshalb überbot er sich nach dem gescheiterten Putsch von 1923 in Lip-
penbekenntnissen zum Legalitätsprinzip, deshalb lehnte er den
Kampf gegen die christlichen Kirchen ab und ließ es darüber auch zum
Bruch mit seinem Mitstreiter Ludendorff und dessen Los-von-Rom-
Bewegung kommen. Ludendorff sah, wie es in der auch heute noch
verbreiteten Darstellung seiner Bewegung heißt, einen „unüber-
brückbaren Widerspruch in der Verfolgung der Juden bei gleichzeiti-
ger Beibehaltung, ja Hochhaltung des Christentums".[16] Tatsächlich
erwies Hitler als frischgekürter Reichskanzler den christlichen Kirchen als „wichtigstem Faktor der Erhaltung des Volkstums" seine Re-
verenz.[17] Am 20. Juli 1933 feierte die Regierung Hitler mit dem
Konkordat einen bedeutenden außen- und innenpolitischen Erfolg.
Gleich darauf wurde Ludendorffs Zeitschrift „Volkswarte" verboten.
Auch seinem „Deutschvolk" wurde die Anerkennung als Religions-
gemeinschaft verwehrt.

Hier sind auch die Grenzen der Übereinstimmung zwischen Hitler
und Rosenberg erreicht. Es spricht vieles dafür, daß Hitler von Rosenberg die These vom jüdischen Charakter der russischen Revolution übernommen hat. Nach 1921 vertraten beide zunächst die
Auffassung, England solle im Bündnis mit einem nachsowjetischen
Rußland niedergerungen werden. Als das sowjetische Rußland sich
als stabiler als erwartet erwies – Rosenberg reflektiert dieses Faktum

in seiner Schrift „Pest in Rußland" – plädierten Hitler und Rosenberg ebenso einträchtig für die „Zertrümmerung Rußlands mit Hilfe Englands"[18]. Rosenberg entwickelte diesen Gedankengang 1927 in seiner Schrift „Zukunftsweg einer deutschen Außenpolitik" weiter. Er plädierte dort für eine Aufteilung Rußlands in mehrere Staaten, insbesondere für eine selbständige Ukraine und für die Ansiedlung deutscher Bauern – alles Themen, die ihn nach 1941 als Reichsminister für die besetzten Ostgebiete erneut stark beschäftigen sollten.

Bei aller Übereinstimmung in der Außenpolitik gab es aber Differenzen in einem anderen wesentlichen Punkt, über den Hitler sich häufiger im vertrauten Kreis äußerte und der sehr viel später einmal auch zu einer offenen Polemik führte. Auf der Kulturtagung des Reichsparteitages von 1938 erklärte Adolf Hitler: „Der Nationalsozialismus ist eine kühle Wirklichkeitslehre schärfster wissenschaftlicher Erkenntnisse und ihrer gedanklichen Ausprägung … Vor allem ist der Nationalsozialismus in seiner Organisation wohl eine Volksbewegung, aber unter keinen Umständen eine Kultbewegung."[19] Das war direkt gegen Himmler und Rosenberg gerichtet, was außer Rosenberg, der besonders laut applaudierte, auch jeder verstand.

Auch Alfred Rosenberg wollte aus dem Nationalsozialismus keine Ersatzreligion für die christliche Religion machen, aber doch etwas, was davon nicht immer leicht zu unterscheiden war, etwas, was sich unter den Begriff der politischen Religion subsumieren läßt. Diese Ambivalenz kommt in seinen eigenen Worten zum Ausdruck: „Der Nationalsozialismus ist nicht antireligiös, vielmehr ist sein Kampf und sein Opfern nur aus einem starken religiösen Impuls möglich gewesen."[20] Sich selbst sah er als einen Kopernikus des 20. Jahrhunderts, der im Ringen mit finsteren Mächten dem „Bekenntnis zum deutschen Charakter und deutschen Seelentum"[21] zum Durchbruch verhelfen wollte: „Ebenso wie die Entdeckung eines Kopernikus nicht unterdrückt werden konnte, genausowenig kann eine Bekämpfung der vom Nationalsozialismus geschützten und verwirklichten Rassenkunde die neue Entdeckung des Zusammenhanges zwischen Blut und Charakter ungeschehen machen."[22]

Die Macht im Staate war für Rosenberg nur das erste, nicht das wichtigste Ziel. Die Seelen der Menschen wollte er erobern. Deshalb fügte er nach Hitlers Ernennung zum Reichskanzler seinem „Mythus des 20. Jahrhunderts" ein neues Vorwort hinzu, in dem es in aller Bescheidenheit hieß: „Der Mythus hat heute tiefe, nicht mehr auszutilgende Furchen in das Gefühlsleben des deutschen Volkes gezogen."[23] Rosenberg fährt fort: „Die staatspolitische Revolution ist beendet, die Umwandlung der Geister aber hat erst begonnen. In ihrem Dienst steht nunmehr der ,Mythus des 20. Jahrhunderts' mit in erster Reihe."[24] Rosenberg war es um die mystische Überhöhung der Bewegung, in deren Hauptstadt er lange zu wirken sich bemüht hatte, zu tun. Schon 1927 hatte er den machtpolitischen Anspruch gegenüber den Kirchen in die Worte gekleidet, „daß der Nationalsozialismus über allen Bekenntnissen steht und sie im Dienste für das deutsche Wesen alle zu umschließen vermag".[25] Unermüdlich rief er auf zum Krieg um die Seelen. Und 1933, im „Handbuch für den Beamten im nationalsozialistischen Staat", formulierte Rosenberg dann die Idee vom alle Bekenntnisse umschließenden Nationalsozialismus schon etwas weniger freundlich: „In dem Augenblick, wo von Deutschland gesprochen wird und für die gesamte Nation eingetreten wird, haben Konfessionen, kirchlich-weltanschauliche Gegensätze zu verschwinden. Wenn ein SA-Mann sein Braunhemd anzieht, ist er nicht mehr Katholik, Protestant oder Deutschgläubiger, sondern nur ein für die gesamte Nation streitender Deutscher."[26] Das deutsche Wesen war es, das über allen Bekenntnissen stand und sie umschloß. Julius H. Schoeps spricht davon, daß die Deutschen sich im Nationalsozialismus wie in einer Kirche aufgehoben fühlten.[27] Man kann hinzufügen: Die Nation sollte dieser Kirche die Arche sein, deren Noah Rosenberg hieß.

1930 erschien Alfred Rosenbergs Hauptwerk „Der Mythus des 20. Jahrhunderts. Eine Wertung der seelisch-geistigen Gestaltenkämpfe unserer Zeit" in dem ursprünglich von Dietrich Eckart gegründeten Hoheneichen-Verlag. Andere Verleger hatten zwar höflich die Vorzüge des Manuskriptes gerühmt, sich aber doch lieber bedeckt gehalten. Hitler nannte das Buch „das Gewaltigste seiner Art"[28]. Der „Mythus" galt bald, neben „Mein Kampf", als wichtigstes Grundwerk des Nationalsozialismus, wobei seine Führer sich in trauter Runde gegenseitig versicherten, daß sie es nicht gelesen hätten. Die Vertreter der Kirchen fühlten sich durch den „Mythus" provoziert wie durch keine andere nationalsozialistische Schrift. Für sie vor allem war der

Hinweis gedacht, es handle sich nicht um eine offizielle Publikation der Partei. Der im Konkordat mit den Nazis frisch vermählte Vatikan scheute sich auch nicht, den „Mythus" in den Index librorum prohibitorum aufzunehmen, wodurch sich Rosenberg in seiner kopernikanischen Rolle nur bestätigt fühlte. Auf die Fülle ablehnender Stellungnahmen von kirchlicher Seite antwortete Rosenberg 1935 mit seiner Schrift „An die Dunkelmänner unserer Zeit", in der er in aller Offenheit die These erörterte, daß Kardinal Faulhaber sich mit seinen Predigten einige Monate Gefängnis verdient habe.

„Der Mythus des 20. Jahrhunderts", dessen Titel an „Die Grundlagen des 19. Jahrhunderts" von Houston Stewart Chamberlain anschließt, als dessen Schüler und Vollender sich Rosenberg sah, ist in drei Bücher gegliedert: ‚Das Ringen der Werte', ‚Das Wesen der germanischen Kunst', ‚Das kommende Reich'. Auf die Zusammenhänge zwischen Gobineau, Chamberlain, dessen Schwiegervater Richard Wagner und Rosenberg, der sich auf alle drei berufen hat, kann ich hier aus Zeitgründen nicht eingehen. Nur so viel sei gesagt: Rosenberg hat von Chamberlain, dem er auch eine Biographie gewidmet hat, vor allem dessen Pangermanismus übernommen.

Die Geschichte der Menschheit ist Rosenberg ein „Ringen von Seelenwert gegen Seelenwert", wobei „Seele aber bedeutet Rasse von innen gesehen. Und umgekehrt ist Rasse die Außenseite des Seele".[29] Durch den Nationalsozialismus ergibt sich nach dem verlorenen Weltkrieg eine „neue Sendung": „Die Toten des Krieges sind die Opfer der Katastrophe einer wertlos gewordenen Epoche, zugleich aber ... die Märtyrer eines neuen Tages, eines neuen Glaubens. Das Blut, welches starb, beginnt lebendig zu werden. In seinem mystischen Zeichen geht ein neuer Zellenbau der deutschen Volksseele vor sich."[30] Finstere Mächte, die vor allem in Jerusalem und Rom ihren Ursprung hatten, aber auch nationale Selbstvergessenheit hatten ein „Rassenchaos" geschaffen, das es zu überwinden galt. Allzu lange hatten die „rassisch-nationalen Energien" im Dienst einer „internationalen religiösen Idee" gestanden, wie Rosenberg schon 1922 in seinem Kommentar zum Parteiprogramm schrieb.[31] Oder, um es mit den Worten des nationalsozialistischen Philosophen Alfred Bäumler zu sagen, der Rosenbergs bedeutendster Adept war: „Die Nation verlangt den ganzen Menschen und rückt insofern in die Reihe der religiösen Mächte."[32]

Rosenbergs Vision war eine Weltgeschichte ohne Rom, eine indogermanische Reunion unter Überwindung des jüdisch-christlichen Geistes. Die „nordische Rassegemeinschaft" sollte sich zu einem Bündnis der Ostseeanrainer Deutschland, Norwegen, Schweden und Finnland zusammenfinden, wobei die Einbeziehung Englands die Verbindung zur indischen Heimat der Ur-Arier ermöglichen sollte. In diesem Wunsch wußte sich Rosenberg auch mit Indologen wie dem Wiener Wagner-Verehrer und Antisemiten Leopold von Schröder einig.[33] Die „nordische Rassegemeinschaft" konnte ein Christentum tolerieren, das sich von seinen jüdischen Elementen befreite. Rosenberg sah eine lange Tradition des Ringens um die völkischen Elemente eines deutschen nationalen Christentums, von Meister Ekkart, Kant und Fichte bis zu Paul de Lagarde. Eine Rückkehr zum nordischen Christus mußte natürlich das Alte Testament verwerfen, vor allem aber auch die „Paulinische Verfälschung der großen Gestalt Christi".[34] Paulus sei, der scheinbaren Bekehrung zum Trotz, stets ein Vertreter jüdischer Interessen geblieben. Rosenberg glaubte auch, wie schon viele vor ihm, an die arische Abstammung Christi. Eines stand für Rosenberg unverrückbar fest, „daß der ‚Sinn der Weltschichte' von Norden ausstrahlend über die ganze Erde gegangen ist, getragen von einer blauäugig-blonden Rasse, die in mehreren großen Wellen das geistige Gesicht der Welt bestimmte."[35] Christus gehörte einem nördlichen Stamm an, der zur Zeit des Auszuges aus Ägypten von den Juden aus Palästina vertrieben worden war, das Kruzifix war ein 5000 Jahre altes germanisches Symbol, der Hl. Georg der umgetaufte Wotan auf dem Pferd und hinter der Lehre von der christlichen Auferstehung verbarg sich die Wiederauferstehung Ostaras.[36] Christus wurde getötet, und der jüdische Agent Paulus setzte sich an die Spitze der christlichen Gemeinde.[37]

Rosenbergs Angriff auf das Christentum war ein zweifacher, zum einen versuchte er, seine Tradition zu desavouieren, zum anderen sollte es durch einen Religionsersatz substituiert werden. Der Nationalsozialismus war keine Religion im universellen Sinne. Dazu war er, ähnlich wie der Konfuzianismus, zu sehr eine Staatsdoktrin. Gerade den Universalismus bekämpfte Rosenberg. Deshalb bemühte er sich nach Kräften, die herrschende christliche Religion zurückzudrängen und, wo möglich, zu substituieren. Das bemerkenswerte an seinem „Mythus" sind nicht die abwegigen Ideengebäude, die er dem Leser vorführt, sondern daß dieses Buch nicht nur die gewohnten antisemitischen Invektiven enthielt, sondern „Jerusalem" und „Rom" in gleichem Maße angegriffen werden.

Adolf Hitler distanzierte sich offiziell von diesen Angriffen gegen das Christentum, doch an der Adaption christlicher Bilder, Begriffe und Symbole beteiligte er sich nur zu gern. Schon 1921 verglich er sich mit dem Messias. In seiner Rede zum einjährigen Bestehen der Ortsgruppe Rosenheim, der ersten außerhalb Münchens, rief er aus: „Wir sind zwar klein, aber einst stand auch ein Mann auf in Galiläa, und heute beherrscht seine Lehre die ganze Welt. Ich kann mir Christus nicht anders vorstellen als blond und mit blauen Augen, den Teufel aber nur in der jüdischen Fratze."[38] Den „Anschluß" Österreichs an das Deutsche Reich nannte Hitler ein „Gottesgericht", die anschließende Volksabstimmung erklärte er zur „heiligen Wahl".[39]

Vor allem aber Rosenberg selbst bemühte sich, den als „Religion des Blutes" mystisch überhöhten rassistischen Nationalismus mit Leben zu erfüllen. Er plädierte dafür, die Mariensäulen durch Kriegerdenkmäler zu ersetzen, die für ihn der Inbegriff des nordischen Schönheitsideals waren. „Die Gesichter, die unter dem Stahlhelm ... hervorschauen, sie haben fast überall eine mystisch zu nennende Ähnlichkeit. Eine steile, durchfurchte Stirn, eine starke gerade Nase mit kantigem Gerüst, ein festgeschlossener schmaler Mund mit der tiefen Spalte eines angespannten Willens. Die weitgeöffneten Augen blicken geradeaus vor sich hin, bewußt in die Ferne, in die Ewigkeit ... Diese neue Schönheit ist aber auch ein arteigenes Schönheitsbild des deutschen Arbeiters, des heutigen ringenden Deutschen schlechtweg ..."[40]

Bei Hindenburgs Beerdigung war Hitlers letzter Ausruf „Toter Feldherr, geh' nun ein in Walhall!", und Rosenberg frohlockte in seinem Tagebuch: „Der Rei-Bi" – gemeint war der Reichsbischof Müller – „ist jedenfalls am Ende seines Hebräischen angelangt, die gesamte Jugend der Bewegung schwört auf mich, die SS erzieht mit der Bauernführung ihre Männer offen germanisch, d. h. antichristlich ... Nach 10 Jahren wird die Zeit vielleicht reif für einen Reformator, der die Kirchengebäude neu besetzt und ihnen den heroischen Zug unserer

Zeit gibt. D. h. ich stelle mir vor, daß die oft schrecklichen, verzerrten spätgotischen Schnitzereien als Andachtssymbole aus dem Kircheninneren verschwinden und ins Museum wandern. Die widerlichen barocken Embleme sind herunterzutun, Kanzeln und Altäre fest und schlicht neu zu entwickeln im Stil und im Sinn des Gedenkmals an der Feldherrnhalle, ... die Stelle manches zerquälten ‚Heiligen‘ könnten die Statuen der deutschen Großen einnehmen, während in den Räumen der Kirche keine jüdischen ‚Prophetenworte‘ mehr widerhallen werden und keine Jehovalieder.“[41] Schon im „Mythus des 20. Jahrhunderts“ hatte Rosenberg propagiert, die „alttestamentlichen Zuhälter- und Viehhändlergeschichten“ durch nordische Sagen und Märchen zu ersetzen, denn: „Der Sehnsucht der nordischen Rassenseele im Zeichen des Volksmythus ihre Form als Deutsche Volksküche zu geben, das ist mit die größte Aufgabe unseres Jahrhunderts.“[42] Der altnordische Lichtheld, der sogenannte Urchristus, dessen Wiedergeburt in der heiligen Nacht der Wintersonnenwende gefeiert wurde, sollte das „falsche und kranke Christusbild“ der christlichen Kirche mit ihrem „palästinensischen Christus“ überwinden helfen.[43]

„Wir wollen die Kreuzritter fürs Hakenkreuzbanner sein“, hieß es in einer „Predigt der Deutschreligion“[44]. Rosenberg veranstaltete mit Heinrich Himmler eine Wallfahrt zum Grab des Sachsenkaisers Heinrich I. in Quedlinburg. In Verden, wo Karl der Große die Sachsen geschlagen hatte, wollte er ein Denkmal mit 4500 Steinen, einen für jeden getöteten Krieger, errichtet sehen.[45] Die Beispiele ließen sich vermehren.

Auch andernorts war man nicht untätig. In Landsberg wurde die ehemalige Haftstelle Hitlers zum „Nationalen Heiligtum“ stilisiert, zu dem die Hitlerjugend jedes Jahr einen „Bekenntnismarsch“ veranstaltete.[46] An die Stelle der christlichen Taufe trat die nationalsozialistische „Namensweihe“. Das nationalsozialistische Feierjahr enthielt mit dem „Tag der Machtergreifung“, der Parteigründungsfeier, dem Heldengedenktag, „Führers Geburtstag“, dem umfunktionierten 1. Mai, dem Muttertag, der Sommersonnenwende, dem Reichsparteitag, dem Erntedankfest und dem Gedenktag für die „Gefallenen der Bewegung“ bald mehr Anlässe zur Selbstinszenierung als der christliche Festkalender.

Gerade der letztgenannte Gedenktag, am 9. November, gewann

stetig an Bedeutung. Fast die gesamte Parteiprominenz versammelte sich alljährlich in München. Wie bei einer Fronleichnamsprozession wurde die Route des Marsches auf die Feldherrnhalle abgeschritten, wo die zu Märtyrern verklärten „Blutzeugen der Bewegung" 1923 umgekommen waren. In der Feldherrnhalle war ein Denkmal errichtet, das jeder Passant grüßen mußte, wie der fromme Katholik das Kruzifix. „Uns sind Altar die Stufen der Feldherrnhalle", schrieb der Völkische Beobachter.[47] 1935 wurden für die Toten am Königsplatz, zwischen dem Führerbau und dem Verwaltungsgebäude der NSDAP, sogenannte Ehrentempel errichtet. Der Königsplatz wurde für Aufmarschzwecke gepflastert; der Gedenkmarsch endete nun hier und wurde mit der Zeremonie des „Letzten Appells" abgeschlossen. Der Münchner Gauleiter verlas die Namen der Toten, die in den Ehrentempeln „Ewige Wache" hielten und ihm antwortete vom Platz ein tausendstimmiges „Hier der Wiedererstandenen".

In all dem offenbarte sich, in den Worten Rosenbergs, „der mit hellstem Wissen verkörperte Glaube, daß das nordische Blut jenes Mysterium darstellt, welches die alten Sakramente ersetzt und überwunden hat."[48] Und zum deutschen Glauben sollte die deutsche Kunst sich gesellen. Ein letztes Mal sei der „Mythus des 20. Jahrhunderts" zitiert: „Eine Deutsche Kirche wird nach und nach in den ihr überwiesenen Kirchen an Stelle der Kreuzigung den lehrenden Feuergeist, den Helden im höchsten Sinn darstellen. Schon fast alle Maler Europas haben das Gesicht und die Gestalt Jesu aller jüdischen Rassenmerkmale entkleidet. So verzerrt durch Lamm-Gottes-Lehren sie auch ihren Heiland malen mußten, bei allen Großen des nordischen Abendlandes ist Jesus schlank, hoch, blond, steilstirnig, schmalköpfig. Auch die großen Künstler des Südens haben für einen krummnasigen, plattfüßigen Heiland kein Verständnis gehabt. Selbst in der Auferstehung des Matthias Grünewald ist Jesus blond und schlank. Von der Brust der Sixtinischen Madonna schaut der blonde Jesus ‚geradezu heroisch' in die Welt, gleich wie die blauäugigen Engelsköpfe aus den Wolken ... Der ganzen deutschen Künstlerschaft, die heute sich an Spargeln und Gurkenstilleben abmüht, ist mit dem neuen Reich eine ebenso große Aufgabe gestellt, wie dem Sorger um die deutsche Seele."[49]

Der Ausbruch des Zweiten Weltkrieges löste bei Rosenberg, der in den Jahren nach 1933 zunehmend an Einfluß verloren hatte, fieberhafte Aktivitäten aus. Am 1. November 1939 traf er mit Hitler zu einer langen Aussprache zusammen. In seinem Tagebuch notierte er: „Aufgabe: Schulungsleiter, ausgewählte Offiziere zu bilden, die historische Lage unseres Kampfes zum Bewußtsein zu bringen, in Kasernen und Lagern anzusetzen und den Nationalsozialisten die Führung des Seelen- und Charakterkrieges zu sichern. Ordensburg Sonthofen als Ausbildungszentrum."[50] Hitler erklärte sich mit allem einverstanden, Rosenberg legte wiederholt Denkschriften vor, doch, wie so oft, kam die Sache über dieses Stadium nicht hinaus.

Am 21. Januar 1940 übertrug Hitler Rosenberg die Aufgabe, eine sogenannte Hohe Schule als „zentrale Stätte der nationalsozialistischen Forschung" zu errichten. Dieser Auftrag wurde zur Ausgangsbasis für die Raubzüge des Einsatzstabs Rosenberg, der in den besetzten Gebieten Europas Kunst- und Kulturgüter in kaum vorstellbarem Umfang zusammenraffte. Am 17. November 1941 schließlich ernannte Hitler Rosenberg, der dem Kabinett bis dahin nicht angehört hatte, zum „Reichsminister für die besetzten Ostgebiete". Ausgestattet mit allen Insignien der Macht, konnte Alfred Rosenberg in seine baltische Heimat zurückkehren, doch der Kriegs- verlauf, aber auch der bewußte Wirrwarr der Kompetenzen setzten seinem Handlungsspielraum rasch enge Grenzen. Gleichwohl waren die Massendeportationen, die er nun anordnete, wohl der Hauptgrund dafür, daß er in Nürnberg zum Tod verurteilt wurde. In der Gefängniszelle schrieb er, sich und seinem Wesen treu, noch einmal hunderte von Seiten. Zum Schluß dieser Aufzeichnungen heißt es: „In Kürze ist der Nürnberger Schauprozess zu Ende und unser Schicksal entschieden. Hinter ihm soll aber auch mein Bekenntnis stehen: Der Nationalsozialismus war eine europäische Antwort auf die Frage eines Jahrhunderts. Er war die edelste Idee, für die ein Deutscher die ihm gegebenen Kräfte einzusetzen vermochte. Er schenkte einst der deutschen Nation ihre Einheit, dem Deutschen Reich einen neuen Gehalt. Er war eine echte soziale Weltanschauung und ein Ideal blutbedingter kultureller Sauberkeit."[51] Diese Zeilen schrieb Rosenberg, nachdem er zuvor monatelang zahllose Zeugenaussagen, Dokumente, Film- und Bildberichte zu den schrecklichsten Greueltaten eben jenes Nationalsozialismus gehört hatte.

Vor einem solchen Abgrund von larmoyanter Ignoranz verstummt die Beredsamkeit des Historikers.

Anmerkungen

1 Franz Theodor Hart, Alfred Rosenberg. Der Mann und sein Werk, München 1943, S. 114

2 Carl von Ossietzky, Sämtliche Schriften, Bd. VII: Briefe und Lebensdokumente, Reinbek bei Hamburg 1994, S. 658 f.

3 Der Prozeß gegen die Hauptkriegsverbrecher vor dem Internationalen Militärgerichtshof Nürnberg 14. November 1945 – 1. Oktober 1946. ND, München – Zürich, Bd. 11, S. 563

4 Robert Cecil, The Myth of Master Race. Alfred Rosenberg und Nazi Ideology, London 1972, S. 172

5 Ossietzky (wie Anm. 2), S. 840 f.

6 Hart (wie Anm. 1), S. 50

7 Der Prozeß gegen die Hauptkriegsverbrecher (wie Anm. 3), Bd. 19, S. 460

8 Bella Fromm, Als Hitler mir die Hand küßte, Reinbek bei Hamburg 1994, S. 155

9 Adolf Hitler, Mein Kampf, München [181]1936, S. 176

10 Max Domarus, Hitler. Reden und Proklamationen 1932–1945. Kommentiert von einem deutschen Zeitgenossen, Bd. 1, Wiesbaden 1973, S. 340

11 Adolf Hitler, Reden, Schriften, Anordnungen. Februar 1925 bis Januar 1933, hrsg. vom Institut für Zeitgeschichte, München 1992, S. 85

12 Dietrich Eckart, Der Bolschewismus von Moses bis Lenin. Zwiegespräch zwischen Adolf Hitler und mir. München (1924), S. 50

13 Ebenda, S. 31

14 Hitler (wie Anm. 9), S. 127

15 Ebenda, S. 69

16 Hans Kopp, Geschichte der Ludendorff-Bewegung, Erster Band: 1925–1939, o. O. 1975, S. 117

17 Ebenda

18 Reinhard Bollmus, Alfred Rosenberg – ‚Chefideologe' des Nationalsozialismus?, in: Die braune Elite, hrsg. von Ronald Smelser und Rainer Zitelmann, Darmstadt, 1989, S. 225

19 Domarus (wie Anm. 10), Bd. 2, S. 893

20 Alfred Rosenberg, Nationalsozialismus, Religion und Kultur, Berlin 1934, S. 4

21 Ebenda, S. 3

22 Ebenda, S. 4

23 Alfred Rosenberg, Der Mythus des 20. Jahrhunderts. Eine Wertung der seelisch-geistigen Gestaltenkämpfe unserer Zeit, München 1930, S. 18

24 Ebenda

25 Alfred Rosenberg, Kampf um die Macht. Aufsätze von 1921–1932, hrsg. von Thilo von Trotha, München 1937, S. 536

26 Rosenberg (wie Anm. 20), S. 5

27 Julius H. Schoeps, Vom Antijudaismus zum Antisemitismus, in: Der neue alte Rechtsradikalismus, hrsg. von Ulrich Wank, München 1993, S. 24

28 Ernst Niekisch, Das Reich der niederen Dämonen, Hamburg 1953, S. 57

29 Rosenberg (wie Anm. 23), S. 2

30 Ebenda

31 Nationalismus. Dokumente zur Geschichte und Gegenwart eines Phänomens, hrsg. von Peter Alter, München 1994, S. 173

32 Alfred Bäumler, Alfred Rosenberg und der Mythus des 20. Jahrhunderts, München 1943, S. 19 f.

33 Hartmut Zelinsky, Die „Feuerkur" des Richard Wagner oder die „neue Religion" der „Erlösung" durch „Vernichtung", in: Richard Wagner. Wie antisemitisch darf ein Künstler sein?, München 1978, S. 91 f.

34 Rosenberg (wie Anm. 23), S. 606

35 Ebenda, S. 28

36 James Bisker Whisker, The Social, Political and Religious Thought of Alfred Rosenberg, Washington 1982, S. 78, S. 91 f.

37 Ebenda, S. 100

38 Hellmuth Auerbach, Hitlers politische Lehrjahre und die Münchner Gesellschaft 1919–1923, Vierteljahreshefte für Zeitgeschichte 25, 1977, S. 29

39 Domarus (wie Anm. 19), S. 849

40 Hart (wie Anm. 1), S. 29 f.

41 Das politische Tagebuch Alfred Rosenbergs aus den Jahren 1935/36 und 1939/40, hrsg. von Hans-Günther Seraphim, Göttingen 1956, S. 43 f.

42 Rosenberg (wie Anm. 23), S. 614 f.

43 Vgl. Léon Poliakov/Joseph Wulf, Das Dritte Reich und seine Denker, ND München 1978, S. 239

44 Zit. ebenda, S. 214

45 Cecil (wie Anm. 4), S. 96

46 Landsberg im 20. Jahrhundert, Heft 3, 1993, S. 34 ff.

47 München, „Hauptstadt der Bewegung", München 1993, S. 335

48 Rosenberg (wie Anm. 23), S. 114

49 Ebenda, S. 616
50 Das politische Tagebuch (wie Anm. 41), S. 87
51 Serge Lang/Ernst von Schenck, Portrait eines Menschheitsverbrechers nach den hinterlassenen Memoiren des ehemaligen Reichsministers Alfred Rosenberg, St. Gallen 1947, S. 338

Robert S. Wistrich

Adolf Hitler – Kunst und Megalomanie

Adolf Hitler wurde am 20. April 1889 in Braunau am Inn an der österreichischen Grenze zu Deutschland geboren. Der Sohn eines k. k. Zollbeamten war ein durchschnittlicher Schüler, der mit 15 Jahren die Schule in Linz verließ. Sein großes Ziel war, Künstler zu werden, aber der Neunzehnjährige bestand die Aufnahmeprüfung der Wiener Kunstakademie nicht. Zwischen 1907 und 1913 führte er ein recht zielloses Leben in der Hauptstadt des Habsburger-Reiches, lange Zeit verbrachte er in ärmlichsten Verhältnissen im Umfeld eines Männerheims. Er lebte vom Kopieren von Postkarten, während er seine wahre Freude an der Wiener Architektur und an Richard Wagners Opern fand. Später behauptete er, daß das „granitene Fundament" seiner nationalsozialistischen Weltanschauung in Wien gelegt worden sei.

Die Ideologie, die er hier entwickelte und später in München nach 1918 weiterspann, war eine bizarre Mischung aus Sozialdarwinismus und pangermanischem Nationalismus (der die Vereinigung aller Deutschen in einem Reich anstrebte), biologischem Rassismus, Slawenhaß und einem extremen Antisemitismus . Für den jungen Hitler bedeutete das Leben einen gnadenlosen Kampf um die Existenz; die Deutschen waren für ihn ein Herrenvolk, welches das göttliche Recht hatte, seinen Lebensraum in den Osten auszudehnen. Die Erhaltung des reinen Blutes war der Schlüssel für ihre große Zukunft. Vor allem galt es für ihn, die Gefahren, die vom Marxismus und vom Judentum ausgingen, durch eine Massenbewegung „der deutschen Wiederauferstehung" zu bannen. Diese konnte nicht von einem zerfallenden Österreich aus organisiert werden; Hitler sah seine Zukunft im benachbarten Deutschen Reich. In der süddeutschen Stadt der Kunst, München, sollte Hitler seine große Begabung entdecken, die Massen durch seine suggestive Rhetorik zu mobilisieren.

München war der Ort, an dem die Nazi-Bewegung gegründet wurde und ihre frühen Siege und Niederlagen erlebte. Adolf Hitler kam zum ersten Mal im Jahre 1913 als vierundzwanzigjähriger ‚Dropout' nach München, um der Wehrpflicht in seinem Heimatland Österreich zu entgehen. Mehr schlecht als recht hielt er sich mit dem Verkauf von Zeichnungen und kleinen Aquarellen von Münchner Gebäuden über Wasser, bis ihn der Erste Weltkrieg von diesem traurigen Dasein erlöste. Während seiner ersten vier Jahre Militärdienst erwies er sich als mutiger und fähiger Soldat. Obwohl er nie über den Rang eines Gefreiten hinauskam, erhielt er im August 1918 das Eiserne Kreuz erster Klasse. Im Jahre 1919 kehrte er kurz nach München zurück, um in der Propagandaabteilung der Bayrischen Reichswehr zu arbeiten, bevor er die Leitung einer kleinen sektiererischen rassistischen Bewegung übernahm, die bald zum Kern der Nazi-Partei wurde.[1] In den überfüllten, verrauchten Bierkellern von München erwarb er sich den Ruf eines fanatischen, nationalistischen Redners und lokalen Agitators. Sein Mentor, der bayrische Dichter Dietrich Eckart, führte ihn in die besseren Kreise Münchens ein. In dieser Stadt traf er auch auf den Kern seiner treuesten Anhänger, darunter Hermann Göring, Rudolf Hess, Alfred Rosenberg, Gottfried Feder, Hermann Esser, Max Amann und seinen persönlichen Fotografen, Heinrich Hoffmann.[2]

Bis zu dem katastrophal verlaufenen Münchner Putsch vom 9. November 1923 war der junge Hitler mehr ein Bierhallenagitator als eine Figur von nationaler Bedeutung.[3] Sicher war er in den Augen einiger Anhänger schon der deutsche Mussolini, und eine lokale Zeitung bezeichnete ihn als „... die einzige bemerkenswerte Rarität in München neben dem Hofbräuhaus".[4] Allerdings sah sich Hitler zu diesem Zeitpunkt noch als Trommler, der den Weg für Deutschlands kommenden Führer ebnete, wer immer das auch sein möge.

Seine beeindruckende Rede vor dem Münchner Volksgericht im März 1924 und sein Heiligenschein eines Märtyrers aufgrund seiner kurzfristigen Einkerkerung wegen Landesverrats (in der er „Mein Kampf" diktierte), halfen ihm, sein Ansehen zu verbessern. Der „Führer-Mythos", der nach seiner Freilassung im Jahre 1925 um Hitler aufgebaut wurde, war ein wichtiger Punkt bei der Vereinigung der gespaltenen Nazi-Partei. Mit der Weltwirtschaftskrise und den Wahlerfolgen der Nazis erreichte der Personenkult landesweite Dimensionen. Die Verehrung Hitlers, die fast religiöse Ausmaße erreichte, wurde ein wichtiger Bestandteil der Anziehungskraft der Nazis bei einem breiten Publikum.[5] Er wurde zunehmend der Prophet, der politische Missionar, der Erlöser und Retter eines in der Wirtschaftskrise hoffnungslos darniederliegenden Deutschland.

Nach der Machtergreifung der Nazis im Jahre 1933 war der Mythos Hitler konsolidiert, und Goebbels' Propaganda-Apparat trieb ihn in neue Dimensionen. Hitler wurde erfolgreich als ein „Mann des Volkes" verkauft, als ein „wahrer Kanzler des Volkes".[6] Die Einfachheit, die Bescheidenheit und der Mut des gewöhnlichen „Frontsoldaten", der es zum Führer des Reiches gebracht hatte, wurden stets hervorgehoben. In der Nazi-Propaganda symbolisierte und verkörperte er die Lebenskraft der deutschen Nation, den Architekten und Staatsmann der deutschen Einheit und eines neuen Reiches.

In den Reden zu seinem Geburtstag wurde immer wieder vom Führer als einem „politischen Genie" gesprochen, das Deutschland eigenhändig Leben, Stolz und Freiheit gebracht hatte. Sein eiserner Wille hatte die Nation vom Joch des Versailler Vertrags befreit, seine Diplomatie hatte deutsche Macht und deutsches Prestige wiederhergestellt, seine wirtschaftlichen Versprechungen hatten die Probleme der Massenarbeitslosigkeit gelöst. Bis 1936 wurde Hitlers Popularität durch geschickte Nazi-Propaganda in eine förmliche Vergötterung umgewandelt.[7] Auf dem Nürnberger Reichsparteitag im Jahre 1936 sprach bereits Hitler selbst von einer mystischen Verbundenheit zwischen ihm und dem deutschen Volk: „Daß ihr mich gefunden habt ... unter so vielen Millionen ist das Wunder unserer Zeit! Und daß ich euch gefunden habe, das ist Deutschlands Glück!"[8] Hitler war nicht nur ganz einfach die Verkörperung der Partei und der Nation, er war nicht nur der unfehlbare Führer Deutschlands, seine Ansprachen betonten immer wieder eine spezielle Beziehung zur Vorsehung.

Trotz der Straßenkämpfe und der revolutionären Aura der Nazi-Bewegung erschien Hitler in den Augen der Mittelschicht der dreißiger Jahre zunehmend als der Hüter von Ordnung, öffentlicher Moral und bürgerlicher Tugend. Sein Image als Beschützer und Verteidiger des Christentums wurde auch in vielen angesehenen Kreisen bis 1939 beibehalten, trotz der offensichtlich heidnischen und atheistischen Elemente im Nazi-Glaubensbekenntnis. Was vielleicht noch überraschender war, er wurde sogar als ein „Mann des Friedens" betrachtet, trotz seiner territorialen Ansprüche, seiner Lebensraum-Ideologie und der kriegerischen Rhetorik in einigen seiner Reden.[9]

In den Jahren zwischen 1933 und 1937 gelang es Hitler trotzdem, die deutsche Nation und viele Menschen im Ausland davon zu überzeugen, daß er nichts anderes als privaten Wohlstand und eine angemessene Verteidigung der deutschen Interessen in Europa wollte. Mit dem erzwungenen „Anschluß" seines Heimatlandes Österreich an das inzwischen Großdeutsche Reich im März 1938 wurde allerdings zunehmend ersichtlich, daß die Nazis einen expansionistischen Weg eingeschlagen hatten.

Der nächste Schritt war die Auflösung der Tschechoslowakei. Bei der Münchner Friedenskonferenz im Jahre 1938 unternahm Hitler alles, um den französischen und den englischen Premierminister dazu zu bringen, Druck auf die Tschechen auszuüben, damit sie das Sudetenland aufgeben. In dieser Region, in der eine drei Millionen starke deutsche Minderheit lebte, befanden sich auch tschechische Grenzverteidigungsposten, ohne die das Land kaum zu verteidigen war. Im Mai 1939 hatte Hitler Prag besetzt und etablierte das „Reichsprotektorat für Böhmen und Mähren", während die bisher unabhängige Slowakei ein Marionettenstaat Nazi-Deutschlands wurde.

Das Pogrom gegen Juden in Deutschland und Österreich am 9. und 10. November 1938 war ein Wendepunkt in der Geschichte des Dritten Reiches. Angeblich wurde es durch die Ermordung eines deutschen Diplomaten in Paris durch den 17jährigen Juden Herschel Grynszpan „provoziert", der über die plötzliche Abschiebung seiner Eltern aus Deutschland nach Polen verzweifelt war. Nach dem Anschlag brachte die Parteizeitung der Nazis einen Artikel heraus, worin sich folgende Anschuldigung befand: „Es ist eine unannehmbare Tatsache, daß innerhalb unserer Grenzen noch immer hunderttausende Juden die Geschäfte ganzer Straßen sowie viel besuchte Unterhaltungsstätten kontrollieren und als ‚fremde' Vermieter das Geld deutscher Mieter kassieren, während ihre rassischen Kameraden in Übersee für einen Krieg gegen Deutschland hetzen und deutsche Beamte erschießen."[10] Die Nachricht über den Tod des deutschen Diplomaten erreichte Hitler am 9. November 1938 im alten Münchner Rathaus, anläßlich des fünfzehnten Jahrestages des Münchner Putsches. Er verließ die Veranstaltung früh, Goebbels jedoch hielt eine demagogische – mit Begeisterung aufgenommene – Rede, deren Inhalt die Ermutigung zu einem spontanen Pogrom im ganzen Land bedeutete. Als Resultat wurde jede Synagoge in Deutschland niedergebrannt, entweiht oder zerstört. Zusätzlich wurden ungefähr 7500 jüdische Geschäfte in Deutschland und Österreich zerstört, 91 Juden getötet, und über 30.000 jüdische Männer, die älter als 16 Jahre alt waren, wurden in in die Konzentrationslager Dachau, Buchenwald oder Sachsenhausen deportiert.[11]

Das war die bisher gewalttätigste Form von öffentlichem Antisemitismus in der deutschen Geschichte. Es war sogar das erste große Pogrom in Deutschland seit dem Mittelalter, das mit modernen Kommunikationsmethoden organisiert wurde.[12] Die Grausamkeit strafte Hitlers Versprechungen von Ordnung und Gesetz Lügen, und die öffentlichen Rituale der Erniedrigung und Demütigung von Juden in einigen deutschen Städten waren der Ausdruck eines sadistischen Antisemitismus.[13] Ein normales jüdisches Leben war in Deutschland unmöglich geworden, und innerhalb der nächsten Monate wurden drakonische antijüdische Gesetze erlassen.[14] Die Reichskristallnacht, wie sie euphemistisch genannt wurde, zeigte, daß die Nazis bereit waren, Terror anzuwenden, um ihre rassistischen Ziele zu erreichen. Juden waren nun Ausgestoßene und Parasiten, die man nach Belieben demütigen konnte – Feinde und Außenstehende, die „außerhalb des Gesetzes standen". Die deutsche Öffentlichkeit, in der sich teilweise Sympathie für Juden zeigte, wurde angehalten, sich von Juden zu distanzieren.

Seit 1933 hatte die offizielle Propaganda in Nazi-Deutschland die Juden als korrupt, feige und sexuell pervers dargestellt. Sie wurden zu gefährlichen Verschwörern gegen das Reich stigmatisiert, mit denen kein ehrlicher Deutscher etwas zu tun haben sollte.[15] Nach der Kristallnacht wurde diese Stereotypisierung noch intensiviert. Ian Kershaws Einschätzung beleuchtet diesen Sachverhalt näher: „Je mehr ein Jude aus dem sozialen Leben gedrängt wurde, desto mehr schien er den Stereotypen der Propaganda gerecht zu werden, die paradoxerweise die Kampagne gegen die Juden intensivierte, da dadurch weniger Juden in Deutschland lebten. Diese Depersonalisierung verstärkte die schon weit verbreitete Gleichgültigkeit in der deutschen Öffentlichkeit und schlug eine Brücke zwischen der archaischen Gewalt des Pogroms und der Massenvernichtung in den KZ's."[16]

Die Kristallnacht und verbale Drohungen waren nicht nur Methoden, das deutsche Volk auf eine totale Erniedrigung der Juden einzustimmen, sondern sie dienten auch der psychologischen Vorbereitung der Nation auf eine kriegerische Expansionspolitik. Hitler war sichtlich enttäuscht über den Mangel an öffentlicher Begeisterung für den Krieg während der Münchner Konferenz im Jahre 1938. Das Pogrom gegen die Juden bot „eine exzellente Gelegenheit, dem deutschen Volk die wachsende Illusion zu nehmen, daß das Münchner Abkommen das Ende einer Krise bedeutete und das deutsche Staatsleben sich wieder beruhigte."[17]

Hitler war sich natürlich bewußt, daß seine Beliebtheit damit zusammenhing, daß er eine Reihe von erstaunlichen Triumphen seit 1933 ohne Blutvergießen erreicht hatte. Der Austritt aus dem Völkerbund, die deutsche Aufrüstung, die Wiederbesetzung des Rheinlandes, der Anschluß Österreichs und danach der Tschechoslowakei hatten keine Menschenleben gekostet. Das wiedererlangte Gefühl deutscher Macht und deutschen Ruhmes wurde für einen geringen Preis erzielt, so daß die öffentliche Euphorie verständlich war. Doch der begeisterte Beifall für Hitler während der Feiern anläßlich seines fünfzigsten Geburtstages am 20. April 1939 in Berlin war noch immer kein Mandat für Krieg. Die spektakuläre Militärparade und die Schmeicheleien konnten die tiefsitzende Angst des deutschen Volkes vor einem bewaffneten Konflikt nicht beseitigen.[18]

Im Sommer 1939 war die „Danzig-Frage" die Hauptursache für internationale Spannungen. Die Nazi-Propaganda spielte geschickt die angebliche Verfolgung der deutschen Minderheit in Polen und die seit langem bestehenden antipolnischen Vorurteile in Deutschland aus. Die allgemeine öffentliche Stimmung war für eine Einverleibung Danzigs in das Reich, allerdings ohne Krieg. Man lebte in der Hoffnung, daß es einzig Hitler auf friedliche Weise schaffen könnte, wie schon bei den früheren Anschlüssen im Osten. Doch trotz der intensiven Propagandaversuche des Regimes gab es kein wirkliches Verständnis innerhalb der Deutschen Nation für die Notwendigkeit eines Krieges.[19] Was allerdings erstaunt, war das außerordentliche Vertrauen des deutschen Volkes in Hitlers charismatische Führerschaft und sein naiver Glaube, daß er diese Angelegenheiten friedlich regeln wollte.

Bis Juli 1939 hatte Hitler fraglos eine einzigartige Position von persönlicher Autorität erreicht. Er galt als Urheber des deutschen Wirtschaftsaufschwungs, als Verteidiger der souveränen nationalen Rechte, als Wiederhersteller von Deutschlands militärischer Stärke und Hüter der öffentlichen Moral. Er hatte die Gefahr des Bolschewismus gebannt, die Gewerkschaften zerschlagen, den Juden die Bürgerrechte entzogen und die Massenarbeitslosigkeit beseitigt. Darüber hinaus hatte er „die tausendjährige Einheit des deutschen Volkes wiederhergestellt, ohne Blut zu vergießen und ohne meinem Volk oder anderen daher das Leid des Krieges zuzufügen ... Ich habe dies, als ein noch vor 21 Jahren unbekannter Arbeiter und Soldat geschaffen."[20]

Hitlers nationale und internationale Erfolge verschafften ihm eine Popularität, wie sie kein deutscher Führer vor ihm innehatte. Seine Willenskraft, seine Selbstsicherheit und Ausstrahlung sowie seine rhetorische Begabung ließen ihn gleichsam zu „einem Helden der antiken Mythologie werden, der im vollen Bewußtsein seiner Stärke nicht zögerte, die wildesten Aufgaben zu beginnen und sie meisterhaft bestehen konnte."[21] Er hatte das nicht vorwiegend mit den Mitteln des Terrors, der Unterdrückung oder der Einschüchterung erreicht. Solche Methoden waren natürlich entscheidend für die Zerschlagung jeglicher Opposition gegen das Nazi-Regime. Trotzdem wußte Hitler ganz genau, daß sein Mythos nicht einfach auf der Angst vor der Gestapo aufgebaut werden konnte. Er mußte seine Wurzeln in realen Erfolgen haben, in der konstanten Mobilisierung der Massen, in der Verwendung seiner demagogischen Fähigkeiten und in der Genialität der Nazi-Propaganda.[22]

Mit politischen Erfolgen allein waren die Massen auf Dauer nicht für Hitler zu gewinnen, und selbst das engmaschige Netz von Parteiorganisationen konnte für sich allein die Loyalität zu Führer und Reich nicht garantieren. Eine große Bewegung brauchte eine klare und festgefügte Weltanschauung und einen begeisternden Mythos, wenn sie die Phantasie beflügeln wollte und jedem einzelnen Deutschen ein Gefühl von Verbundenheit und Zugehörigkeit geben wollte. In dieser Weltanschauung spielten künstlerische Bestrebungen, ein Teil von Hitlers utopischer Vision von Kultur und der „guten Gesellschaft", eine entscheidende Rolle. In seinen Augen leitete sich der Primat der Kultur aus seiner Verwurzelung im Volk und aus seiner unwandelbaren rassischen Substanz ab. Die nationalsozialistische Bewegung wollte an eine mythische Vergangenheit und an eine germanische Tradition anknüpfen.[23] Zugleich sollte die Staatskultur die Nazi-Ideologie allgemein verständlich darstellen und verbreiten. Daher orientierte sie sich am Geschmack und der Voreingenommenheit des „kleinen Mannes", an der grundsätzlich konservativen Haltung der breiten Massen.[24] Die auf Rasse, Blut und Boden aufbauende Nazi-Ideologie konnte um so leichter ins Bewußtsein der Massen eindringen, je mehr sie mit vertrauten Einstellungen, Sitten und bürgerlichen Moralvorstellungen übereinstimmte.

In dieser wie in anderen politischen Angelegenheiten war es Hitler, der den Ton angab. Schon in ‚Mein Kampf' hatte der Führer Kultur als genuin „arisches" Produkt definiert. Der Arier war „der Prometheus der Menschheit, aus dessen lichter Stirn zu allen Zeiten der göttliche Funke des Genies entsprang ... Man schalte ihn aus – und tiefe Dunkelheit wird schon nach wenigen Jahrtausenden sich abermals auf die Erde senken, die menschliche Kultur würde vergehen und die Welt veröden."[25] Den Deutschen wurde die Aufgabe der kulturellen Führerschaft unter den arischen Vökern zugewiesen. Hitler sah in ihnen nicht nur den besten Stamm für die Erbauung einer neuen „Pax Germanica", sondern auch die Vorboten einer neuen Epoche der Weltkultur. Doch die unabdingbare Voraussetzung für die Einführung des arischen Milleniums war die Rassenreinheit. Geschichte, so warnte er, „zeigt in erschreckender Deutlichkeit, daß bei jeder Blutsvermischung des Ariers mit niederen Völkern als Ergebnis das Ende des Kulturträgers herauskam."[26] Erstarrung würde einsetzen, der Arier seine „kulturschöpferische Kraft" einbüßen und beginnen, „nicht nur geistig, sondern auch körperlich den Unterworfenen und Ureinwohnern mehr zu gleichen ... als seinen Vorfahren."[27]

Von den Juden gingen nach Hitler hier wie in anderen Bereichen die größten Gefahren für die arische Welt aus. Nach Hitler haben sie „überhaupt keine kulturschaffende Energie, und der Idealismus, ohne den die Menschheit niemals wirklich eine höhere Ebene erreichen kann, hat nie in dieser Rasse existiert und existiert auch jetzt nicht".[28] Der Jude, dessen Intellekt an und für sich destruktiv sei, habe seinen Materialismus in die Bourgeoisie hineingetragen. Durch den Einfluß von Großkapital und Presse versuche er immer konsequent, Rassenbewußtsein und nationale Werte der arischen Völker zu unterminieren. Wie der Begründer des Marxismus arbeite der Jude bewußt daran, die Grundsteine der Kultur zu untergraben.[29] Sogar Demokratie war Hitler zufolge eine Waffe, die die nationale Willenskraft der arischen Völker schwäche und der jüdischen Weltherrschaft den Boden bereite.[30]

Aus diesen Gründen maßen Hitler und andere führende Nazis der „jüdischen Frage" eine außergewöhnliche Bedeutung zu. Deutschland werde im Mittelpunkt des weltweit bevorstehenden Kampfes zwischen Ariertum und Judentum stehen.[31] Die nationalsozialistische Bewegung sah diesen Kampf gegen „jüdischen Bolschewismus" und „internationales Kapital" als ihre ureigene Aufgabe an. Es würde ein Schicksalskampf werden, in dem kein Kompromiß zwischen den zwei unvereinbaren Weltanschauungen möglich wäre. Von seinem Ausgang hänge die Zukunft Deutschlands, Europas, ja der „arischen" Menschheit als solcher ab.[32]

Ein entscheidender Punkt in Hitlers Antisemitismus war seine Behauptung, daß die Juden keine eigene Kultur besäßen; daß es niemals eine authentische jüdische Kunst gegeben hätte; und vor allem, daß „die beiden Königinnen der Kunst, Architektur und Musik, dem Judentum nichts Ursprüngliches zu verdanken haben."[33] Alles, was „der Jude" je auf dem Gebiet der Kunst geleistet habe, sei entweder „eine Verballhornung oder geistiger Diebstahl." Diese rassistischen Ausfälle waren zwar nichts originär Nationalsozialistisches, sondern von deutschen und europäischen Antisemiten seit ungefähr 1850, als Hitlers Idol Richard Wagner seine berüchtigte Schrift „Das Judentum in der Musik" veröffentlicht hatte, immer wieder verbreitet worden. Neu war daran aber, daß diese verschrobenen rassistischen Theorien und gehässigen Angriffe ab 1933 zum Regierungsprogramm wurden, und das in einem so hoch entwickelten und kultivierten Land wie Deutschland.

Schon der Parteitag im Jahre 1933 lief nach dem gleichen Muster wie alle späteren nationalsozialistischen Großveranstaltungen ab: voller dramatischer Effekte. Er begann mit der Ouvertüre zu Wagners „Die Meistersinger von Nürnberg", Hitlers Lieblingsoper. Dann, nach einer Hymne der Danksagung, wurde die Blutflagge der Nazimärtyrer, die im Jahre 1923 gefallen waren, nach vorne getragen, mit den Klängen gedämpfter Trommeln. Der SA-Chef Ernst Röhm (der ein Jahr später auf Hitlers Anordnung umgebracht wurde) las die Liste der Toten der Partei. Dann kam der Höhepunkt der Veranstaltung mit Hitlers Proklamation, in der er den Bolschewismus, den Kapitalismus, die Fremdherrschaft und die Juden angriff. Am Nachmittag sprach er vor dem Verein der deutschen Kultur und betonte, daß Musik, Kunst und Architektur im neuen Reich strikt arisch bleiben würden.[34] Am folgenden Tag wiederholte der Chefideologe der Partei, Alfred Rosenberg, dieses Thema; er prahlte, daß die größten deutschen Dichter und Philosophen „rein arischer Abstammung" seien. Goebbels zitierte, um nicht übertroffen zu werden, Richard Wagners Aussage, daß die Juden die „Dämonen der Zivilisation" seien und daß nur Arier kreativ sein könnten.[35]

Seinen Höhepunkt erreichte dieser kulturelle Antisemitismus und hysterische Antimodernismus in der berüchtigten Säuberungsaktion gegen „entartete Kunst" im Dritten Reich. Im Jahre 1936 hatte Hitler den prominenten Maler und Präsidenten der Reichskammer für bildende Kunst, Adolf Ziegler, beauftragt, alle Werke „dekadenter" Kunst aus mehr als 100 Museen in Deutschland zusammenzutragen. Das Säuberungstribunal sammelte mehr als 13.000 Gemälde, Zeichnungen, Gravierungen und Skulpturen. 1000 Arbeiten von Emil Nolde (selbst ein führendes Parteimitglied und Expressionist), 500 von Max Beckmann, 400 von Oskar Kokoschka und 200 von George Grosz wurden konfisziert. Viele ausländische Künstler wie Picasso, Matisse, Cézanne, Van Gogh, Dufy und Braque erlitten ein ähnliches Schicksal.[36] Die sogenannten „Entarteten" wurden dann zum letzten Mal bei einer großen Ausstellung in München gezeigt. Die ungerahmten Werke wurden den Austellungsbesuchern mit so widerlichen Bildunterschriften wie „So sehen kranke Hirne die Natur" oder „Deutsche Bauern aus jiddischer Sicht" präsentiert.[37]

Die 112 bedeutenden Künstler, deren Werke auf diese Weise öffentlich angeprangert wurden, waren zum größten Teil weder Juden noch „Bolschewisten".[38] Sie waren auch nicht im geringsten „dekadent", „unmoralisch", „subversiv oder „entartet", wie es die Nazi-Presse darzustellen versuchte.[39] Doch für Hitler und die Nazis waren alle wichtigen Tendenzen in der modernen Kunst, Dadaismus, Kubismus, Expressionismus, Futurismus, Surrealismus und abstrakte Malerei per definitionem abstoßende „jüdische" und „marxistische" Produkte.[40]

Die Vertreter der modernen Avantgarde der Weimarer Republik hatten traditionelle ästhetische Anschauungen abgelehnt. Besonders die Maler schienen von der Häßlichkeit fasziniert zu sein, die Komponisten von atonaler Musik, die Dichter und Dramatiker thematisierten die Dekadenz und die Auswüchse des Großstadtlebens. Sie schienen Schönheit in dem Verlust von Equilibrium und Symmetrie zu finden, und in der Betonung der Qualen des individuellen Geistes. Darüber hinaus war die ästhetische Revolution gegen die bürgerliche Existenz in einigen Fällen mit der Vorstellung gesellschaftlicher und politischer Revolution verbunden.

Der Dadaismus mit seiner programmatischen Antikunst („Kunst ist Scheiße") spiegelte vielleicht mehr als jede andere Kunstrichtung das Nachkriegszeitchaos und war eindeutig eine Provokation für die deutsche Spießergesinnung.[41] Hitlers Haß richtete sich besonders gegen die Dadaisten, die ihn gnadenlos verspottet hatten. Überdies war für ihn wie auch für viele Einwohner Münchens, die die revolutionäre Zeit zwischen November 1918 und Mai 1919 erlebt hatten, die künstlerische Avantgarde genauso ein Feindbild wie die politisch fortschrittlichen Kräfte.[42]

Expressionistische und anarchistische Schriftsteller – darunter Juden wie Erich Mühsam, Ernst Toller und Gustav Landauer – waren an führender Stelle in der revolutionären Münchner Räte-Bewegung beteiligt. Dies verstärkte die Tendenz in rechtsstehenden Kreisen, in modernen Künstlern die Anführer von Chaos und Anarchie zu sehen. Schon lange bevor die Nazis an die Macht kamen, wurden Maler wie Klee, Kandinsky, Grosz, Beckmann und die gesamte expressionistische Bewegung stark angegriffen. Sie wurden als „undeutsch", „bolschewistisch" und „zersetzend" apostrophiert. Man warf ihnen vor, Kunst auf das Niveau primitiver afrikanischer oder ozeanischer Stämme herabgesetzt zu haben. Außerdem wollte man eine enge Verwandtschaft zwischen ihren Werken und der Malerei von geistig Behinderten festgestellt haben.[43]

Einer der lautesten und angesehensten Gegner avantgardistischer Kunst in der Weimarer Republik war der prominente Architekt Schultze-Naumburg. In seinem Buch „Kunst und Rasse" (1928) wollte er den Nachweis einer Entsprechung von expressionistischer figurativer Darstellung und körperlich Verwachsenen sowie geistig Behinderten führen.[44] Als die Nazis im Jahre 1930 die Kontrolle über die Erziehung in Thüringen erlangten, war Schultze-Naumburg für kurze Zeit zuständig für die Kulturpolitik. Auf seine Anordnung hin wurden die modernen Gemälde von Kandinsky, Klee, Schlemmer und Schmidt-Rottluff aus der Weimarer Öffentlichkeit entfernt. Sie wurden als Beispiele für „östliche oder sonstige niedrige Rassen"[45] erachtet.

Schultze-Naumberg führte auch einen erbitterten Kampf gegen das Bauhaus als „eine schändliche Festung der bolschewistischen Kunst". Dieses international anerkannte Aushängeschild der modernen Architektur und Gestaltung stellte für ihn eine ähnliche Provokation dar wie eine Synagoge, obwohl seine bekanntesten Vertreter „untadelig arischer" Herkunft waren. Langsam begann die führende Nazizeitung, der Völkische Beobachter, sich Schultze-Naumburgs Meinung anzuschließen.[46] Seine fanatischen anti-modernistischen und antiurbanen Hetzen entsprachen insbesondere der reaktionärsten Nazi-Gruppierung, Alfred Rosenbergs ‚Kampfbund für Deutsche Kultur‘.

Rosenberg, ein gelernter Architekt, hatte seinen Kampfbund organisiert, um den – aus seiner Sicht – verderblichen jüdischen und linken Einflüssen Einhalt zu gebieten. Wenn diese „artfremden Pflanzen" nicht mit der Wurzel ausgerissen und ersetzt würden durch eine heroische „nordische" Kunst, könne die angestrebte Wiedergeburt deutschen Wesens nicht Platz greifen. Diese Ideen entwickelte er schwülstig in seinem Blut-und-Boden-Bestseller „Der Mythus des 20. Jahrhunderts" (1930). Nach der Machtergreifung der Nazis geriet Rosenberg in einen scharfen Konflikt mit Goebbels, der zu seinem Verdruß die Gesamtleitung der Kulturpolitik des Dritten Reiches übertragen bekommen hatte.

Goebbels hatte anfangs gewisse Sympathien für moderne Tendenzen und versuchte, einige expressionistische Künstler wie Nolde, Barlach und Heckel im Umfeld des Nationalsozialismus zu etablieren.[47] Seine Bemühungen, einen „nordischen Expressionismus" zu fördern, fanden die Unterstützung der NS-Studentenschaft. Er verteidigte auch die kritische Einstellung der Kunstkammer gegenüber völkischer Kunst und stritt oft mit Rosenberg über dieses Thema. Zuerst schien Hitler mehr auf der Seite von Rosenbergs Antimodernismus zu stehen, denn im September 1933 erklärte er, daß es in der neuen Nazi-Ordnung keinen Platz für „Scharlatane" und „Vertreter der Dekadenz" gebe.[48]

Während Hitler Kubismus, Futurismus und Dadaismus verunglimpfte, rügte er jedoch auch rückwärtsgewandte völkische Enthusiasten wie Rosenberg, da sie es versäumt hätten, mit der Zeit zu gehen.

In Kunst und Architektur fühlte sich Hitler nie wirklich der völkischen Bewegung verbunden, obwohl ihr auch in Nazi-Deutschland weiterhin einige Bedeutung zukam. Als Jugendlicher war Hitler von den berühmten, vorwiegend neobarocken und Neorenaissance-Bauten der Wiener Ringstraße zutiefst beeindruckt: „Stundenlang konnte ich vor der Oper stehen, stundenlang das Parlament bewundern, die ganze Ringstraße wirkte auf mich wie ein Zauber aus Tausendundeiner Nacht."[49] Ungeachtet seines Abscheus vor allem Wienerischen behielt er die Bewunderung für die Wiener Monumentalarchitektur sein Leben lang bei. Wien, wie Paris, war schließlich „mit einem großen Wurf" als Ausdruck imperialen Ruhmes gebaut, während Berlin für ihn „nichts als eine ungeregelte Anhäufung von Bauten" war, wie er Albert Speer gegenüber äußerte, den er 1937 mit der kompletten Neugestaltung der deutschen Reichshauptstadt betraute.[50]

Trotzdem zog er Wien die Münchner Atmosphäre vor, deren Barockbauten, Konservativismus und lebensfrohe Stimmung ihm sehr zusagten.[51] Münchens Kunstszene – eher sinnlich als intellektuell – war nach seinem Geschmack. Es war keine kosmopolitische, multikulturelle Stadt wie Wien mit seinem bedeutenden jüdischen und slawischen Bevölkerungsanteil.[52] Und es hatte nicht die ruhelose, großstädtische Unübersichtlichkeit und Mobilität von Berlin, das er immer argwöhnisch betrachtete.[53] Es war München, wo Hitler an der neoklassizistischen Bauweise Paul Ludwig Troosts, eines bayrischen Architekten und Innenausstatters für Luxusdampfer, Gefallen fand.[54] Troost wurde von Hitler mit dem Entwurf einer neuen Parteizentrale („Braunes Haus"), dem Umbau des Palais Barlow zum „hochherrschaftlichen" Parteisitz am Münchner Königsplatz beauftragt.[55] Diesen reizvollen Platz im Stadtzentrum zierte schon eine Reihe von neoklassizistischen Gebäuden, die auf den aufgeklärten König Ludwig I. (1825 -1848) zurückgingen. Hitler identifizierte sich stark mit diesem Förderer der Künste und betrachtete sich beim Umbau der Stadt als dessen Erbe.[56] Kurz nach der Machtergreifung erhielt Troost den Auftrag, zwei Ehrentempel zum Gedenken an die Nazi-„Märtyrer" des Putsches von 1923 zu errichten.

Die beiden zehn Meter hohen Tempel wurden als offene Pfeilerhallen über quadratischem Grundriß konzipiert, deren zwanzig sieben Meter hohe kannelierte Pfeiler jeweils einen glatten Deckenkranz trugen. Giebel und Schmuckformen fehlten, dies unterstrich noch das Feierliche der Anlage. Jeder Tempel barg acht eiserne Sarkophage, in denen die sechzehn „Blutzeugen" ihre letzte Ruhestätte gefunden hatten. Diese wurden in Vertiefungen unter freiem Himmel – in die Dächer über den Sarkophagen war eine quadratische Öffnung eingelassen – aufgestellt. Seit der Einweihung am 9. November 1935 stand eine Doppelwache der SS am Eingang.

Im Jahre 1933 entwarf Troost am Königsplatz zwei Großbauten für die Partei: den „Führerbau" und das Verwaltungsgebäude der NSDAP. Dann wurde Troost von Hitler ausersehen, eine neue Galerie, das „Haus der deutschen Kunst", zu entwerfen, das klassische Strenge und kühle Ordnung mit der „nordischen" Rassenvorstellung verbinden sollte. Hitler, der 1933 den Grundstein zu dem Gebäude legte, schaltete sich aktiv in die Planung ein und hatte bei anderen Projekten schon eng mit Troost zusammengearbeitet.[57] Dieser sollte die Fertigstellung des Projektes nicht mehr erleben, er starb 1934. Der Führer schätze seine Arbeit und charakterisierte ihn als „einen der größten deutschen Architekten".[58] Er legte jedes Jahr einen Kranz auf Troosts Grabstein auf dem Münchner Nordfriedhof nieder.[59]

Albert Speer, der bald Troosts Nachfolger bei der Umsetzung von Hitlers Architektur-Ideen wurde, war der Meinung, daß der „Führer" in Architektur, Malerei und Bildhauerei der Welt von 1880 bis 1910 verhaftet war, „die seinem Kunstgeschmack ebenso wie seiner politischen und ideologischen Vorstellungswelt die besonderen Merkmale gegeben hat."[60] Die Malerei hörte für ihn beim Impressionismus auf, während er die schreiend anachronistischen Tableaus von Hans Makart, für dessen überladen-opulenten Stil sogar schon im Wien der Jahrhundertwende die Zeit abgelaufen war, bewunderte. Schon zur

Zeit des Fin de siècle war dieser überschwengliche Stil überwunden.[61] Dieser war von den unvergleichlich kühneren Innovationen eines Klimt, Schiele und Kokoschka abgelöst worden, letzterer war ein bevorzugtes Opfer spießbürgerlicher Schmähungen in Deutschland. Gustav Klimts Motto für die Wiener Secession, „Der Zeit ihre Kunst, der Kunst ihre Freiheit", mußte den Nazis natürlich ein Greuel sein. Ebenso zuwider waren Hitler neue, mit den Namen Marc, Klee und Kandinsky verbundene Strömungen in der Malerei, die zu der Zeit von München ausgegangen waren.

In der Architektur war seine Haltung etwas liberaler, und das Nazi-Regime duldete eine Zeitlang Vertreter der Avantgarde wie Mies van der Rohe und Peter Behrens in Deutschland.[62] Auch hier scheint Hitler die Neuerungen von Bauhaus-Gründer Walter Gropius und Le Corbusier, trotz heftiger Angriffe von Seiten der Nazis, nicht rundweg verworfen zu haben. Diese scheinbaren Inkonsequenzen unterstreichen Speers Behauptung, daß es etwas wie einen Nazi-Baustil nie gegeben habe. Troosts karger, fast ornamentloser spartanischer Stil, der Traditionalismus mit Elementen der Moderne verband, kam der angestrebten Norm im NS-Staat und Repräsentationsbau wahrscheinlich noch am nächsten. Aber dieser Neoklassizismus wurde, wie Speer betonte, vervielfacht, abgewandelt, übertrieben oder auch ins Lächerliche verzerrt.[63]

Speer selbst sollte schließlich nach Troosts Tod der führende Architekt Nazi-Deutschlands werden. Speer, ein ehrgeiziger und kultivierter Technokrat, jugendlich im Auftreten und patriotisch gesinnt, hatte Hitlers Aufmerksamkeit erstmals als Organisator der Maifeiern 1933 auf dem Tempelhofer Feld auf sich gezogen.[64] Er beeindruckte Hitler nachhaltig mit seinen neuartigen „Lichtdom"-Effekten, die als Kulisse für die Nürnberger Parteitage berühmt wurden. Er war auch verantwortlich für die Abteilung „Schönheit der Arbeit" innerhalb der Deutschen Arbeitsfront, die eine wichtige Rolle bei der dekorativen „Schönung" der deutschen Arbeitswelt spielte. Speer zeigte sich in dieser Hinsicht als ein Meister der ästhetischen Illusion, der immer wieder neue Wege fand, dem deutschen Arbeiter ein Gefühl des Stolzes gegenüber seiner Arbeit zu vermitteln. ‚Schönheit der Arbeit' war ein Mikrokosmos der Nazi-Politik auf dem Gebiet der Technologie und des Designs, mit Schwerpunkt der Sanierung und Verbesserung der Umgebung.[65]

Speer und seine Mitarbeiter hatten begriffen, daß die „lebensbejahende Gestaltung" von Arbeitsplätzen die Einstellung zur Arbeit entscheidend veränderte und leistungssteigernd wirkte. Sie trug dazu bei, den Gemeinschaftssinn zu stärken, und damit auch, Hitlers „Sozialismus der Tat" zu implementieren.[66] Speers Konzepte erinnerten in manchem an die Neue Sachlichkeit der zwanziger Jahre (die in der Nazi-Literatur oft verdammt wurde) und wiesen auf modernistische Aspekte der Nazi-Architektur hin, die sich nach 1936 mehr und mehr durchsetzten.[67] Dieser Ansatz gründete auf einer technischen Rationalität, die zwar mit dem Bauhaus-Utopismus nichts mehr zu tun hatte, aber einen deutlichen Schwenk weg vom völkischen Antimodernismus ankündigte, der in anderen Bereichen noch tonangebend war.

Seit 1933 war Speer auch für die künstlerische und technische Organisation der Parteitage verantwortlich, und seine räumliche und architektonische Gestaltung des Aufmarschgeländes, die Inszenierung von Fahnen und Standarten war ein Schlüssel für den überwältigenden Erfolg. Die imposanten theatralischen Hintergrund- und Lichtdomeffekte wurden von Hitler und Goebbels umgehend anerkannt. Nicht zuletzt deswegen erhielt Speer von Hitler den Auftrag für die Luitpold-Arena und das Zeppelin-Feld – das 340.000 Besucher fassen sollte – mit dem Ziel, „ein Forum der Bewegung und des Volkes in Stein zu schaffen", das „zugleich in seinem Aussehen die Größe, die Kraft und den Anspuch der Weltanschauung verkörpert, die eine neue Volksgemeinschaft geschaffen hat".[68]

Speer entwarf auch den deutschen Pavillon für die Pariser Weltausstellung im Jahre 1937, eine monumentale Demonstration der wiedergewonnen Macht und Leistungsbereitschaft des Dritten Reiches. Sein bedeutendster Auftrag war jedoch der Bau der neuen Reichskanzlei in Berlin, die – in Rekordzeit errichtet – bereits Anfang 1939 fertiggestellt war. Speer wußte, daß Hitler bei repräsentativen öffentlichen Bauten immer schon auf einem beeindruckenden, monumentalen neoklassizistischen Stil bestanden hatte. Er wußte um den Größenwahn des Führers, um dessen Wunsch, sein Volk – und mehr noch ausländische Politiker und Würdenträger – mit deutschen Großtaten zu beeindrucken.[69] Immer wieder hatte ihm Hitler zu verstehen gegeben, daß der Zweck des Bauens darin liege, seine Zeit und ihren Geist der Nachwelt zu vermitteln. Alles, was letztendlich übrigbleibe, um die Menschen an die großen Epochen der Geschichte zu erinnern, sei deren monumentale Architektur, pflegte er zu philosophieren.[70]

Speers Bauweise war darauf angelegt, diese Maxime zu erfüllen. Die Medien bejubelten sie als Triumph des Nationalsozialismus, als große Gemeinschaftsleistung, als Symbol des neuen Großdeutschland und seines künftigen Ruhmes.[71] Man hob die Klarheit und Symmetrie der Bauten hervor und das Gefühl von Sicherheit und Ordnung, das sie ausstrahlten. Man pries deren strengen, preußischen, „soldatischen" Charakter, der so sehr im Einklang mit der Tradition stand, die durch Friedrich den Großen Berlin geprägt hatte. Manche wollten gar den Bau der Reichskanzlei als Schlußstrich unter das „liberale Chaos" in Deutschland sehen und als Rückkehr zur Autorität des Reiches. Das deckte sich weitgehend mit dem, was Hitler 1937 in einer Rede über Kultur sagte: „Die Gegner werden es ahnen, vor allem die Anhänger müssen es wissen: zur Stärkung dieser Autorität entstehen unsere Bauten ... Je größer die Anforderungen des heutigen Staates an seine Bürger sind, um so gewaltiger muß der Staat auch seinen Bürgern erscheinen."[72]

Hitler selbst hatte erklärt, daß, „wenn man die Reichskanzlei betritt, man den Eindruck haben müsse, daß man den Herrn der Welt aufsucht".[73]

Tatsächlich war alles an diesem Gebäude darauf angelegt, ein Gefühl von Erhabenheit und Weite hervorzurufen, den Besucher zu beeindrucken und ihm seine Rolle als Untergebener deutlich zu machen. Von riesigen Dekorationen, ausladenden Freitreppen, ungeheuer hohen Räumen und der unglaublich langen Marmorgalerie auf zwergenhafte Dimensionen reduziert, mußten Hitlers Besucher geradezu überwältigt sein von der Prachtentfaltung Großdeutschlands.

Hermann Giesler, einer der führenden Architekten Deutschlands, verglich Speers Opus magnum mit Troosts Münchner „Führerbau" folgendermaßen: „Zwei Meisterwerke der politischen Machtergreifung ... Der Führerbau ist ein Symbol des wiedergefundenen Vertrauens in Deutschlands Zukunft ... Troosts Gebäude mit der dorischen Ökonomie und Strenge stellt treffend das kämpferische Wesen der

Tabula subscribentium nomina

Rommerskirchen • Helmuth Ruzicka, Wien • Stefan Loran, Kolding • Matthias Pohl, Düsseldorf • Volkhard Krech, Heidelberg • Axel Franke, Gottmadingen • Siegfried Schütz, Göttingen • Bodelschwingsche Anstalten Bethel, Bielefeld • Robert Graf, Rostock • Günter Tiemann, Butzweiler • Friedrich Diedrich, Eichstätt • Detlef Bald, München • Franz Hierlemann, Zürich • Klaus Wisotzki, Dortmund • Jörg Markert, Krefeld • Günther Heine, Battenberg • Klaus Neumann, Halle • Stefan Wunsch, Köln • Hans-J. Degen, Berlin • Hans Lehmann, Weimar • Michael Schmidt-Salomon, Newel • Hans P. Kochenrath, Spiesheim • P. Reinhard Vitt, Biesdorf • Michael Gowin, Frankfurt • Hans-M. Röttgers, Limburg • Lothar Nettelmann, Gehrden • Dieter Berkemer, Schorndorf • Gedenkstätte Buchenwald, Weimar • Thorsten Querg, Berlin • Jürgen Ladebeck, Magdeburg • Lucia Licher, Oldenburg • Wolfgang Rohde, Oldenburg • Rainer Maischein, Berlin • Wolf-D. Priemer, Ingelheim • Gedenkstätte Bergen-Belsen • Ulrich von Hehl, Holzhausen • Marie-L. Heuser-Kessler, Düsseldorf • Michael Lönz, Borgholzhausen • Institut für die Geschichte der deutschen Juden, Hamburg • Egmont Elschner, Zwickau • Gerhard Schulz, Tübingen • Wilfried Lehrke, Weimar • Evang. Theol. Seminar der Universität Bonn • Michael Weisbarth, Nussloch • Hans-J. Vogel, Chemnitz • Jörn Ahrens, Berlin • Rainer Wilke, Oldenburg • Nils-O. Pülschen, Erlangen • Manuela Petzoldt, Berlin • Klaus Krüger, Steinau • Christian Storch, Braunschweig • Traugott Jähnichen, Witten • Ulrich Batzer, Kaufbeuren • Hygieneplan GmbH, Bad Homburg • Werner Zager, Witten • Rachel M. Herweg, Berlin • Hauke Janssen, Hamburg • Philippe Alexandre, Epinal • Gerhard Müller, Stuttgart • Roger Uhle, Aachen-Laurensberg • Christine Müller, Heidelberg • Elke Janke, Kaufbeuren • Sigrid Maier, Aichtal • Reinhard H. Christoph, Dinslaken • Michael Wrasmann, Berlin • Detlev Piecha, Hagen • Gunter Thiele, Neckargemünd • Ulrike Brummert, Oelde • Gottfried Mergner, Oldenburg • Germanistisches Seminar der Universität Düsseldorf • Michael Matthiesen, Göttingen • Jochen Kuhn, Marburg • Daniel Stone, Oxford • Institut für deutsche Sprache und Literatur der Universität Münster • Bernd Müller, Bamberg • Aloys Goergen, Rattenbach • FB Philosophie und Sozialwissenschaften der Freien Universität Berlin • Institut für Sozialforschung, Frankfurt • Peter A. Schmid, Zürich • Thomas Mann, Wien • Wolfgang Hempel, Gaggenau • Marie-L. Schwarz-Schilling,

Tabula subscribentium nomina

Manfred Wendrich, Oldenburg • Franz Januscheck, Oldenburg • Dittmar Dahlmann, Freiburg • Michael Berg, Frankfurt • Hansgeorg Schmidt-Bergmann, Bad Herrenalb • Theo Stammen, München • Gerhard Schmidt, Kassel • Wilfried Heck, Köln • Reinhart Czisch, Tübingen • Johannes Materna, Bochum • Martin Finkbeiner, Berlin • Paul G. Gaffron, Dortmund • Johannes Ohlemüller, Schwalmtal • Carl Drepper, Dortmund • Wolfgang Hegener, Berlin • Karl-A. Goldner u. Margareta Finta, Offenbach • M. Miyata, Sendai • Harry Vreeswijk, Krommenie • Maria Rottländer, Köln • Christof Dipper, Darmstadt • Volker Galle, Mauchenheim • Dieter Will, Vilshofen • Walter Sparn, Uttenreuth • Kenichi Sakai, Kyoto-City • Peter Cornehl, Hamburg • Josef Wiench, Frankfurt • Ulrich Rödel, Frankfurt • Egon Pöhler, Hattingen • Klaus von Schilling, Karlsbad • Klaus Wellhausen, Syke • Hans-G. Westermann, Dortmund • Thomas Hauschild, Seesbach • Sabine Hark, Berlin • Bernd Hüppauf, New York • Hans-J. von Kondratowitz, Berlin • Klaus Quiring, Berlin • Robert Schwarzbauer, Wien • Helmut Blochwitz, Kaarst • Kristian Hungar, Heidelberg • Ulrich Benz, Rees • Peter Bräunlein, Bremen • Thomas Noetzel, Marburg • Klaus Körber, Bremen • Gerda Guttenberg, Wiesbaden • Wolfhard Schmidt, Nürnberg • Torsten Schütz, Berlin • Kurt Seifert, Winterhur • Ulrich Linse, München • Hans-P. Hellermann, Tübingen • Martin Ostermann, Münster • Dieter Langewiesche, Tübingen • Kurt Hermann, Ingelheim • Karl-F. Daiber, Hannover • Elke Haumann, Frankfurt • Werner Bohleber, Frankfurt • Dieter Thoma, Berlin • Armin Trus, Giessen • Gunther Reiss, Havixbeck • Reinhard Dahlke, Schwalmstadt • David Midgley, Cambridge • W. Dutten, Oer-Erkenschwick • Hans Reichrath, Zweibrücken • Roland Gröschel, Neu Zittau • Karl Kern, Billigheim-Ingenheim • Karl Boland, Mönchengladbach • Hartmut Poppelmann, Georgsmarienhütte • Astrid Albrecht-Heide, Berlin • Werner Luxbacher, Wien • Hans-U. Kopp, Stuttgart • Wilhelm Woltermann, Ochtrup • Manfred Wittmann-Zinses, Mönchengladbach • Wolf Hartwich, Wiesloch • Günter Scheib, Hilden • Stefan Lutz-Bachmann, Baden-Baden • Martin Stingelin, Binningen • Günther van Norden, Wuppertal • Hilmar Heuer, Nürnberg • Ulrich Meier, Dortmund • Ron Manheim, Groesbeek • Jürgen Biehl, Krefeld • Haeyo D. Woelinga, Uithoorn • Gabriele Huebener, Frankenberg • Elmar Kraus, Klagenfurt • Wolfgang Borchardt, Clausthal-Zellerfeld • Lothar Mertens, Bochum • Christoph Münz, Driedorf • Jüdische Gemeinde zu Berlin • Helmut Henne, Wolfenbüttel • Notger Slenczka, Göttingen • Christoph Schumacher, Aachen • Ulrich Weiss, Augsburg • Peter Löffler, Lünen • Heinke Ehlers, Hamburg • Siegfried Steinert, Wien • Josef Ritterbach,

Abb.1 Eroberung des Klidi-Passes in Nordgriechenland;
mit Runen schleuderndem Zeus und Lanze schwingender Athene

**Wandbilder im Fahrerbunker
der ehemaligen Neuen Reichskanzlei,
Berlin Mitte**

Fotos: Hans-Dietrich Beyer

Partei dar ..., aus Speers Reichskanzlei spricht das Ansehen, der Reichtum eines Reiches, das eine Großmacht geworden ist."[74]

Der Vergleich war deswegen besonders treffend, weil Berlin und München zwei entgegengesetzte Pole innerhalb des Deutschen Reiches repräsentierten: War Berlin unstreitig die politische Hauptstadt des Reiches und dazu ausersehen, die Metropole einer neuen europäischen Ordnung zu werden, so war München sowohl die „Hauptstadt der Bewegung" als auch „die Hauptstadt der deutschen Kunst". Hitler war entschlossen, die führende Rolle, die München im 19. Jahrhundert auf dem Gebiet der Kunst innehatte, wiederherzustellen. Er hoffte, die monumentalen Bauten, die er hier errichten ließ, würden Münchens Position als Kunststadt neu beleben. Die Repräsentationsarchitektur Troosts sollte als Modell für ganz Deutschland dienen, „Gemeinschaftsplätze für das Volk" zuschaffen. Der neugestaltete Königsplatz mit seinen Granitplatten war „ein steinernes Symbol der nationalsozialistischen Weltanschauung, ihrer Größe, ihres Kampfes und ihrer Siege".[75]

Auf diesem granitenen Platz, wo die zwei Ehrentempel der „Blutzeugen" standen, diese imposant hohen, offenen und nicht überdachten Pfeilerhallen – wodurch die „Märtyrer" den Elementen ausgesetzt waren –, hatte die Nazi-Bewegung ihren Hauptaltar errichtet. Die Opfer des fehlgeschlagenen Putsches waren nicht länger getrennt von der Gemeinschaft, für die sie gefallen waren.[76] Die Tempel drückten für Zeitgenossen ein Gefühl der disziplinierten Ordnung aus, ein klassisches Muster, und ein „soldatenhaftes Gefühl fürs Leben"[77].

Troosts Haus der deutschen Kunst in der Prinzregentenstraße erinnerte seine Bewunderer mit der wundervollen Klarheit und „musikalischen Harmonie", die sich aus dem Kontrast von riesigen Säulen und Pfeilern und der deutlichen Betonung der massiven horizontalen Erstreckung ergab, an beste hellenistische Kunst.[78] Die Nazis sahen in dieser Galerie ein Symbol der Stabilität gegen das Eindringen eines beunruhigenden Wandels, modischer Launen und gefährlichen „undeutschen" Gedankenguts. Gängige Spitznamen für Troosts Meisterwerk wie „Palazzo Kitschi" oder „Weißwurstbahnhof" deuten jedoch darauf hin, daß trotz breiter Begeisterung sich nicht alle Münchner dafür erwärmen konnten.

Die Nazi-Architektur kann ebensowenig von Ideologie, Propaganda und Politik getrennt werden wie von den avantgardistischen Kunstströmungen, die ihr vorangingen. Tatsächlich kann der Nationalsozialismus als Reaktion auf und gegen die revolutionären Experimente und die soziale Gärung der Weimarer Republik verstanden werden. Das obsessive Streben nach „Deutschheit" war die Antwort auf den „Internationalismus", die Rufe nach Ordnung eine Antwort auf Anarchie; die Rückkehr zu Klassizismus und „ewigen" Werten eine Reaktion auf Angst vor Erneuerung und Vergänglichkeit. Die Nazis mobilisierten Tradition gegen Modernität, heroische Einfachheit gegen verwirrende Komplexität, völkische Verwurzelung gegen großstädtische Mobilität. „Kulturbolschewismus" war eine bequeme, wenn auch grob irreführende Bezeichnung, mit der jene Aspekte von Modernität stigmatisiert wurden, gegen die die Nazis in Kunst und Politik vorgingen.

Hitler und die NSDAP hatten von Anfang an Architektur und Kunst als Instrumenten politischer Propaganda große Bedeutung zugemessen.[79] Vor der Machtergreifung hatten die Nazis die moderne Architektur als Symbol der partikularisierenden Massengesellschaft und des Übels der Verstädterung gebrandmarkt. Die Avantgarde wurde unablässig beschuldigt, zur „Entwurzelung" des Menschen beizutragen. Besonders Walter Gropius und sein Bauhaus wurden als „salonbolschewistisch" verunglimpft, sein Vermächtnis werde ausradiert, sobald sie an die Macht kämen, drohten die Nazis. Einzig der Nationalsozialismus, so wurde versichert, habe die Willenskraft, die deutschen Kulturtraditionen gegen die jüdischen und marxistischen Verschwörungen zu verteidigen.

Als die Nazis an der Macht waren, zeigten ihre Bauten doch eine größere stilistische Vielfalt, als zu erwarten gewesen wäre, was teilweise auf verschiedene Präferenzen der einzelnen Nazi-Größen zurückzuführen ist. Nichtsdestoweniger setzte Hitler mit seinem Diktum, daß Kunst wie auch Politik von derselben kreativen Kraft eines maßgeblichen „Formwillens" ausgingen, eine gewisse Einheitlichkeit durch. Vor allem konnte die Architektur ein Nationalbewußtsein wecken und nationale Größe vermitteln. Hitler sah in ihr ein entscheidendes Element, um dem deutschen Volk ein Gefühl der Zugehörigkeit zu vermitteln und den zukünftigen Generationen den Glauben in ihr unveräußerliches Recht zu herrschen zu vermitteln.[80]

Hitlers Bewunderung antiker griechischer Kunst und Architektur als gültiges Modell betonte sowohl deren Schönheit als auch deren Funktionalität. Er legte aber auch Wert darauf, daß die nationalsozialistische Baukunst ihrer Zeit angemessen war, indem sie neue Technologien einsetzte, um „für die Ewigkeit zu bauen".[81]

Hitlers Bauprogramm war ein gutes Beispiel eines „reaktionären Modernismus", der seltsamerweise Technikverehrung und Blut-und-Boden-Romantik unter einen Hut brachte.[82] Aber das Endziel reichte um einiges weiter, als es sich des Führers Zeitgenossen träumen ließen, es ging um nichts Geringeres als Deutschlands Anspruch auf Weltherrschaft. Nur in dieser Hinsicht sind Hitlers unablässige Analogien mit dem Römischen Reich, seine Vorliebe für Granit als Baumaterial und seine Besessenheit von Dauerhaftigkeit sowie seine Gigantomanie zu verstehen.[83] Die immer neuen Bauprojekte erfüllten nach innen wie nach außen verschiedene Funktionen – um dennoch immer auf den expansionistischen Endzweck abzustellen. Sie stärkten zum einen das deutsche Selbstbewußtsein, kurbelten die Wirtschaft an und stärkten Hitlers Autorität. Und sie verleiteten das Ausland dazu, an Hitlers friedliche Absichten zu glauben.[84]

Noch verblüffender aber sind die schieren Dimensionen, die Extravaganz und Folie de grandeur seiner Pläne. Das alte Ägypten, Babylon und Rom waren der Maßstab für „Berlin, die Welthauptstadt". Der deutsche Adler auf der geplanten riesigen Volkshalle in Berlin sollte sich auf einem Globus niederlassen, der die Kuppel des höchsten Gebäudes der Welt krönen sollte, das das Capitol in Washington und den Petersdom in Rom auf zwergenhafte Dimensionen hätte schrumpfen lassen. Der geplante Berliner Nordbahnhof sollte die New Yorker Grand Central Station übertreffen; Todts Hamburger Hängebrücke hätte größer werden sollen als die Golden Gate Bridge in San Francisco.[85] Das „deutsche Stadion" in Nürnberg sollte das größte der Welt werden. Und vor allem sollte Hitlers Triumphbogen (den er schon 1925 plante) doppelt so hoch sein wie Napoleons Arc de Triomphe in Paris.[86]

„Das wird wenigstens ein würdiges Monument für unsere Gefallenen im Ersten Weltkrieg „vertraute er Speer an. „Die Namen aller unserer 1800000 Opfer werden in Granit eingemeißelt werden."[87] Wie Elias Canetti gezeigt hat, prägte die Verbundenheit mit dieser Masse von Toten Hitler entscheidend. Sie waren seine Obsession, seine Kraftquelle und letztlich sein Daseinsgrund. Sie verhalfen ihm zu seinem Aufstieg, sie waren die erste Menschenmasse, die er hinter sich hatte. In ihrem Namen sollte er Rache nehmen für die Niederlage und den Verrat von 1918, der nie stattgefunden hatte. Diese Toten und die, die es noch geben sollte, machten seinen Triumph aus.

Anmerkungen

1 Siehe Anton Joachimsthaler, Hitler in München 1908–1920, München 1992
2 Joachim C. Fest, The Face of the Third Reich, London 1972, S. 33
3 Siehe Albrecht Tyrell, Vom Trommler zum Führer, München 1975
4 E. Jäckel und A. Kuhn (Hrsg.), Hitler, Sämtliche Aufzeichnungen 1905–1924, Stuttgart 1980, S. 939
5 Ian Kershaw, The Hitler Myth. Image and Reality in the Third Reich, Oxford 1989, S. 39
6 Völkischer Beobachter, 27. Februar 1933
7 Kershaw (wie Anm. 5), S. 80–82
8 Der Parteitag der Ehre vom 8. bis 14. September 1936, München 1936, S. 246 f. Siehe auch J. P. Stern, Hitler. The Führer and the People, London 1975
9 Alan Bullock, Hitler. A Study in Tyranny, London 1962, S. 312–371 und Kershaw (wie Anm. 5), S. 121–147
10 Völkischer Beobachter, 8. November 1938, S. 2. Siehe auch Hermann Graml, Antisemitism in the Third Reich, Oxford 1992, S. 5–29
11 Peter Löwenberg, „The Kristallnacht as a Public Degradation Ritual", Leo Baeck Yearbook, XXXII (1987), S. 309–323
12 Lionel Kochan, Pogrom. 10 November 1938, London 1957, S. 15
13 Löwenberg (wie Anm. 11), S. 313
14 Graml (wie Anm. 10), S. 142–144
15 Robert Wistrich, Hitler's Apocalypse. Jews and the Nazi Legacy, London 1985
16 Ian Kershaw, Popular Opinion and Political Dissent in the Third Reich. Bavaria 1933–1945, New York 1983, S. 275
17 Graml (wie Anm. 10), S. 141
18 Kershaw, The Hitler Myth (wie Anm. 5), S. 142
19 Ebenda
20 Max Domarus (Reg.) Hitler. Reden und Proklamationen 1932–1945, Wiesbaden 1973, S. 1178

21 Albert Speer, Erinnerungen, Berlin 1969, S. 202

22 Über Propaganda, Siehe Z. A. B. Zeman, Nazi Propaganda, London-New York 1974, und David Welch, Nazi Propaganda, London-Canberra 1983

23 George L. M. Mosse (Hrsg.), Nazi Culture, London 1966, S. xxii – xxvi

24 Ebenda, S. xxix

25 Adolf Hitler, Mein Kampf, (1925), München 1940, S. 317 f.

26 Ebenda, S. 313

27 Ebenda, S. 324

28 Ebenda, S. 323

29 Siehe Robert Wistrich, Hitler's Apocalypse (wie Anm. 15), S. 34–36

30 Hans Staudinger, The Inner Nazi. A Critical Analysis of Mein Kampf, Baton Rouge 1981, S. 72–77

31 Ebenda. Siehe auch Lucy Dawidowicz, The War against the Jews, New York 1975; Sebastian Haffner, The Meaning of Hitler, New York 1979; Robert Wistrich, Hitler's Apocalypse (wie Anm. 15)

32 Wistrich, Hitler's Apocalypse (wie Anm. 15), S. 40 – Auch Michael Ley, Genozid und Heilserwartung. Zum Nationalistischen Mord am europäischen Judentum, Wien 1993

33 Mosse, Nazi Culture (wie Anm. 23), S. 7

34 „Hitlers Rede", September 1933, zit. in Josef Wülf (Hrsg.), Die bildenden Künste im Dritten Reich. Eine Dokumentation, Gütersloh 1963, S. 64–67

35 The New York Times, 3 September 1933

36 Für den besten Bericht siehe Stephanie Barron et al., Degenerate Art. The Fate of the Avant-Garde in Nazi Germany, Los Angeles-New York 1991

37 Richard Grunberger, A Social History of the Third Reich, London 1974, S. 535 f.

38 Für eine komplette Liste der Künstler, siehe Peter-Klaus Schuster (Hrsg.), Die ‚Kunststadt' München 1937. Nationalsozialismus und ‚Entartete Kunst', München 1988, S. 122–216

39 „Entartete Kunst am Pranger", Völkischer Beobachter, 20. Juli 1937, S. 1

40 Die Reden Hitlers am Parteitag der Freiheit 1935, München 1935, S. 29. Siehe auch Rudolf Schröder, Modern Art in the Third Reich, Offenburg 1952, und Reinhard Merker, Die bildenden Künste im Nationalsozialismus, Köln 1983

41 Siehe John Heartfield, Krieg im Frieden. Fotomontagen zur Zeit 1930–1938, 1982, und Peter Halko, „Zurück zur Ordnung. Der revolutionäre Schock der Moderne und die reaktionäre Antwort", in: Jan Tabor (Hrsg.), Kunst und Diktatur, Baden 1994, 1.Aufl., S. 24–29

42 Peter-Klaus Schuster, „München – das Verhängnis einer Kunststadt", in: Die ‚Kunststadt' München (wie Anm. 38), S. 22

43 Siehe Walter Laqueur, Weimar. A Cultural History, New York 1976, S. 162–182

44 Paul Schultze-Naumberg, Kunst und Rasse, München 1928, und sein Kampf um die Lust, München 1932

45 Barbara Miller Lane, Architecture and Politics in Germany 1918–1945, Cambridge, Mass. 1968, S. 133–140, 156–159

46 Ebenda, S. 157

47 Siehe Hildegard Brunner, Die Kunstpolitik des Nationalsozialismus, Hamburg 1963, S. 78–86

48 Für die Evolution von Hitlers Ansichten über Kunst und Architektur, siehe Franz Roh, „Entartete Kunst". Kunstbarbarei im Dritten Reich, Hannover 1962, S. 41–48. Auch Klaus Backes, Hitler und die bildenden Künste: Kulturverständnis und Kunstpolitik im Dritten Reich, Köln 1988, und Henry Grosshans, Hitler and the Artists, New York 1983

49 Siehe August Kubizek, The Young Hitler I Knew, Boston 1955, und J. Sydney Jones, Hitler in Vienna 1907–1913, New York 1983, S. 46–47

50 Albert Speer (wie Anm. 21), S. 90

51 Adelin Guyot und Patrick Restellini, L'Art Nazi, Paris 1987, S. 56

52 Robert Wistrich, Between Redemption and Perdition, London 1990, S. 55–67

53 Thomas Mann, „Betrachtungen eines Unpolitischen", in ‚Gesammelte Werke', Frankfurt 1974, Vol. XII

54 Eva von Seckendorff, „Erster Baumeister des Führers. Die NS-Karriere des Innenarchitekten Paul Ludwig Troost", in: Kunst und Dikatur (wie Anm. 41), S. 580–585

55 Adolf Dresler, Das Braune Haus und das Verwaltungsgebäude der Reichsleitung der NSDAP, München 1939

56 Peter Adam, Art of the Third Reich, New York 1992, S. 228–238

57 Die Rede unseres Führers Adolf Hitler bei der Grundsteinlegung des Hauses der deutschen Kunst in München am 15. Oktober 1933, München 1937, Gerdy Troost (Hrsg.), Das Bauen im Neuen Reich, Bayreuth 1938, ³1941, S. 10–20.

58 Max Domarus, Reden (wie Anm. 20), S. 707 (Rede vom 19. Juli 1937 bei der Eröffnung des Hauses der deutschen Kunst); auch: Rede vom 22. Januar 1938, S. 779

59 Robert R. Taylor, The Word in Stone. The Role of Architecture in the National Socialist Ideology, Berkeley-Los Angeles 1974, S. 67

60 Albert Speer (wie Anm. 21), S. 48

61 Siehe J. Sydney Jones, Hitler in Vienna (wie Anm. 49), S. 52. Er notiert,

daß der Makartstil für Hitler sehr attraktiv war. Er war so sehr in seinem 19.-Jahrhundert-Klassizismus und Geschichte versunken, daß die künstlerische Revolution im Wien des Fin de siècle ihm einfach entging.

62 Elaine S. Hochman, Mies van der Rohe and the Third Reich, New York 1989, beschreibt im Detail die Komplexität und Zweideutigkeit im Verhältnis zwischen den Nazis und den modernen Architekten wie Mies van der Rohe.

63 Speer (wie Anm. 21), S. 38 ff.

64 Robert Taylor, The Word in Stone (wie Anm. 59), S. 69

65 Anson Rabinbach, „The Aesthetics of Production in the Third Reich", in: Robert Wistrich et al. (Hrsg.), Theories of Fascism, Journal of Contemporary History, Oktober 1976, Spezial-Ausgabe, S. 43–74

66 Ebenda, S. 50

67 Ebenda, S. 66

68 Peter Adam (wie Anm. 56), S. 239

69 Robert Taylor (wie Anm. 59), S. 129

70 Speer (wie Anm. 21), S. 55

71 Taylor (wie Anm. 59), S. 138 f.

72 Ebenda, S. 140

73 Siehe Norman Baynes (Hrsg.), The Speeches of Adolf Hitler, London-Oxford 1942, S. 601. Rede vom 9. Januar 1939 bei der Eröffnung der Reichskammer

74 Hermann Giesler, „Bauen im Dritten Reich", Kunst im Dritten Reich, September 1939. Zit. in Adam (wie Anm. 56), S. 256

75 Werner Rittich, Architektur und Bauplastik der Gegenwart, Berlin 1936, S. 32

76 Ebenda, S. 36

77 Franz Hofmann, zit. in Taylor (wie Anm. 59), S. 266

78 Siehe Miller Lane (wie Anm. 45), S. 147. Auch Joachim Petsch, Kunst im Dritten Reich. Architektur, Plastik, Malerei, Köln 1983

79 Zitiert in Miller Lane (wie Anm. 45), S. 159

80 Reden des Führers am Parteitag der Arbeit 1937, München 1937

81 Miller Lane (wie Anm. 45), S. 189

82 Siehe Jeffrey Herf, Reactionary Modernism. Technology, culture and politics in Weimar and the Third Reich, Cambridge 1987, S. 189–216

83 Jochen Thies, Architekt der Weltherrschaft. Die „Endziele" Hitlers, Düsseldorf 1980, S. 76–79

84 Ebenda, S. 79

85 Jochen Thies, „Hitler's European Building Programme", Journal of Contemporary History, Vol. 13 (1978), S. 413–431

86 Speer (wie Anm. 21), S. 88

87 Elias Canetti, „Hitler, According to Speer" in: Ders., The Conscience of Words and Earwitness, London 1987, S. 66–91

Der Nationalsozialismus
als säkulare Religion der Moderne

François Bédarida

Nationalsozialistische Verkündigung und säkulare Religion

In seinem Buch „Über Deutschland" entwickelte Heinrich Heine 1835 eine apokalyptische Vision: Deutschland würde eine Welle von Gewalt erleben, die alten germanischen Gottheiten würden auferstehen und das Gebäude der Christenheit zum Einsturz bringen: „Das Christentum – und das ist sein schönstes Verdienst – hat jene brutale germanische Kampfeslust einigermaßen besänftigt, konnte sie jedoch nicht zerstören, und wenn einst der zähmende Talisman, das Kreuz, zerbricht, dann rasselt wieder empor die Wildheit der alten Kämpfer, die unsinnige Berserkerwut, wovon die nordischen Dichter so viel singen und sagen. Jener Talisman ist morsch, und kommen wird der Tag, wo er kläglich zusammenbricht. Die alten steinernen Götter erheben sich dann und reiben sich den tausendjährigen Staub aus den Augen, und Thor mit dem Riesenhammer springt endlich empor und erschlägt die gotischen Dome ...

Und wenn ihr es einst krachen hört, wie es noch niemals in der Weltgeschichte gekracht hat, so wißt: der deutsche Donner hat endlich sein Ziel erreicht. Bei diesem Geräusch werden die Adler aus der Luft tot niederfallen, und die Löwen in der fernsten Wüste Afrikas werden die Schwänze einkneifen und sich in ihre königlichen Höhlen verkriechen. Es wird ein Stück aufgeführt in Deutschland, wogegen die Französische Revolution nur wie eine harmlose Idylle erscheinen möchte.

Und die Stunde wird kommen. Wie auf den Stufen eines Amphitheaters werden die Völker sich um Deutschland herumgruppieren, um die großen Kampfspiele zu betrachten."

Und die Stunde kam 1933 in der Tat. Der Inhalt des Dramas, das dann durch zwölf Jahre hindurch auf diesem Planeten währte, war Religion, Politik und Krieg. Und dies ist auch der Grund, warum hier von „Nazi-Kerygma" gesprochen wird. Es ist nur scheinbar paradox, im Zusammenhang mit dem Nationalsozialismus einen Terminus der Urkirche zu verwenden. In den christlichen Urgemeinschaften hatte der Begriff „Kerygma" (griech. Verkündigung des Ausrufers, des Herolds) in der Tat zwei Bedeutungen: eine interne, nämlich die des laut ausgesprochenen Glaubensbekenntnisses, und eine externe, die Verkündigung der guten Nachricht, d. h. einer Heilslehre, die vom Irrtum, der Finsternis, vom Bösen befreit. Somit definiert sich die kerygmatische Botschaft als eine heilbringende Botschaft.

Mit dem Terminus „säkulare Religion" wird beschrieben, wie religiöse Gefühle von den großen Religionen wie Christentum und Judentum auf Ideologien und totalitäre Systeme übertragen werden, die den Menschen zur Gänze in Staat und Gesellschaft eingliedern. Damit wird die Grenze zwischen religiöser und weltlicher Sphäre nicht nur verwischt oder sogar aufgehoben; Ziel dieser Bestrebungen ist vielmehr, die jüdisch-christliche Tradition auszurotten und durch eine neue Religion zu ersetzen, wobei es keine Rolle spielt, ob diese nun nationalistischer, faschistischer oder kommunistischer Prägung ist.

Um diesem Phänomen einen Namen zu geben, wurden mehrere Termini vorgeschlagen. Julien Benda bezeichnete 1927 in „La trahison des clercs" alle diese Doktrinen und politischen Leidenschaften, die sich selbst zum höchsten Wert erklären wollen, als „Religionen des Temporalen". In einer kleinen Abhandlung, die nach ihrem Erscheinen in Wien im Jahr 1938 von den Nazibehörden sofort verboten wurde, führte Eric Voegelin den Ausdruck „politische Religion" ein. Ihm zufolge kann der Nationalsozialismus nicht allein aus ethischer Sicht verstanden – und bekämpft – werden, da er „seine Wurzeln in der Religiosität" hat. Er ist daher nicht nur als ein „Rückfall in die Barbarei" zu verstehen, sondern als ein Produkt der Moderne: „Gerade die Säkularisierung des Lebens, mit der auch der Begriff von Humanität aufkam, bereitete den Boden, auf dem antichristliche religiöse Bewegungen wie der Nationalsozialismus entstehen und wachsen konnten".[1] Der Begriff „politische Religion" wurde übrigens kürzlich von Jean-Pierre Sironneau in einer eingehenden Studie der politischen Systeme des 20. Jahrhunderts wieder aufgegriffen.[2]

Ich für meinen Teil gebe dem Terminus „säkulare Religion" von Raymond Aron (1944) den Vorzug, da er meiner Ansicht nach präziser ist. „Ich schlage vor", schreibt Aron, „jene Doktrinen, die in den Herzen unserer Zeitgenossen den Platz des abhandengekommenen Glaubens einnehmen und die das Heil der Menschheit in Gestalt einer neu zu schaffenden sozialen Ordnung im Diesseits und in einer fernen Zukunft sehen, ‚säkulare Religionen' zu nennen". [3] Eine analoge Formulierung finden wir bei dem großen Germanisten George Mosse, für den der Nationalsozialismus als kulturelles Phänomen nicht zum klassischen Instrumentarium politischer Theorie gehört, sondern von seinem Wesen her „a secular religion, the continuation from primitive and Christian times of viewing the world through myth and symbol, acting out one's hopes and fears within ceremonial and liturgical forms" ist. [4]

Die Definition Arons hat meinem Empfinden nach das Verdienst, drei wesentliche Komponenten säkularer Religionen herauszuarbeiten. Diese sind erstens der „Surrogationsmechanismus": Indem an die Stelle der spiritualen Funktion die politische Funktion tritt, wird die säkulare Religion zum Surrogat, zum Ersatzprodukt; zweitens der Laisierungsprozeß: Alles wird auf die irdische Existenz reduziert, das Diesseits tritt an die Stelle des Jenseits, die Immanenz an die der Transzendenz. Das ist reiner Naturalismus. Das Heilsversprechen bringt schließlich die eschatologische Dimension ein. Damit wird dem menschlichen Bedürfnis nach dem Absoluten entsprochen und sowohl dem Individuum wie auch der gesamten Gesellschaft eine glückliche Zukunft zugesichert.

So gesehen baut sich das Nazi-Kerygma um drei Parameter herum auf. Es ist Heilsreligion (NS-Millenarismus mit seinen Liturgien und dem charismatischen Führerkult), naturalistische Religion (Immanenz des nordischen Erbes und der germanischen Mythen) und Ersatzreligion (politische und nationale Religion aufbauend auf der Zerstörung des Judentums und den Trümmern des Christentums).

Eine millenaristische Heilsreligion

Will man die Macht des Hitlerschen Systems als Heilsmythos begreifen, muß man von dem ausgehen, was Fritz Stern in einem brillanten Kapitel seines Buches „Dreams and Delusions" ‚National-Socialism as Temptation' bezeichnete. Tatsächlich herrschte in den zwanziger Jahren und zu Beginn der dreißiger Jahre unter Millionen von verstörten und verängstigten Deutschen ein Gefühl der Entmachtung und Verlassenheit, des Werte- und Identitätsverlustes. Gleichzeitig war der brennende Wunsch nach der Befreiung einer erniedrigten und ungerechterweise ihrer Ehre und Macht beraubten Nation spürbar. So lebten viele in Erwartung eines neuen Glaubens, der zugleich national, gemeinschafts- und identitätsstiftend sein sollte. Wie sollte Deutschland gerettet werden? Das war die Frage, die die Geister beschäftigte.

Daher rührt auch die Verführungsmacht einer Bewegung, die vorgab, national und sozial zugleich zu sein, und die geeignet schien, diesem Heilsverlangen zu entsprechen. Warum sollte es nicht die Nazi-Partei sein, die die deutsche Nation – durch eine wundersame Heilung – von den Übeln befreien würde, unter denen sie, vor allem durch die Schuld der Marxisten und Juden, litt? Warum sollte nicht gerade sie den radikalen Neubeginn, die Wiedergeburt des deutschen Volkes herbeiführen? Zu ihren Gunsten wirkte schließlich, mit Hilfe kerygmatischer Versprechen, die gesamte Faszination eines Erlöser-Millenarismus.

In dieser Hinsicht fügt sich der Nazismus in die lange Reihe der Millenarismen, die unsere Geschichte gekannt hat, ein: Sie reicht von den ersten Christen, die nach der Apokalypse das Kommen Christi und damit die Errichtung eines tausendjährigen messianischen Königreichs erwarteten, bis zu den zahllosen Sekten und häretischen Bewegungen des Mittelalters und der Reformation (Rosenberg beruft sich übrigens im „Mythus des 20. Jahrhunderts" explizit auf die Mystiker des 16. Jahrhunderts, die Begarden und Beguinen sowie die Gesellschaft der Brüder vom freien Geist).

Um den Nationalsozialismus als eschatologisches Kerygma, das ein neues Millennium ankündigt, zu charakterisieren, „können vier Parameter herangezogen werden:
- ein Heil kollektiver Natur (das Glücksversprechen hat für die gesamte Gemeinschaft der Gläubigen Gültigkeit);
- eine irdische Bestimmung (die Erfüllung findet im Diesseits und nicht im Jenseits statt, da es kein Jenseits gibt);
- eine vollständige Wandlung des Lebens dank des Obsiegens des Guten und des „neuen Menschen";
- eine immanente Temporalität (der Gral läßt nicht auf sich warten, er kann sofort erobert werden).

Weiteres Atout dieser heilbringenden Mystik: Indem die Freuden dieses „Himmelreichs auf Erden" in den leuchtendsten Farben geschildert werden, bekommt die Verkündigung mystische und majestätische Eigenschaften. Das Versprechen Adolf Hitlers, zusammen mit einem Volk von Übermenschen ein Tausendjähriges Reich zu errichten, das sich die gesamte Erde untertan machen würde, ist hiefür das beste Beispiel.

Dieses chiliastische Versprechen, die Welt zu reinigen, indem die Betreiber ihres Verderbens beseitigt werden, kann nur durch und am Ende eines erlösenden Kampfes gegen die Agenten des Bösen, vornehmlich das internationale Judentum, eingelöst werden. Dieser Kampf würde unerbittlich und zugleich endgültig sein. Wie sagte Hitler schon in seinen Jugendjahren? „Indem ich mich des Juden erwehre, kämpfe ich für das Werk des Herrn." In „Mein Kampf" ergeht er sich unter Zuhilfenahme biblischer Sprache und apokalyptischer Visionen über den religiösen Charakter dieses Titanenkampfes: „Somit geht er (der Jude) seinen verhängnisvollen Weg weiter, so lange, bis ihm eine andere Kraft entgegentritt und in gewaltigem Ringen den Himmelsstürmer wieder zum Luzifer zurückwirft."[6]

Das, was aber darüber hinaus der nationalsozialistischen Religion so massive Herrschaft über die Bevölkerung des Reiches verlieh, war der Umstand, daß sie sich in ihrer Inszenierung und Alltagspraxis auf zwei mächtige Pfeiler stützte: eine Liturgie und Symbolik, die jedermann in den Bann schlug, einerseits und einen messianischen Führerkult andererseits.

Die Hitlersche Dramaturgie ist in der Tat sehr genau durchdacht. Die subtile Inszenierung, die sich in ihrer Symbolik sowohl des Christentums, des Militärs wie auch der Jugendbewegungen und des italienischen Faschismus bediente, bewirkte das, was Joachim Fest in seiner Hitlerbiographie den „liturgischen Veranstaltungszauber" der Nazi-Zeremonien nannte, wo die Teilnehmer „das verlorene Gefühl der Zusammengehörigkeit und kollektiver Kameraderie" wiederfanden. Daher auch die faszinierende und unvergeßliche Erfahrung von Gemeinschaftsleben, das kollektiven Rausch, Siegessicherheit und Heilsgewißheit hervorrief. Mitunter geht diese Liturgie bis ans äußerst Mögliche wie z. B. im Rahmen der grotesken SS-Weihezeremonie: Diese säkularisierte Replik des ersten der christlichen Sakramente, die die Blut- und Bodenthematik zum Inhalt hatte, wurde vor ei nem Hitler-Bildnis vollzogen, das, ähnlich einem neuen Christus, auf einem mit Hakenkreuzen geschmückten Altar stand.

Nicht weniger emblematisch ist der Symbolgehalt der SS-Uniform, die den mystisch-mythischen Bezug noch deutlicher macht. Die Mütze zeigt einen über dem Hakenkreuz schwebenden Adler (der Adler, der Sonnenvogel, weist auf den Kriegsgott Wotan hin) und darunter, auf einem schwarzen Band, den silbernen Totenkopf über zwei gekreuzten Knochen. Hier findet sich preußisches Erbgut der Husaren aus dem 18. Jhdt. wieder und ein Hinweis auf Wotan und Walhalla, die Ruhestätte der im Kampf gefallenen und zu Halbgöttern erhobenen Heroen. Das Hakenkreuz, rechtsdrehendes Fragment des aus vier Gammas gebildeten Sonnenrades, versinnbildlicht den Lauf der Sonne. Dieses Symbol tauchte ab 1909 immer wieder auf antisemitischen Broschüren in Wien auf, insbesondere auf der nach einer germanischen Frühlingsgöttin benannten Zeitschrift „Ostara". Die lebhaft-rote Armbinde mit dem Hakenkreuz im weißen Rund gemahnt an die Blutopfer des mißglückten Putsches von 1923. Das stilisierte SS-Zeichen, ein doppeltes S in Silber, erinnert an einen Blitz und symbolisiert die Esoterik der alten nordischen Runen.

Diese gesamte Symbolik wird von einem im Rahmen eines säkularisierten Messianismus organisierten Kult begleitet: dem Kult um den Führer, einer von der Vorsehung gesandten und zum Gott erhobenen Persönlichkeit. Schon im April 1933 schrieb Thomas Mann voll Verachtung in sein Tagebuch: „Dieser (Hitler) vergötzte Popanz, der Millionen eine Religion bedeutet." In Wirklichkeit hat Hitler bei den verwirrten Eliten und verstörten Massen sehr schnell das Image eines von der Vorsehung an die Spitze des Volkes und der Nation gestellten Erlösers bekommen und auch sehr lange behalten. In der deutschen politischen Kultur stützt sich der charismatische Einfluß auf zwei Elemente: das Erbe der Franken, die dem Charisma des Führers so ehrerbietig ergeben waren, ein Erbe, das die Karolinger übernahmen, und dann die aus der lutherischen Reformation hervorgegangene nationale Tradition. Sie rechtfertigte und legitimierte die Vorstellung vom absoluten Herrscher göttlichen Rechts, Führer von Gottes Gnaden: daher auch das Gebot striktesten Gehorsams gegenüber der zivilen Obrigkeit.

Am Führer bewundert man die übernatürliche und übermenschliche Kraft eines menschlichen Wesens, das „mit der gleichen Leidenschaft versprechen und verdammen kann" (F. Stern)[8] Diese wundersame Macht ist jene der thaumatologischen Könige. Sie wird zwar durch Volkes Salbung verliehen, ist aber eng verwandt mit der Kaiseroder Königsweihe. Oft schlägt bei Massenveranstaltungen die Hingabe in Hysterie um.

Die religiöse Dimension geht aber noch viel weiter. Bei diesem von der Propaganda sorgfältig arrangierten Kult wird Hitler zum Gott-Menschen erhoben – Himmler bezeichnet ihn übrigens häufig so. So war der Führer „at once Father, Son and Holy Ghost. He was the Father because his essence was cosmic and he was sent to earth on a mission which was both of this world and beyond it. (...) He was also the Son, the Son of Providence who in his infinite Wisdom has created the Aryan Volk. As such it was Hitler's role to lead his people along the paths to greatness, a way fraught with danger and one which might demand that they perish in their own flame in the service of the higher ideal. The Nazi parallel to the Christian concept of the Holy Ghost was the spirit of Providence, reflected in the mystical source and life spirit of the Volk."[9]

So gesehen stellt sich der Nationalsozialismus als eine Heilsmystik mit apokalyptischem und volkstümlichem Gedankengut und als ein eschatologisches Drama dar. Dieses ist aber politischer Natur und hat die Umgestaltung der Gesellschaft zum Endziel. Die von schrankenlosem Fanatismus geprägte manichäische Vision verzerrt die Gegenwart um so mehr, als sie ihr eine strahlende Zukunft gegenüberstellt. So findet sich die in zahllosen Formen von Glauben und Aberglauben weitergegebene chiliastische Tradition in aktualisierter Form im Nazi-Kerygma wieder. Auch in säkularisierter Version behält sie ihre sakrale Macht. Mit ihrem Versprechen, die angebliche Weltherrschaft Satans, also des Juden, zu brechen, geben die Naziführer vor, den alten Traum von der Wiederauferstehung wahr werden zu lassen und das Tausendjährige Reich – unter der Führung einer Elite des Herrenvolkes – im Namen einer heilbringenden Mission zu errichten.

Eine naturalistische Religion:
nordisches Erbe und germanische Mythen

Wenn diese Weltanschauung eine Heilsmission hat, so ist dieses Heil ein ausschließlich diesseitiges. Der Immanentismus ist König. Das Primat kommt der Natur zu, das Übernatürliche wird abgelehnt. Mit anderen Worten: Nach fünfzehn Jahrhunderten geht es darum, wieder an das germanische Heidentum anzuknüpfen, den nordischen Glauben wiederzuerwecken und die Volksmythologie als Hilfsinstrument der Macht einzusetzen.

De facto badet die nationalsozialistische Ideologie geradezu in schwärmerischer Verehrung der Natur. Sie wird von der Überzeugung genährt, daß schon vor Urzeiten, also noch vor dem Christentum, die Germanen in den geheimnisvollen Urwäldern an der Ostsee, in Skandinavien und dem ursprünglichen Deutschland lebten. Diese Germanen sind die echten und glorreichen Vorfahren Europas. Wunderbare Geschichten erzählten vom Leben dieser Magier und Krieger, und diese Mär wurde von den Schulbüchern weitergegeben. Wagner wollte diese märchenhafte Vergangenheit in seiner „Götterdämmerung" zu neuem Leben erwecken. Paradoxerweise mildert dieser Mythos schließlich wie durch eine Art Rückkehr des Verdrängten das Heimweh nach der Vergangenheit und die Frustrationen, die die industrielle und urbane Zivilisation des modernen Deutschland hatte entstehen lassen.

Daraus ergibt sich ein höchst romantisches und verklärtes Bild der alten Germanen, die sich durch alle erdenklichen Tugenden auszeichneten: Sie sind reinen Herzens, stark und tapfer, Krieger, Pioniere und Baumeister. Denn der Mensch des Nordens liebt den grenzenlosen Horizont. Hier, in diesen einsamen Landstrichen des Nordens konnte der Indo-Europäer seine hervorragenden Eigenschaften bewahren, während sie anderswo verdarben und verlorengingen. Es braucht nicht viel, um darin eine Andeutung nationalsozialistischer Werte zu sehen. „Die persönliche Ehre des Nordländers", so schrieb Rosenberg im „Mythus des 20. Jahrhunderts", erfordere Mut, Selbstbeherrschung. „Seichte Humanität, soziales Mitleid, Unterwerfung" seien ihm fremd. An anderer Stelle preist Rosenberg Odin „als das ewige Spiegelbild der seelischen Urkräfte des nordischen Menschen (...). Er faßt in sich zusammen Ehre und Heldentum (...)." Die Nazi-Ideologen konnten sich also eines reichen kulturellen Erbes bedienen, das durch Nibelungenlied, Barbarossa-Legende, die Heldentaten der Eroberer des Ostens wie Heinrich des Voglers und der deutschen Ordensritter überliefert war.

Eine solche Welt steht ganz im Zeichen des Naturalismus.[11] Der Mensch ist nur ein Teil der Natur. „Die Erde wird sich weiter drehen", behauptet Hitler, „ob nun der Mensch den Tiger tötet oder umgekehrt, die Welt ändert sich nicht; ihre Gesetze sind ewig."[12] Das einzige, das zählt, ist, sich diesen Gesetzen anzupassen.

So triumphiert schließlich eine nordische Philosophie. Durch eine völlige Umdrehung der Perspektive wird der Norden zur Wiege der Zivilisation: Anstatt *ex oriente lux* heißt es nun *ex septentrione lux*. Die Sonne der Menschheit ging im Norden auf. Ideologen wie Rosenberg oder Günther scheuen nicht davor zurück zu behaupten, daß es die nordische und nicht die mediterrane Rasse war, die am Beginn der antiken Kultur steht.

In Zukunft gilt es nicht nur, die Erinnerung an die alten Germanen wieder zu erwecken und aufzuwerten, es gilt vielmehr, das durch das mittelalterliche Christentum, die Reformation, Aufklärung und Liberalismus „entdeutschte" Deutschland zu „re-nordisieren". Dies soll dank des Nationalsozialismus geschehen. Nur die Germanen sind jung und wahr geblieben in dieser dekadenten und bastardisierten Welt. Kant, Goethe, Bach und Beethoven waren Verirrte, weil sie die Sonne des Mittelmeers den dunklen Wäldern Germaniens vorzogen. Um die berühmte Antithese von Nietzsche zu verwenden: Muß man zwischen dem Apollinischen, Spiegelbild des stabilen und ausgeglichenen Universums des klassischen Humanismus, und dem Dionysischen, Sinnbild einer düsteren, im ständigen Werden und ewigen Chaos befindlichen Welt, wählen, hat die Entscheidung zweifellos zugunsten des Dionysischen zu fallen, will man ans Licht gelangen.

Nachdem die Germanen durch zweitausend Jahre hindurch eine dunkle Sehnsucht nach dem Süden im Herzen trugen, ist es nun am „nordischen Glauben", das verlorene Terrain zurückzuerobern und die Energien zu remobilisieren. Dieser Glaube ist aus der ursprünglichen Natur und aus Mutter Erde geboren und befreit von aller Erbsünden-Legende. Buße zu tun ist überflüssig: Der Gott der

Sonnenwende kennt keine Sühne, noch läßt er sich die Vergebung abkaufen. Nichts bleibt von „jüdischer Mythologie" (der aus dem Paradies vertriebene Adam), nichts von „christlicher Mythologie" (Christus am Kreuz). Bei der Wiedererrichtung einer natürlichen und organischen Gemeinschaft dient, so Edmond Vermeil, der Nordismus als „Katalysator". Anders gesagt: Das Nazi-Kerygma schließt direkt an das antike Heidentum der germanischen Religion an.

Eine Ersatzreligion

Seinem Wesen nach ist der Nationalsozialismus als eine politische und nationale Ersatzreligion zu definieren, die auf der Vernichtung des Judentums und den Trümmern des Christentums aufbaut.[13] Zweifelsohne legte Hitler in „Mein Kampf" der christlichen Religion gegenüber Vorsicht an den Tag, so groß seine Verachtung für sie auch sein mochte. Selbst als er bereits an die Macht gekommen war, bemühte er sich, seine Aversion gegenüber der Botschaft des Evangeliums hinter einem verschwommenen Pantheismus und einem halb religiösen – halb rassischen Pangermanismus zu verbergen. Den Frontalangriff überließ er Rosenberg. In seinen Augen hatte nicht allein Rom, dieser radikale Feind des Lebens und der Lebensenergie, das deutsche Volk seit dem hohen Mittelalter durch konsequente „Entdeutschung" verdorben, sondern das gesamte Christentum, das, indem es am Gleichheitsprinzip so sehr festhielt, zu einer allgemeinen Nivellierung der Menschheit geführt hatte.

Auf diese Weise vollzieht sich die Ablöse des christlichen Erbes durch eine neue Religion. Edmond Vermeil schrieb so treffend: „Der Hitlersche Rassismus wendet auf das Reich jenen Begriff der Körperlichkeit an, den die Christen im Zusammenhang mit der Kirche verwenden, wenn sie vom ‚corpus mysticum' sprechen."[14] Daher auch der Traum von einer organischen deutschen Gesellschaft religiösen Charakters, einer Art neues Hellas oder wiedererweckte Kirche. Uriel Tal ging sogar noch weiter in der Hermeneutik dieses Transfer-Mechanismus. „Dem Nationalsozialismus zufolge ist Gott Mensch geworden, nicht im neutestamentarischen Sinn des fleischgewordenen Wortes (...), nicht gemäß dem paulinischen Verständnis von der Menschwerdung Gottes durch Christus, (...) aber im politischen Sinn durch ein Mitglied der arischen Rasse, deren höchster Vertreter auf Erden der Führer ist. Die Kommunikation mit dem Führer wird Kommunion. Die Wandlung geschieht bei den öffentlichen Massenveranstaltungen und mit Hilfe von Erziehung, Indoktrinierung und Disziplin. Am Ende steht die Identifikation des Individuums mit dem Vater und die Verwendung von Begriffen wie Vater des Staates, Sohn der Rasse und Geist des Volkes."[15]

Die Nazi-Ideologen warfen dem Christentum vor, für die Bastardisierung und die Dekadenz dieser Welt verantwortlich zu sein. Dafür wurden drei Beispiele herangezogen:

1. Das Universalitätsprinzip. Seit dem Triumph des Christentums im römischen Reich wird Europa von einer universalistischen Vorstellung von der Welt beherrscht, nämlich jener, die der Nationalsozialismus eben zunichte gemacht hat. Über diese „schwarze Internationale" hinaus hat der Rassen und Grenzen überschreitende christliche Universalismus (damit werden auch seine jüdischen Ursprünge deutlich, denn der Jude stellt ja die internationale Rasse par excellence dar) weit über die Welt des Glaubens hinaus seine verheerende Wirkung getan – bis hin zu den Gegnern der Offenbarung, den Verfechtern von Vernunft und Freidenkertum. Es ist nämlich das Christentum, das Aufklärung, Liberalismus, Demokratie und sogar Sozialismus (auch in seiner bolschewistischen Ausprägung) beeinflußte. Man muß in ihm also einen gefährlichen Feind der nationalen deutschen Rassenlehre sehen, deren Aufgabe es ist, alle Hirngespinste von Gleichheit zu zerstören.

2. Die den Menschen schwächende Philosophie von seiner Sündhaftigkeit. Im Gegensatz zum schöpferischen Geist des Prometheus, auf den sich der Nazismus beruft, baut das Christentum auf dem Unglück des Menschen auf, seiner irdischen Not, der Vorstellung einer leidenden und sündigen Menschheit. Es wird daher beschuldigt, das Dogma der Erbsünde verbreitet zu haben und allerorten Demut und Reue zu predigen. Damit zerstöre es den Lebens- und Machtwillen des deutschen Volkes. Der Hinweis auf das Jenseits postuliere das Unglück im Diesseits. Das ist es, was der Leipziger Universitätsprofessor Ernst Bergmann „die christliche Auffassung einer Quarantänestations-Menschheit" nannte. Dem stellt dieser Nazi-Ideologe eine stolze irdische Religion gegenüber. „Unsere Religion", so sagt er,

„will nicht die Reue des Menschen, sondern seine Adelung durch eine heroische, zivilisatorische Überzeugung. (...) Der Mensch, den wir schaffen wollen, ist nicht der intellektualisierte, spiritualisierte, dem Jenseits zugewandte und dieser Erde müde Mensch (...), sondern der starke, gesunde, fest im Leben stehende Mensch, für den dieses Leben Freude ist."[16]

3. Der schwerwiegendste Schandfleck der christlichen Tradition ist aber die jahrhundertelange „Judaisierung" des Christentums. Wenn dieses so weit von seinem ursprünglichen Weg abgekommen ist und in die Irre geführt wurde, dann deshalb, weil es unheilbar „judaisiert" wurde, vor allem durch den hl. Paulus. Er ersetzte den wahren arischen und heroischen Christus, das Modell männlicher Kampf- und Opfertugenden, den Begründer eines positiven (d. h. germanischen) Christentums, durch einen schwachen und jämmerlichen Hebräer. Damit kommt Hitler – halten wir dies fest – zumindest ein Verdienst zu: jenes, begriffen zu haben, daß Christentum und Judentum untrennbar miteinander verbunden sind.

Der Schlüssel zum Verständnis des Nationalsozialismus ist also in der Religionsanthropologie zu finden. Auf diese Weise gelangt man zu dem, was das Alpha und das Omega des Nationalsozialismus ist: dem Antisemitismus. Während die Geschichte des Judentums ein unaufhörlicher Kampf gegen Götzenverehrung ist, beruht die neue säkuläre und politische Religion des Dritten Reiches auf der Anbetung moderner Götzen: Rasse, Volk, Blut, Kraft, Führer. Auf lange Sicht, so erklärte Hitler im Juli 1941, werde es unmöglich sein, daß Nationalsozialismus und Religion koexistieren. Aus diesem Grund müsse die neue auerwählte Rasse des Herrenvolkes die alte sogenannte auserwählte Rasse in die Knie zwingen. Hitler hatte dies überdies kurz zuvor Rauschning mit folgenden Worten erklärt: „Es kann nicht zwei auserwählte Völker geben. Wir sind das Volk Gottes. Besagt das nicht alles?"[17] Rosenberg indes hatte 1923 in seinen Kommentaren zu den „Protokollen der Weisen von Zion" geschrieben: „Als unser metaphysisches Gegenbild steht der Jude in unserer Geschichte da." Rauschning kommentiert die Worte des Führers über die Unmöglichkeit einer Koexistenz zweier auserwählter Völker und bedient sich dabei exakt derselben Sprache: „Von seiner geheimen Lehre aus muß er zum Juden einen geradezu metaphysischen Haß haben. Israel, das historische Volk des geistigen Gottes, mußte zum neuen deutschen auserwählten Volk, dem Volk der Gottnatur (des neuen Baals, des Stiers der Fruchtbarkeit) in abgründiger Feindschaft stehen. Ein Gott schloß den anderen aus. Hinter dem Hitlerschen Antisemitismus wird wirklich ein Kampf der Götter sichtbar."[18]

Letztendlich hat die Geschichte entschieden. Indem der fanatische und nihilistische Rassismus in seiner Zerstörungswut bis an das Äußerste ging, ermöglichte er gleichzeitig, die Qualitäten des Universalismus schätzen zu lernen, egal, ob dieser religiös oder laizistisch, rechts- oder linksorientiert, hellenistisch oder jüdischchristlich geprägt ist, sich auf eine Offenbarung oder den rationalistischen Humanismus beruft. Diese Haltung bemühte sich Husserl in einem Vortrag vor dem Kulturbund in Wien im Jahre 1935 zu vertreten. In diesen für Deutschland und Europa so düsteren dreißiger Jahren meinte er angesichts des herankommenden Faschismus, daß die Krise des europäischen Bewußtseins ihre Wurzeln in dem auf Abwege geratenen Rationalismus habe. Nicht, daß Rationalität etwas Schlechtes sei, denn sie sei es, die die Entwicklung der Menschheit auf dem Weg zur Reife leiten solle. Und er schloß seinen Vortrag mit einem Appell an einen neuen Elan des Geistes:

„Die Krise des europäischen Denkens hat nur zwei Auswege: Den Untergang Europas in der Entfremdung gegen seinen eigenen rationalen Lebenssinn, den Verfall in Geistfeindschaft und Barbarei oder die Wiedergeburt Europas aus dem Geist der Philosophie durch einen den Naturalismus endgültig überwindenden Heroismus der Vernunft. Europas größte Gefahr ist die Müdigkeit. Kämpfen wir gegen diese Gefahr der Gefahren, als ‚gute Europäer' in jener Tapferkeit, die auch einen unendlichen Kampf nicht scheut, dann wird aus dem Vernichtungsbrand des Unglaubens, dem schwelenden Feuer der Verzweiflung an der menschheitlichen Sendung des Abendlandes, aus der Asche der Müdigkeit der Phoenix einer neuen Lebensinnerlichkeit und Vergeistigung auferstehen, als Unterpfand einer großen und fernen Menschenzukunft: Denn der Geist allein ist unsterblich."[19]

Anmerkungen

1 Eric Voegelin, Die politischen Religionen, Wien 1938, frz. Übersetzung: Les religions politiques, Paris 1994

2 Jean-Pierre Sironneau, Sécularisation et religions politiques, Paris-La Haye, 1982. Vorwort von Julien Freund

3 Raymond Aron, L'Age des empires et l'avenir de la France, 1945 (wiedergegeben in: Chroniques de guerre 1940–1945, Paris 1990). Der Begriff erschien ursprünglich in zwei in London erschienenen Artikeln der Zeitschrift „La France libre" Juli/August 1944. (Aron denkt dabei vor allem an den Sozialismus, eine „Religion in dem Maße, als er Anti-Religion ist".)

4 George I. Mosse, The Nationalization of the Masses: Political Symbolism and Mass Movements in Germany from the Napoleonic Wars through the Third Reich, erste Ausgabe New York 1975, zweite Ausgabe Ithaca 1991. James M. Rhodes in seinem Buch „The Hitler Movement: A Modern Millonarian Revolution", Stanford 1980, spricht von „secular apocalyptic movement".

5 Über die Verwandtschaft zwischen Nazismus und antiken Millenarismen siehe Norman Cohn, Les Fanatiques de L'Apocalypse", Paris 1983

6 Adolf Hitler, Mein Kampf, frz. Übersetzung Paris 1934

7 Thomas Mann, Tagebücher, in: Fritz Stern, Rêves et illusions: le drame de l'histoire allemande, frz. Übersetzung Paris 1989

8 Ebenda

9 Jay W. Baird, The Mythical World of Nazi Propaganda 1939–1945, Minneapolis 1974

10 Robert Minder, Allemagnes et Allemands, Bd. 1, Paris 1948

11 Siehe die interessante Studie von Robert A. Pois, National Socialism and the Religion of Nature, London 1986, frz. Übersetzung 1988

12 Adolf Hitler, Secret Conversations 1941–1944, Hrsg. M. Trevor Roper (12. September 1941)

13 Siehe die Analysen von H. J. Gamm, Der braune Kult. Das Dritte Reich und seine Ersatzreligion. Ein Beitrag zur politischen Bildung. Hamburg 1962

14 Edmond Vermeil, L'Allemagne, Paris 1945

15 Uriel Tal, Forms of Pseudo-Religions in the German ‚Kulturbereich' Prior to the Holocaust, in: Immanuel, Nr.3, 1973–1974

16 Zit. von Robert d'Harcourt, Le Nazisme peint par lui-même, Paris 1946 (es handelt sich hiebei um Propagandavorträge aus der Zeit 1932–1933)

17 Hermann Rauschning, Hitler m'a dit, frz. Übersetzung, Paris 1939

18 Alfred Rosenberg, Die Protokolle der Weisen von Zion und die jüdische

Weltpolitik, München 1923. Zit. von Norman Cohn (wie Anm. 5) und
Hermann Rauschning (wie Anm. 17)

19 Edmund Husserl, La crise de l'humanité européenne et la philosophie,
zweisprachige Ausgabe, Paris 1977

Philippe Burrin

Die politischen Religionen: Das Mythologisch-Symbolische in einer säkularisierten Welt

Angesichts von Phänomenen, die durch bereits existente Begriffe kaum bzw. nur unzureichend zu erfassen sind, ist es nur natürlich, daß Beobachter, Kommentatoren und auch Akteure nach neuen Formeln suchen, die besser geeignet erscheinen, dieses noch nicht Dagewesene zu bezeichnen. So sind Begriffe wie Totalitarismus und politische Religion entstanden. Beide kamen in der Zwischenkriegszeit auf und sollten die jeweiligen Regime der Sowjetunion, des faschistischen Italien und des nationalsozialistischen Deutschland beschreiben. Obwohl sie dieselbe historische Realität ins Auge fassen, kannten sie ein unterschiedliches Schicksal, wie bereits eine einfache bibliographische Stichprobe zeigt.[1]

Während der Begriff ‚Totalitarismus' sowohl in den allgemeinen Sprachgebrauch wie in die wissenschaftliche Terminologie eingegangen ist, hat jener der ‚politischen Religion' weniger Nachhall gefunden, wiewohl er doch von großen Geistern verwendet und anschaulich dargestellt wurde. Zum ersten schien der Terminus ‚Totalitarismus' vorzuziehen zu sein, weil er so umfassend ist, bezeichnet er doch das gesamte Machtsystem, das für diese Regime als symptomatisch angesehen wurde: Organisation, Mittel, Methoden, den Anspruch auf Totaliät und Exklusivität. Der Begriff ‚politische Religion' hingegen konzentrierte sich vor allem auf den mythologischen, symbolischen und rituellen Aspekt. Zudem konnte er – wie übrigens die gesamte Geistes- und Religionsgeschichte – durch die widersprüchliche Verbindung von Religiösem und Politischem nur schwer auf Interesse stoßen: Was konnte das Religiöse dem vollkommen laizistischen Wissenschaftler für das Verständnis von modernen Erscheinungen bringen, insbesondere wo diese paradoxerweise den etablierten Religionen mehr oder minder feindlich gegenüberstanden? Es erstaunt nicht, daß unter diesen Umständen Forscher, die sich von diesem Begriff angezogen fühlten, entweder Spezialisten auf dem Gebiet der Religions- und Geistesgeschichte (J. L. Talmon, Karl Dietrich

Bracher) waren oder Historiker, die an der kulturellen und symbolischen Dimension politischer Phänomene interessiert waren (Namen wie Klaus Vondung, George L. Mosse und Emilio Gentile seien in diesem Zusammenhang genannt).

Ist dieser Argwohn berechtigt? Die Frage darf zumindest gestellt werden, auch wenn der vorliegende Artikel nicht mehr sein will als eine Art Sondierung des Terrains. Ausgehend von den ausführlichsten Interpretationen des Begriffs ‚politische Religion' werden wir prüfen, ob er zutreffend ist und wo seine Verdienste und Grenzen sind. Dann werden wir versuchen, ihn am Beispiel des Nazismus auf seine Gültigkeit hin zu überprüfen, da er im Zusammenhang mit diesem verwendet wurde. Die Gründe hiefür sind leicht zu verstehen: Welche Bewegung und welches politische Regime haben schließlich mehr als er auf religiöse Formen und religiös geprägte Sprache zurückgegriffen? Kann er uns helfen, das Wesen, die Geisteswelt, das Handeln und die Verbrechen des Nationalsozialismus besser zu verstehen?

Obwohl der Begriff mehrere Väter hat, wie insbesondere den deutschen Historiker und Religionswissenschaftler Hans Joachim Schoeps und den französischen Soziologen Raymond Aron, wird sich eine Betrachtung des Begriffs ‚politische Religion' auf zwei Werke stützen, die einen allgemeinen Überblick bieten. Das erste Werk ist ein zeitgenössisches, da in den dreißiger Jahren entstanden. Für seinen Verfasser, den österreichischen Katholiken Eric Voegelin (Die politischen Religionen, Wien 1938), muß die Analyse bei der Auflösung der Ekklesia im ausgehenden Mittelalter und den auf ihren Trümmern entstehenden souveränen Staaten ansetzen. Diese „innerweltlichen Gemeinschaften", die sich zunehmend gegeneinander abschlossen, zeigen, daß der Mensch in dieser einzigen Welt auf Erden einen Sinn finden will und meint, daß sein Wissen dank der Wissenschaft unbegrenzt sei. Selbst wenn für diese Gemeinschaften die politische Ordnung sich nicht mehr durch die christliche Religion legitimiert, so übernehmen sie dennoch deren symbolisches Instrumentarium und transponieren es auf sich selbst: Die politische Gemeinschaft ist *ecclesia*, eine Mission ist zu vollbringen, die Gegner werden dämonisiert, das Gute muß gegen das Böse kämpfen etc. Der Begriff der ‚politischen Religion' bezeichnet also die Vergöttlichung der politischen Gemeinschaft. Sie drückt sich dadurch aus, daß die Symbolik des Christentums übernommen wird und das kollektive Leben auf dem sakralisierten Glauben an ein „Realissimum" aufbaut, wobei es keine Rolle spielt, ob dieses die Menschheit, das Volk, die Klasse, die Rasse oder der Staat ist. „... wenn Gott hinter der Welt unsichtbar geworden ist, dann werden die Inhalte der Welt zu neuen Göttern."[2]

Für Voegelin stellen Kommunismus, Faschismus und Nationalsozialismus den Höhepunkt dieser Entwicklung dar.[3] Sie stehen am Ende des Säkularisierungsprozesses: Die Vorstellung vom Menschen und von Humanität, so schreibt er, habe den Boden bereitet, auf dem antichristliche religiöse Bewegungen wie der Nationalsozialismus entstehen und wachsen konnten.[4] Die Totalitarismen füllten die Leere, die durch die Trennung von Politischem und Religiösem entstanden war. Letztere ist das Ergebnis des prometheischen Strebens des Menschen und seines Willens, nicht mehr nur ein, wenn ich so sagen darf, „zoon politikon" zu sein. Denn, so Voegelin, Politisches und Religiöses können nicht nach Belieben getrennt werden: Das moderne Denken wollte sie als antagonistische und einander ausschließende Kategorien aufstellen, während sie doch eine gemeinsame anthropologische Basis haben. Will man Politisches und Religiöses trennen, bleibt der Mensch unbefriedigt und ist damit der Verführung durch alle möglichen Götzen ausgeliefert. Man sieht, daß der Begriff der politischen Religion einer Geschichtsphilosophie verpflichtet ist. Fatal ist die Trennung von Politischem und Religiösem, unheilbringend das prometheische Streben des Menschen: Der Kraft des Verstandes und der Fähigkeit der liberalen Demokratie, die zweifelsohne in den dreißiger Jahren darniederlag, ein Gegengewicht und eine humane, in manchen Augen christliche, Alternative zum totalitären Monstrum darzustellen, wird nur ein bescheidener Platz zuerkannt.

Das zweite Werk, das ich zitieren möchte, ist jenes von Jean-Pierre Sironneau (Sécularisation et religions politiques, Den Haag 1982), das vierzig Jahre später entstand. Es hat ebenfalls die totalitären Regime zum Gegenstand, genauer gesagt den Faschismus und den Nazismus. Im Gegensatz zu Voegelin geht Sironneau aber nicht genetisch-philosophisch, sondern systematisch-typologisch vor. Wie Voegelin sieht auch Sironneau die Grundlage dieser Totalitarismen in der Säkularisierung, die die europäischen Gesellschaften verändert hat. Seiner

Definition nach ist die politische Religion ein revolutionäres Phänomen millenaristischen Typs, das gerade zu Zeiten des Umbruchs auftritt und dadurch gekennzeichnet ist, daß das Sakrale aus den etablierten Religionen auf die Politik übertragen wird.

Der Hinweis auf das Religiöse scheint unserem Autor in dem Maße zutreffend, als politische Phänomene wie Kommunismus und Nazismus in zweifacher Hinsicht eine Verwandtschaft mit dem Religiösen erkennen lassen. Diese Verwandtschaft besteht einerseits in den traditionellen Ausdrucksformen religiöser Erfahrung wie a) mythischen Strukturen, selbst wenn sich diese hinter ideologischen Diskursen verbergen, b) ritualisierten Verhaltensweisen, c) Gemeinschaftserlebnissen in der Art einer Kommunion, d) Beitrittsmodi in der Art von Glaubensbekenntnissen, und andererseits in der Tatsache, daß die politischen Religionen die meisten der Funktionen traditioneller Religionen übernehmen: soziale Integration und Legitimation, kognitive, affektive und normative Funktionen. Diese Verwandtschaft darf aber, so Sironneau, nicht allzu eng gesehen werden. Der Transfer des Sakralen funktioniert weder vollständig noch ist er von Dauer. Der Grund hiefür ist, daß die numinose Basis nur teilweise oder überhaupt nicht vorhanden ist, und daß das Primat des Politischen die lange Lebensdauer dieses Kompositums beeinträchtigt.

Der Begriff ‚politische Religion‘ hat aber zweifelsohne seine Meriten, ob man nun der Interpretation Voegelins oder jener Sironneaus folgt. Er nimmt nämlich die Welt der Vorstellungen ernst, jener Vorstellungen, die eine symbolische Realität aufbauen und daher nicht nur das Abbild einer anderen, für alleinig wahr und wirksam gehaltenen Realitätsebene sind. Er berücksichtigt auch ihre Beständigkeit und zwingt uns zu hinterfragen, welche Beziehungen es zwischen politischen Phänomenen und dem Unterbau aus weit älteren Vorstellungen gibt, vor allem jenen, die aus der christlichen Religion übernommen und allzuoft für vernachlässigenswert gehalten wurden. Weiter hält er dazu an, über eine rationale und instrumentale Auffassung von Politik hinauszugehen und sie nicht nur als ein Betätigungsfeld von Macht und Interessen zu sehen, sondern auch von Gefühlen und Gewalt, und dies auch und vor allem auf symbolischer Ebene. Man wird ohne Schwierigkeiten zugeben können, daß gerade die Optik Voegelins deutlich macht, wie Gemeinschaften sich aufwerten und wie sie sich mit Hilfe von symbolischen Formen, die sie aus der christlichen Religion übernommen haben, selbst darstellen. Sie erlaubt auch zu hinterfragen, welches das symbolische Instrumentarium des Nationalstaats und der politischen Organisationen (von der Arbeiterpartei bis hin zu den faschistischen Parteien) und welcher der anthropologische Unterbau des Politischen ist.

Aber selbst wenn man außer acht läßt, daß Voegelins Interpretation in einer Geschichtsphilosophie wurzelt, so gilt es doch, ernste Einwände dagegen vorzubringen. Der erste Einwand betrifft die Klarheit des Begriffes, besser gesagt den Mangel an Klarheit. Was heißt hier „Religion"? Einige Autoren nehmen spezifisch die christliche Religion als Bezugspunkt und untersuchen, inwieweit totalitäre Phänomene von ihr abstammen, mit ihr verwandt oder von ihr abzuleiten sind. Es kommt selten vor, daß ein Bezug zu anderen monotheistischen Religionen hergestellt wird; so gelegentlich zum Islam (Betrand Russell verglich ihn mit dem Kommunismus; Charles Maurras bezeichnete den Nazismus als „Islam des Nordens"; Jules Monnerot sprach von ihm in Zusammenhang mit den Totalitarismen[5]). Jene Autoren, die der Begriffsanalyse zugeneigt sind, ziehen eine breite Definition vor: Sie sprechen vom Religiösen anstelle von Religion. Zu diesem Zweck greifen sie entweder auf eine phänomenologische Definition zurück, d. h. auf eine Annäherung der totalitären Regime an äußere Formen und Verhaltensweisen, die als typisch für religiöse Erfahrung (das ‚tremendum' und das ‚fascinans', das Eindringen in die private Sphäre, Riten und Feste, die fiktive Konstruktion der Wirklichkeit, die Vorstellung von Heil und Erlöser, der kirchenähnliche Charakter der Partei etc.[6]) gelten, oder bedienen sich einer funktionalistischen Definition gemäß dem, was Raymond Aron 1944 schrieb: „Ich schlage vor, jene Doktrinen, die in den Herzen unserer Zeitgenossen den Platz des abhandengekommenen Glaubens einnehmen und die das Heil der Menschheit in Gestalt einer neu zu schaffenden sozialen Ordnung im Diesseits und in einer fernen Zukunft sehen, ‚säkulare Religionen' zu nennen."[7]

Das Problem ist, daß diese Definitionen, jede für sich und isoliert genommen, unbefriedigend sind und auch nicht befriedigender werden, wenn man sie wie Sironneau ‚addiert'. Die funktionalistische Sicht, die übrigens eine lange Tradition hat (seit Ende des 19. Jahrhunderts verglichen Vilfredo Pareto, Gaetano Mosca, Gustave Le Bon und andere politisch-ideologische Glaubensüberzeugungen, insbesondere den Sozialismus, mit religiösen Glaubensformen), weil sie postulieren muß, daß religiöser Glaube und die Objekte dieses Glaubens nichts Spezifisches seien. Der phänomenologische Ansatz ist unbefriedigend, weil er innerhalb des Religiösen eine Selektion vornimmt, d. h. Elemente, die wesentlich scheinen, beiseite läßt und andere, die für Ideologien ganz allgemein zutreffend sind, hervorhebt. Sironneau stellt fest, daß politische Religionen grundlegende Elemente des Religiösen wie den Glauben an übernatürliche Wesen und an ein Jenseits, das eine Antwort auf die Frage des Todes wäre, nicht enthalten: Daraus schließt er, daß man nicht von Religion, sondern von funktionellen Äquivalenten der Religion sprechen sollte. Warum also von politischer Religion sprechen, selbst wenn der einzelne sein politisches Erleben mit religiösem Vokabular beschreibt?

Der zweite Einwand betrifft die mangelnde Unterscheidung von innerem und äußerem Gehalt dieses Begriffes. Er hat eine Gruppe von politischen Phänomenen zum Gegenstand, und es stellt sich daher die Frage, wie mit seiner Hilfe gleichzeitig Unterschiedlichkeiten und Gemeinsamkeiten innerhalb dieser Gruppe erfaßt werden können. Andererseits gibt es keinen hinreichenden Grund, warum dieser Begriff nicht auch auf Demokratie oder Republik angewendet werden könnte. Sobald eine Gesellschaft errichtet und dabei die Verbindung zwischen politischer Macht und etablierter Religion gelöst wird, stellt sich die Frage, wie man ohne einen Unterbau von Glaubensüberzeugungen auskommen kann, die kollektive Identität zu schaffen und erhalten vermögen? Dies zeigen uns bereits die Überlegungen Rousseaus zum Thema der „bürgerlichen Religion".[10] Die amerikanische und die Französische Revolution versuchten, dieses Problem auf ihre jeweilige Art zu lösen, wobei letztere, das Vakuum fürchtend, bemüht war, sofort einen neuen Kult an die Stelle der abgelehnten Religion zu setzen.[11]

In diesem Lichte gesehen – und das ist eines der größten Verdienste Voegelins – ist die politische Religion integraler Bestandteil der Beschaffenheit moderner Staaten und insbesondere des nationalen Phänomens. Die Geschichte des nationalen Phänomens scheint das zu illustrieren, was Mirabeau sagte: Daß es nämlich nicht genüge, dem

Menschen (lies dem Bürger) die Wahrheit zu zeigen, sondern daß man „sich auch seiner Phantasie bemächtigen müsse".[12] Überall sah man einen patriotischen Kult und eine patriotische Moral entstehen, die bei der Nationalisierung der Massen[13] eine entscheidende Rolle spielten. Dabei kam ein mythisch-symbolischer Fundus zum Tragen: Ein nationaler Mythos im Sinne einer Schöpfungsgeschichte, ein komplex gestalteter Kult mit Riten, die periodisch den Schöpfungsaugenblick reaktualisieren und der großen Momente im Leben der Nation und ihrer Helden gedenken, das Versprechen von Unsterblichkeit, und zwar nicht mehr nur als Hoffnung, sondern in Form eines „Symbols für das Überleben im kollektiven Gedächtnis"[14]. Damit verliert der Begriff „politische Religion" noch mehr an Klarheit: Politische Religion ist untrennbar verbunden mit moderner Politik und nicht totalitären Regimen eigen; diese sind nur die extremste Ausformung und stehen am Ende eines Kontinuums.

An diesem Punkt wird meiner Meinung nach der Unterschied zwischen politischer Religion und Totalitarismus deutlich und damit auch die Überlegenheit des letzteren Begriffs. Zweifelsohne kann man ihm dieselbe mangelnde Differenzierung hinsichtlich der Spezifika der Regime, auf die er angewendet wird, vorwerfen: Der Historiker muß ihn als Idealtypus einzusetzen verstehen, der es ermöglicht, Unterschiedlichkeiten herauszuarbeiten und in der historischen Realität zu situieren. Dies gilt aber nicht für die externe Unterscheidung: Selbst wenn man den Totalitarismus für etwas dem Politischen der Neuzeit und ganz besonders der Vorstellung von Nation und Revolution potentiell Inhärentes hält[15], so ist er doch in seiner praktischen Umsetzung nicht Teil eines Kontinuums, sondern bedeutet Bruch mit den vorhergehenden Formen der Macht.

Der Begriff Totalitarismus kann zudem auch noch jene Dimensionen umfassen, die unter den Begriff der politischen Religion fallen. Sie finden auch in einer Analyse Raum, die sich nicht nur auf die Erklärung von Vorstellungen und Symbolen beschränkt, sondern auch Organisation und Methoden der Macht berücksichtigt. Alles in allem situiert er im modernen Denken politische Ausdrucksformen, die sich durch Gesetze der Geschichte und der Natur legitimieren, ohne sich in irgendeiner Weise auf ein Jenseits zu beziehen. Totalitäre Regime wollen politische und moralische Autorität in einer Hand vereinen; an der spirituellen Autorität sind sie nicht interessiert, weil sie entweder streng atheistisch sind oder die Vorstellung von einem Jenseits ablehnen.

Der Begriff der politischen Religion lenkt die Aufmerksamkeit auf eine wichtige Dimension der Macht, deren Bedeutung um so größer ist, als sie totalitärer Natur ist. Sie ist aber immer präsent, selbst in den kältesten und an Symbolik ärmsten Regimen. Diese Dimension ist die mythisch-symbolische. Macht ist nicht nur Verwaltungsapparatur oder eine Reihe von bestimmten Entscheidungen, sondern auch eine imaginäre Welt, bestehend aus Mythen, Symbolen, Hoffnungen und Ängsten, die zumindest bei einem Teil der Bevölkerung vorhanden sind. Diese Hoffnungen und Ängste können von den Mächtigen der Stunde manipuliert, aber noch lange nicht beherrscht werden[16]. Dieses Imaginäre, das meist eine neue ideologische Konfiguration von altbekannten, aber wiederaufbereiteten und neu zusammengesetzten Elementen ist – in diesem Zusammenhang gibt es nur selten etwas Neues –, gewinnt um so mehr an Dichte und wuchert um so üppiger, als die Lage erregt ist, je weiter die Ambitionen des Regimes gehen und je wirksamer die Instrumente sind, mit deren Hilfe sich das Regime außer Diskussion stellt.

Gewiß ist dies eine wichtige Dimension, aber für ihr Verständnis erscheint mir der Begriff „politische Religion" überflüssig und verschleiernd. Überflüssig dann, wenn er nur als einfache Formel benutzt wird, um den hohen Gehalt an mythisch-symbolischen Inhalten in bestimmten politischen Bewegungen und Regimen zu bezeichnen, wo doch andere erprobte Begriffe vorhanden sind: Charisma, politische Kulte und Symboliken, Glaube und politische Überzeugungen, politische oder soziale Vorstellungswelt. Verschleiernd, wenn man seinen Begriffsgehalt ernst nimmt: Ohne den religiösen Inhalt verschleiern die von ihm verwendeten Begriffe nämlich die Tatsache, daß man es mit Phänomenen zu tun hat, die einzig den politischen Bereich (als autonome Sphäre für Gründung und Verwaltung des Reiches) berühren. Man kann mit George Mosse[17] die Ansicht vertreten, daß die Bedeutung des Mythisch-Symbolischen vom Bestreben der totalitären Regime herrührt, mit seiner Hilfe eine vereinheitlichte Gesellschaft wiederherzustellen, wie sie in der Antike und im Christentum bestand, bevor der durch Renaissance und Säkularisierung eingeleitete Auflösungsprozeß einsetzte. Aber es besteht die Gefahr, daß die Bedeutung dieser Dimension im politischen und gesellschaftlichen Leben überschätzt und damit der Zugang zur Frage, wie es um die Verbindung mit anderen Dimensionen derselben historischen Realität steht, verwehrt wird.

Wenn man daran festhält, daß die Säkularisierung eine Realität von großem Gewicht ist, die sich durch eine irreversible Rationalisierung und Entzauberung der Welt artikulierte (Max Weber), so ist es wesentlich, über die Umformungen und Kombinationen nachzudenken, denen die alten mythisch-symbolischen Elemente im Augenblick ihrer Wiederverwendung unterliegen, und sich nicht durch oberflächliche Analogien täuschen zu lassen. Politische Rituale können dem religiösen Kult ähneln: Sie appellieren nicht an dieselben Haltungen (Energie, Spannung, Mobilisierung anstelle von Gebet, Andacht und Kontemplation), und ihr Ziel sind pragmatische Effekte der Macht.[18] Die Vorstellung von einem Transfer des Sakralen ist entweder Tautologie oder Verschleierung von Unkenntnis: so, als wäre das Sakrale eine bestimmte Substanz und nicht ein Produkt von Erhöhung – oder Überhöhung – durch den Menschen in einem spezifischen Kontext. Was den Vergleich mit einem anderen sozio-religiösen Phänomen aus einer völlig anderen Epoche anlangt, wie zum Beispiel dem Millenarismus, so besteht ständig die Gefahr des Anachronismus oder der Fehlprojektion, es sei denn, es wird ausdrücklich auf jene Elemente hingewiesen, die nicht vergleichbar sind, und erklärt, wie Neues sich mit Altem verbindet.

Der Nazismus hat häufig zu Vergleichen mit Religion veranlaßt, sowohl auf Seiten der Zeitgenossen, als auch auf Seiten der Wissenschaftler, die alle von seinem reichen mythisch-symbolischen Gehalt beeindruckt waren. In dieser Hinsicht steht er dem italienischen Faschismus sehr nahe und dies in mehr als einer Hinsicht. Dadurch kann der Gattungsbegriff „politische Religion" noch schwerer faßbar werden. Voegelin hat dies erkannt, indem er diese beiden Phänomene – im Gegensatz zum Kommunismus – als „radikal innerweltliche ecclesiae" qualifizierte.[19] Damit bezeichnete er ihre maximale Abgeschlossenheit, eine Folge der Erhöhung von Nation oder Rasse.

Dieser Unterschied auf ideologischer Ebene finde auf der Ebene des Mythisch-Symbolischen eine Fortsetzung. Anders als der Kommunismus werten Faschismus und Nazismus diese Dimension sehr stark auf; sie gehen sogar so weit, für ihre politische Bewegung religiösen Charakter zu beanspruchen. Der Faschismus tat dies mit schöner Regelmäßigkeit, indem er ab 1920 Vokabeln wie „faschistische Religion", „politische und zivile Religion", „Italiens Religion" etc.[20] verwendete. Der Nazismus zeigt etwas mehr Zurückhaltung, aber nichtsdestoweniger erheben auch seine Führer diesen Anspruch auf Religion; in „Mein Kampf" hält Hitler eine Lobrede auf die katholische Kirche, die er als Vorbild für seine Partei sieht. Es ist nicht ohne Bedeutung, daß sich Faschisten und Nazis auf das Religiöse beziehen – ungeachtet des Sinns, den sie ihm verleihen, und daß sie dieses Element zu einem Element ihres Selbst machen, so wie sie auch dem Begriff „Glauben" eine zentrale Stelle geben. Damit zeigen sie, daß sie Reaktion auf Rationalisierung und Entzauberung der Welt sind und wie sehr sie bemüht sind, die Verzauberung wieder herbeizuführen. Dies ist besonders auffällig beim Nazismus, wie die Haltung Hitlers gegenüber der administrativen Rationalität zeigt. In diesem Punkt wird ein weiterer Unterschied zum sowjetischen Kommunismus deutlich, der die Logik der Säkularisierung bis zum Äußersten treibt.

Auf der Ebene des Imaginären bestehen zwischen Faschismus und Nazismus deutliche Unterschiede. Der Nazismus hat zur christlichen Religion ein viel engeres und komplizierteres Verhältnis: Dies beweisen die deutliche Verflechtung mit den etablierten Kirchen, das besonders hohe Maß an christlichen Bezügen, die Bindung seines Imaginären an bestimmte Themen und strukturelle Schemata des Christentums.

Sowohl im faschistischen Italien wie im nationalsozialistischen Deutschland spielte die Beziehung zum Christentum in seinen institutionellen Formen eine wesentliche Rolle bei der Konsolidierung der Macht. In Italien indes gab es etwas wie die „deutschen Christen" nicht, die das Christentum zu „entjuden" und zu germanisieren suchten. Dies bedeutete eine substantielle Unterstützung der Nazi-Ideologie sogar in der protestantischen Kirche. Auch fehlt der nationalistischen Strömung in Italien von vor 1914 im Gegensatz zum völkischen Nationalismus eine christliche Prägung. In Italien gibt es zudem keine radikale neu-heidnische religiöse Bewegung wie die „Deutsche Glaubensbewegung", die einflußreiche Vertreter in der

NSDAP und vor allem in der SS fand. Ein weiteres Unterscheidungs-merkmal, das wohlbekannt ist und logische Konsequenz des Vorher-gesagten, ist der Umstand, daß sich der Nazismus in Propaganda und Ritualen ausgiebigst der christlichen Tradition bedient.[21] Hitler be-ruft sich auf Gott oder die Vorsehung, seine Reden sind durchsetzt von christlichen Themen und Bildern („Drittes Reich", „Tausendjäh-riges Reich" etc.), während er selbst von der Propaganda des Regimes zur Christusfigur hochstilisiert wird.

Es ist frappant, daß eine so zutiefst antichristliche Bewegung wie der Nationalsozialismus sich in diesem Übermaß des Christentums bedient. Die Naziführer beschäftigten sich intensiv, ja geradezu ob-sessiv mit dem Christentum und mit seiner Abstammung vom Juden-tum. Es ist eine direkte und über Jahrhunderte gehende Beziehung, die sie zwischen ihrer Sicht der Welt und dem verjudeten Christen-tum, einem tausendjährigen Gift, das es auszurotten gilt, herstellen. Der Kommunismus ist radikal atheistisch, situiert sich aber intellek-tuell und moralisch in der jüdisch-christlichen Tradition. Der Nazis-mus hingegen, der durchzogen ist von mythisch-symbolischen Ele-menten christlicher Herkunft, ist fundamental antichristlich und dies in einer Weise, wie sie in den anderen totalitären Bewegungen nicht ihresgleichen findet.

Diese massive Wiederverwendung der christlichen Tradition ist in erster Linie eine Art von Parasitismus, dessen taktischer und instru-mentaler Charakter nicht erst nachgewiesen werden muß: Man suchte Gehör und Sympathie eines weitgehend durch die christliche Tradi-tion geprägten Publikums zu finden und die Kirchen zu neutralisie-ren. Der tiefere Sinn davon liegt sicher in einer gewissen Affinität der Nazi-Ideologie zu bestimmten Werten und mentalen Dispositionen, die für die christliche Tradition typisch sind – Glaube, Opfer, Gehor-sam ... – und die in den Dienst ihrer Irrationalität gestellt werden kön-nen. Einmal vom christlichen Dogma gelöst, wird der Glaube seinem neuen Herrn, der nationalsozialistischen Ideologie, für die er wie Kraft und Kampf zu höchsten Werten zählt, dienen.

Man könnte sogar so weit gehen zu behaupten, daß in einigen Punkten der Nazismus sich als wahrhaft christlich zeigt. Zwei unter den interessantesten Interpretationen tun dies implizit. Sie verdienen, daß man kurz auf sie eingeht, sei es auch nur, um die Schlüsse, die man daraus ziehen kann, zu präzisieren und zu nuancieren. Die erste Interpretation betrifft das Thema der Apokalypse. In einer bemerkenswerten Abhandlung[22] hebt Klaus Vondung den Stellenwert hervor, den dieses Thema in der deutschen Kultur hat (ein „Sonderweg", über den man viel zu selten spricht), und er zeigt, daß es im Laufe der letzten beiden Jahrhunderte bei den Linken, aber vor allem bei den Rechten immer wieder auftaucht. Es findet sich auch mit allen für seine Struktur wesentlichen Elementen im Nazismus wieder. Diese Elemente sind die dualistische Vision von der Welt, der Entscheidungskampf zwischen Gut und Böse, das Versprechen einer völligen Erneuerung.

Es ist müßig, auf die Bedeutung dieses Themas hinzuweisen, insbesondere was das Verständnis des nationalsozialistischen Antisemitismus anlangt. Kann man daraus schließen, daß die Nazis Christen wider Willen sind? Ich halte es für vernünftiger zu sagen, daß die Nazis dieses ursprünglich christliche Schema übernommen haben, weil sie darin eine entsprechende Symbolisierung ihrer Geisteshaltung und ihrer Vorstellung von sich selbst und ihrem Kampf sahen. Hervorzuheben sind überdies die Umformungen und Verdrehungen, die sie an der christlichen Tradition vornahmen. Diese gingen weit über eine simple Laizisierung hinaus. Daß Gott nicht mehr da ist, um den Antichrist zu besiegen, mag noch angehen. Aber ist eine Apokalypse denkbar, ohne daß die Gerechten die unerschütterliche Gewißheit haben, daß sie letzten Endes obsiegen würden und auf eine „Erfüllung der Zeit" hoffen können?

Der Gedanke an ein eventuelles Scheitern ist aber im Nationalsozialismus und auf jeden Fall bei Hitler präsent; man kennt die düstere Vision Hitlers, wo er beschreibt, wie nach dem Sieg der Juden alles Leben auf diesem Planeten ausgelöscht würde. Mit anderen Worten: Der Ausgang des Kampfes kann sowohl verheerend wie glücklich sein.[23] Die logische Folge ist, daß die Vision von der „Erfüllung der Zeit" fehlt.[24] Sogar wenn sich die Nazi-Bosse darin gefallen, ein Vokabular zu verwenden, das Ewigkeit suggeriert, so ist ihre Auffassung von der Zeit im Grunde eine zyklische. Dies entsprach ihrer Überzeugung, daß zur Bewahrung der Reinheit des Blutes und zum Schutze des Volkes vor Zersetzung ein unaufhörlicher Kampf vonnöten sei. Es ist bekannt, daß Hitler sich seines fortschreitenden Alters durchaus bewußt war und sich auch darauf berief, um den Gang seiner Unternehmungen noch zu beschleunigen. Das sagt nebenbei auch einiges über das romantische Heldenbild, das weit von der millenaristischen Gedankenwelt entfernt ist. Albert Speer beschreibt ihn auch bereit, den Untergang des Tausendjährigen Reiches vom ästhetischen Standpunkt aus zu betrachten: Hitler sorgte sich, ob seine Monumente gute und schöne Ruinen abgeben würden.[25]

Die zweite, in brillanter Weise von Michael Ley[26] präsentierte Interpretation versucht eine Erklärung des Genozids an den Juden, indem sie zwischen ihm und dem Sühneopfer, das in der christlichen Religion eine zentrale (und im Vergleich zu den anderen monotheistischen Religionen einzigartige) Stellung einnimmt, eine Verbindung herstellt. Ausgehend von der apokalyptischen Vorstellungswelt der Nazis meint Ley, die Ausrottung der Juden hätte die Bedeutung einer heiligen Handlung. Sie sollte das Heil bringen und das Tor zum Tausendjährigen Reich aufstoßen. Sühne durch den Tod der Juden: Der Nationalsozialismus wird hier so interpretiert, als wäre er unbewußt durch das Christentum strukturiert worden. Aber wenn es auch stimmt, daß der nationalsozialistische Antisemitismus nicht erklärbar ist ohne die lange christliche Tradition des Antijudaismus, so scheint es doch diskutabel, eine so enge Verwandtschaft zwischen christlichem Sühneopfer und nationalsozialistischem Völkermord zu sehen. Einerseits, weil der sakrale Charakter des Genozids, selbst für Hitler, fraglich ist. Dies beweist die wenig weihevolle Art, wie er davon spricht („Man muß es schnell machen, es ist nicht besser wenn ich einen Zahn alle drei Monate um ein paar Zentimeter heraus ziehen lasse – wenn er heraussen ist, ist der Schmerz vorbei"[27]). Aber wenn man auch dem Genozid eine Sühneopfer-Dimension zuerkennen kann (ungeachtet des ihn umgebenden Geheimnisses: Schließlich handelt es sich um einen esoterischen Akt), so kann man die Ansicht vertreten, daß er kein Akt zur Herbeiführung des „Tausendjährigen Reiches" sein sollte, sondern vielmehr zum Ziel hatte, die Gefahr, daß es aufgrund der militärischen Entwicklung nicht dazu kommen könnte, abzuwenden. Außerdem bedeutete er gleichzeitig Rache für das vergossene deutsche Blut.[28]

Man muß zugeben, daß der Nationalsozialismus eine ebenso fragmentarische wie doppelbödige Beziehung zur christlichen Tradition hat: Obwohl er sie zutiefst ablehnt, bedient er sich ihrer zum Teil aus taktischen Gründen, zum Teil, um jene Elemente, die seiner eigenen Ideologie verwandt sind, zu nutzen, zum Teil, weil sie imstande ist, seine Ängste und Hoffnungen zu symbolisieren. Eine so komplexe Haltung, die niemals aus überlegtem Handeln resultieren kann, ist nur schwerlich in einer einzigen Formel zusammenzufassen. In Anbetracht dessen muß man sich eher auf das Magische als auf das Religiöse beziehen, will man eine Verbindung zu traditionellen Einstellungen gegenüber dem Sakralen herstellen.[29] Während das Religiöse das Numen als Grundlage der conditio humana sieht und sich durch Transzendenz und Partizipation definiert, strebt das Magische durch Manipulation des Numinosen nach Macht.[30] Dabei kommt einem sofort in den Sinn, welche Bedeutung für Hitler die Manipulation des Mythisch-Symbolischen hatte, das Wort, die Propaganda, die Methoden der Suggestion und der Verhetzung der Massen. Und dann noch der Kult des Blutes: jenes Fluidum, das Identität verleiht und, wenn es rein ist, Herrschaft über die Welt verspricht.[31]

Diese intensive, tiefe und komplizierte Beziehung zur christlichen Tradition ist an sich schon ein Spezifikum des Nationalsozialismus. Das Besondere an ihm ist aber, daß sich diese Tradition mit einer anderen Inspirationsquelle verbindet. Es handelt sich dabei um den Szientismus, insbesondere in Form von Naturalismus und Rassismus. Diesen Doktrinen, die in dieser Zeit von einem wesentlichen Teil des akademischen Establishments vertreten werden, schließen sich die Nationalsozialisten vollinhaltlich an: Sie leugneten das Jenseits, die Offenbarung, weisen die sowohl humanistische wie christliche Auffassung von einem von Gott geschaffenen Menschen, der Herr über die Natur ist, zurück: Die menschliche Gattung ist Teil der Natur und deren „ewigen Gesetzen" unterworfen. Das wichtigste ist jenes vom Kampf ums Überleben und von der Selektion des Stärksten.[32] Der Rolle dieses desakralisierten und naturfixierten Gedankenguts kann bei der Betrachtung der Verbrechen des Regimes nicht genug Beachtung geschenkt werden.

Zu all dem kommt noch archaisierendes Gedankengut, das nicht nur einen vorgeblich wissenschaftlichen Mythos – der arische Mythos, der Mythos der edlen Herkunft, nimmt eine zentrale Stellung in der nazistischen Weltanschauung ein – und die germanische Mythologie umfaßt, sondern auch eine Moral archaischen Typs. Hitler spricht mehrmals vom Recht auf Vergeltung – Zahn um Zahn, Aug für Aug –, um die Ausrottung der Juden zu rechtfertigen. Auch seine Auffassung vom Krieg ist um nichts weniger archaisch: Der Feind muß vernichtet, die Bevölkerung seines Landes in die Sklaverei geführt, umgesiedelt etc. werden. Es muß nicht erst betont werden, daß diese vorchristliche Moral perfekt zu einer von Naturalismus und Rassismus genährten Mentalität paßt.

Kehrt man nun zur Betrachtungsweise Voegelins zurück, demzufolge der Nationalsozialismus ein Kind des Humanismus ist, so kann man dem nur schwer beipflichten. Sicher ist der Nationalsozialismus durch seine szientistische Sicht der Natur und der menschlichen Gattung ein Kind der Säkularisierung der Welt. Aber zu gleicher Zeit ist er auch Ausdruck des Willens, diese säkularisierte Welt wieder zu verzaubern. Ihr Fehler ist nämlich, mit der Wissenschaft auch Werte wie Vernunft, Gedankenfreiheit und Individualismus mit sich gebracht zu haben. Auschwitz ist der Kulminationspunkt eines spezifisch antihumanistischen Verzauberungsversuchs, was die mythisch-symbolische Inspiration des Nazismus deutlich zeigt.

Offen gestanden stieß dieses Unterfangen von Beginn an auf ein zweifaches Hindernis. Wie sollte die Welt verzaubert werden ohne Wiedereinführung der Gottheit? Der Naturalismus und ein vager Pantheismus konnten nicht ausreichen, um die Gesellschaft so zu binden, wie es einst die großen Religionen getan hatten. Anstelle dessen setzt der Nationalsozialismus ein mythisch-symbolisches Instrumentarium ein, das aber trotz seines umfassenden Charakters ungemein arm war und nicht verhehlen konnte, daß es im Kern ein Wille zur Macht war, den das Gefühl seiner Fragilität aushöhlte. Ganz in diesem Sinne schrieb J. P. Stern vom „Todeswunsch im Zentrum des Willens zur Macht".[34]

War es überhaupt möglich, eine säkularisierte Gesellschaft wieder zu verzaubern? Der anachronistische und fragile Charakter der totalitären Phänomene, die heute offenkundig sind, wurde von einem Zeitgenossen angesprochen. Der französische Hellenist René Guastalla antwortete 1939 auf die Frage nach der „Rückkehr der Stammesreligionen" (damit sind Kommunismus, Faschismus und Nazismus gemeint), daß „dieses Wiederaufleben sozialer Mythen (meiner Meinung nach) nur von sehr kurzer Dauer sein kann, wenn man es mit den Augen der Geschichte betrachtet." Der erste Grund, den er hiefür nannte, war, daß „im Gegensatz zu den natürlichen Mythen von einst die heutigen Mythen von Schriftstellern stammen, sodaß jeder Mythos seinen Autor nennen könnte"; mit anderen Worten: Jeder Mythos ist in Gefahr, daß ihn ein anderer ablöst oder daß ihm die Gefolgschaft verweigert wird, während „natürliche Mythen außerhalb jeder Diskussion standen und in keiner Weise andere Mythen zu beeinträchtigen suchten". Der zweite Grund ist, daß man sich im Laufe der Jahrhunderte daran gewöhnt hatte, ein Individuum zu sein, an sein persönliches Heil zu denken – egal, ob es temporaler oder spiritualer Natur ist –, während „der Mythos nur im einmütigen Konsens von kaum differenzierten Wesen besteht".[35]

Anmerkungen

1. Siehe den kürzlich erschienenen Artikel von Hans Maier, „Totalitarismus" und „Politische Religionen". Konzepte des Diktaturvergleichs, Vierteljahreshefte für Zeitgeschichte, 43/3, Juli 1995, S. 387–405
2. Ich zitiere nach der französischen Übersetzung: Les religions politiques, Paris 1994, S. 87
3. Ebenda, S. 73
4. Ebenda, S. 26
5. „In bezug auf die Tyrannei ist der Totalitarismus einzigartig, weil er Sakralisierung des Politischen ist; er stellt sich als säkulare Eroberungsreligion „islamischen" Typs dar: keine Unterscheidung zwischen Politischem, Religiösem und Wirtschaftlichem, Machtkonzentration und, vor allem, Gestaltlosigkeit. In: Sociologie du communisme, Paris 1949, S. 380
6. Diese Elemente werden z. B. von Hans Maier in „Totalitarismus" und „Politische Religionen" (wie Anm. 1), S. 398 ff. festgehalten.
7. L'avenir des religions séculières, in: La France Libre, Juli-August 1944, wiedergegeben in Raymond Aron, Histoire et politique. Textes et témoignages. Paris 1985, S. 370
8. Wie Raymond Aron in ‚Remarques sur la gnose léniniste' bemerkt, erschienen in einer Festschrift für Eric Voegelin und wiedergegeben in R. Aron, Machiavel et les tyrannies modernes, Paris 1993, S. 389
9. Sironneau, Sécularisation et religions politiques, S. 521
10. Du Contrat social, IV. Buch, 8. Kapitel

11 Mona Ozouf, La fête révolutionnaire, Paris 1976, S. 323

12 Zit. von Bronislaw Baczko, Les imaginaires sociaux. Mémoires et espoirs collectifs, Paris 1984, S. 53

13 Siehe vor allem George L. Mosse, The Nationalization of the Masses: Political Symbolism and Mass Movements in Germany from the Napoleonic Wars through the Third Reich, New York 1975

14 Mona Ozouf (wie Anm. 11), S. 321

15 Siehe J. L. Talmon, The Myth of the Nation and the Vision of Revolution. The Origins of Ideological Polarization in the Twentieth Century, London 1980

16 François Furet spricht in diesem Zusammenhang von „der Dialektik der Macht und des Imaginären", in: Penser la Révolution française, Paris 1978, S. 108

17 Mosse, The Nationalization of the Masses (wie Anm. 13), S. 214

18 Klaus Vondung, Magie und Manipulation. Ideologischer Kult und politische Religion des Nationalsozialismus. Göttingen 1971, S. 196 f.

19 Voegelin, „Les religions politiques (wie Anm. 2), S. 95

20 Siehe Emilio Gentile, Facism as Political Religion, in: Journal of Contemporary History,Mai-Juni 1990, S. 234–235

21 Siehe Klaus Vondung, Magie und-Manipulation (wie Anm. 18); als Beispiel für die Analyse einer Hitlerrede siehe Hubert Cancik, „Wir sind jetzt eins". Rhetorik und Mystik in einer Rede Hitlers (Nürnberg, 11.9.1936), in Günter Kehrer (Hrsg.), Zur Religionsgeschichte der Bundesrepublik Deutschland, München 1980, S. 13–48

22 Klaus Vondung, Die Apokalypse in Deutschland, München 1988

23 Siehe den Ausspruch von Goebbels: „Entweder er richtet uns zugrunde oder wir machen ihn unschädlich. Ein anderes ist nicht denkbar." (zitiert von Claus-E. Bärsch in ‚Antijudaismus, Apokalyptik und Satanologie. Die religiösen Elemente des nationalsozialistischen Antisemitismus' in: Zeitschrift für Religions- und Geistesgeschichte, 1988/2, 119). Siehe auch ders., Erlösung und Vernichtung, Dr. phil. Joseph Goebbels. Zur Psyche und Ideologie eines jungen Nationalsozialisten 1923–1927, München 1987

24 Klaus Vondung ist gegenteiliger Meinung (Die Apokalypse in Deutschland (wie Anm. 22), S. 451), ganz wie auch Mircea Eliade (Aspects du mythe, Paris 1963, S. 88), der sogar von einer „Verkündung des Zeitalters des Überflusses und der Glückseligkeit" spricht. Aber Hitler erklärte in seiner Rede vom 30. Jänner 1936: „Der Nationalsozialismus ist keine Lehre der Trägheit, sondern eine Lehre des Kampfes. Keine Lehre des Glücks, des Zufalls, sondern eine Lehre der Arbeit, eine Lehre des Ringens und damit auch eine Lehre der Opfer." (zit. von J. P. Stern,

Hitler. Der Führer und das Volk. München 1981, S. 33). Zur Interpretation des Nazismus als Millenarismus siehe Norman Cohn, Pursuit of the Millennium, New York 1961, und James M. Rhodes, The Hitler Movement: A Modern Millenarian Revolution, Stanford 1980)

25 Albert Speer, Au coeur du Troisième Reich, Paris 1971, S. 79

26 Michael Ley, Genozid und Heilserwartung. Zum nationalsozialistischen Mord am europäischen Judentum, Wien 1993

27 Monologe im Führerhauptquartier", Hamburg 1980, S. 228–229 (25.1.1942)

28 Siehe Philippe Burrin, Hitler und die Juden. Die Entscheidung für den Völkermord, Frankfurt a. M. 1993. Michael Ley bemerkt, „daß in archaischen Gesellschaften in schwierigen Kriegslagen vermehrt zu Menschenopfern gegriffen wird" (Heilserwartung und Genozid – wie Anm. 26 – S. 276, Anmerkung 73)

29 Klaus Vondung hatte dies sehr wohl in seinem ersten Buch festgestellt (Magie und Manipulation – wie Anm. 18), ohne daß ihn dies davon abhält, von politischer Religion zu sprechen.

30 Siehe Jean Cazeneuve, Sociologie du rite, Paris 1971

31 „Ein Staat, der im Zeitalter der Rassenvergiftung sich der Pflege seiner besten rassischen Elemente widmet, muß eines Tages zum Herrn der Erde werden." (Mein Kampf, München 1933, S. 782)

32 Siehe Robert A. Pois, National Socialism and the Religion of Nature, London & Sydney 1986

33 Siehe auch die Rede vom 30. Jänner 1942 (Der großdeutsche Freiheitskampf. Reden Adolf Hitlers. München 1943, Bd. III, S. 204)

34 Stern, Hitler. Der Führer und das Volk (wie Anm. 24), S. 34

35 Es handelt sich um eine Umfrage, die Jules Monnerot in der Zeitschrift ‚Volontés' (Februar 1939) herausgab; Guastallas Antwort ist wiedergegeben in Denis Hollier, Le Collège de sociologie (1937–1939), Paris 1979, S. 118–119

Peter Schöttler

Das Konzept der politischen Religionen bei Lucie Varga und Franz Borkenau

In Erinnerung an Erhard Lucas

Alfred Kernd'l ist mit uns in den Fahrerbunker neben Hitlers *Neuer Reichskanzlei* hinabgestiegen: ein Ort der Banalität und des Bösen, ein Ort des Kopfschüttelns. Ich möchte Sie meinerseits in einen Keller führen, jedoch einen etwas freundlicheren. Auch dort wurde über 50 Jahre lang – unter einer dicken Staub- und Rußschicht – etwas aufbewahrt. Der Keller liegt in Viroflay, etwa auf halber Strecke zwischen Paris und Versailles. Sein Inhalt: eine Bibliothek. In dem dazugehörigen Haus, rue Victor Hugo Nr. 15, lebten bis zum Juni 1940, als die Deutschen näherrückten und der Exodus nach Südfrankreich begann, eine österreichische Emigrantin und ihre Tochter: Lucie und Berta Varga.[1] Vor zwei Jahren, im Juni 1993, ergab sich bei einem Besuch Berta Vargas in Paris ein Sonntagsausflug zu eben diesem Haus. Ich läutete, eine alte Dame kam heraus. Als sie begriff, daß es sich um die „kleine Varga" handelte, bat sie uns hinein. Stolz zeigte sie auf ein paar Möbel aus „Madame Vargas" Hausstand, die sie immer noch benutze. Vor allem aber habe sie „die Bücher" aufbewahrt, sie stünden im Keller. Also stiegen wir hinab: In Holzregalen ordentlich aufgereiht, standen deutsche und englische Klassiker, mediävistische Fachliteratur, Kinderbücher und eine riesige Bibel, Haucks „Kirchenge- schichte" neben Marx' „Kapital", zerlesene Reclam-Heftchen ebenso wie schön gebundene Ausgaben, übrigens auch zwei oder drei Bücher mit Bibliotheksstempeln, darunter eins aus der Kaiserlich-Königlichen Universitätsbibliothek zu Wien. Genau 273 Bände habe ich später gezählt. Und unter all diesen geretteten Büchern fand sich dann eins, das ich mir zwar als Forscher erhoffte, aber kaum ernsthaft erwarten durfte: Eric Voegelins *Die politischen Religionen.*[2]

Eben dieses Buches, dieser Broschüre wegen, die im März 1938 in der Reihe „Ausblicke" des Berman-Fischer Verlags in Wien erschien und sofort nach dem Einmarsch der Nazis beschlagnahmt wurde[3], mußte ich Ihnen diese etwas *andere* Keller-Geschichte erzählen. Denn das Vorhandensein dieses Buches belegt eine intellektuelle Verbindung – vielleicht sogar Nähe –, die sich ansonsten auf ein Schlagwort, einen Buchtitel, beschränkt hätte. Hinzu kommt, daß Lucie Varga, wie ich gleich ausführen werde, das Konzept der „politischen Religion" bereits zwei Jahre *vor* dem Erscheinen von Voegelins Broschüre verwendete. Es hätte sich also um einen Zufall handeln können. Ein „Zeitgeist"-Phänomen, hätte es dann geheißen. Aber der zufällige Fund dieser Bibliothek – und deren „zufällige" Aufbewahrung durch eine ungewöhnliche Vermieterin bzw. deren Erbin – haben den Zufall gleichsam aufgehoben und eine Rezeption belegbar gemacht, die um so erstaunlicher ist, als sich Lucie Varga diese Broschüre noch im Frühjahr 1938 beschaffen konnte – und nicht etwa die Stockholmer Exilausgabe von 1939. Voegelins *Politische Religionen* sind ein eigenartiger Text. Halb politisches Traktat, halb introvertierter Essay. Thomas Mann hat Voegelin sogar vorgeworfen, den Nationalsozialismus derart kühl zu beschreiben, daß – mangels entschiedener Verurteilung – eine indirekte Legitimation herausgelesen werden könnte.[4] Tatsächlich unterscheidet sich Voegelin, der weder Marxist noch Liberaler war, von den meisten NS-Kritikern durch seine eigentümliche geschichtsphilosophische Perspektive: Die Hitler-Bewegung steht für ihn in der Kontinuität „innerweltlicher Gemeinschaftsreligionen", deren Formensprache und Oppositionen – „Hierarchie und Orden, universale und partikulare Ekklesia, Gottesreich und Teufelsreich, Führertum und Apokalypse" – sie lediglich auf neue Art und Weise variiert.[5] Während andere versuchten, das Phänomen auf objektive Bedingungen und subjektive Interessen zurückzuführen, das heißt: seine irrationalen Formen gleichsam *hinweg*zuinterpretieren und das Problem auf diese Weise zu entschärfen, vertrat Voegelin die zumal in sozialwissenschaftlich-materialistischen Kreisen provokante These, daß „die Erkenntnis eines politisches Zustandes in einem entscheidenden Punkt unvollständig [ist], wenn sie nicht die religiösen Kräfte der Gemeinschaft und die Symbole, in denen sie Ausdruck findet, mitumfaßt, oder sie zwar umfaßt, aber nicht als solche erkennt, sondern in areligiöse Kategorien übersetzt".[6]

Die Kritik der nationalistisch-sozialistischen Heilsbewegung, die den Gottesbefehl durch den des „Blutes" oder des Führers ersetzt, geht hier mit einer bald ebenso dezidierten Kritik der im 19. Jahrhundert aufgekommenen wissenschaftlichen „Ideologiekritik" einher. Statt nämlich eine „Rückkehr zu kritikfesteren Weltbildern" anzubahnen, habe sie zu einer gefährlichen Mutation des Wahrheitsbegriffes geführt: „An die Stelle der naiven Apokalypse tritt die bewußte, an die Stelle des Systems, das sich als vernunfttheoretisches, nationalökonomisches oder soziologisches gibt, der ‚Mythus'; der Mythus wird bewußt erzeugt, um Massen affektuell zu binden und in politisch wirksame Zustände der Heilserwartung zu versetzen."[7] Da sich dieser Mythos aber „nicht durch überweltliche Offenbarung legitimieren und der wissenschaftlichen Kritik nicht standhalten kann, entwickelt sich [...] ein neuer Wahrheitsbegriff, der Begriff der von Rosenberg sogenannten organischen Wahrheit", deren Ansätze bereits in Hobbes' *Leviathan* zu finden sind: Wahr ist nunmehr, was „im Dienste des rassegebundenen Volkstums" steht. Voegelin nennt dies den „pragmatischen Zug der innerweltlichen Glaubenshaltung". Er hat zu Folge, „daß der Mensch dieses religiösen Typus bereit ist, die psychologische Technik der Mythenerzeugung, -propaganda und sozialen Durchsetzung zu kennen, sich aber durch dieses Wissen nicht in seinem Glauben stören zu lassen. [Denn] wenn das, was die Gemeinschaft fördert, wahr ist, dann sind auch die Mittel, die den gemeinschaftsfördernden Mythus durchsetzen, nicht nur die richtigen im technischen Sinn, sondern auch die erlaubten oder sogar gebotenen im gemeinschaftlichen Sinn. Es ist daher [den Nazis] möglich gewesen, die Technik der Mythenpropaganda auf den hohen gegenwärtigen Stand zu entwickeln, ohne daß das Faktum der Propaganda ihren Zweck selbst zerstört."[8]

Soweit Voegelin. Er denunziert den Nationalsozialismus nicht einfach als „neue Religion", wie das im politischen Tageskampf schon häufiger geschehen war[9], sondern versucht, die sakrale Dimension der NS-Bewegung, ihren religiösen Anspruch und ihre symbolische Tiefenwirkung erstmals wirklich ernst zu nehmen, wobei er sogar psychoanalytische Aspekte („Tiefenpsychologie") einbezieht.[10] Seine Thesen, die er schon in den Jahren zuvor in seinen Wiener Vorlesungen skizziert hatte[11], mußten eine Historikerin wie Lucie Varga faszinieren, die sich einerseits als Mediävistin mit religiösen Heilsbewegungen befaßte und andererseits als Zeitgenossin das nationalsozialistische Phänomen zu verstehen suchte. 1904 in Baden bei Wien geboren, hatte sie in Wien studiert und 1931 mit einer Untersuchung über „die Entstehung des Schlagworts vom ‚finsteren Mittelalter‘" bei Alphons Dopsch promoviert. Anschließend hatte sie mit einem Projekt über die Häretiker-Bewegung der sogenannten „Katharer" oder auch „Albigenser" (im 11.–12. Jahrhundert) begonnen, aus dem sie bis zu ihrem frühen Tod 1941 in Toulouse immerhin Teile in französischen Fachzeitschriften veröffentlichen konnte.[12]

Wie ihre Dissertation belegt, hatte Lucie Varga schon frühzeitig gelernt, der rationalistischen Religionskritik zu mißtrauen. Besonders negativ war ihr Urteil über Voltaire: „Durch seinen rein rationalistischen Maßstab, den er an die Vergangenheit anlegt, kann er kein Verständnis für den Sinn und Wert einer Religion haben. Eine adäquate Würdigung der Religionsgeschichte ist daher unmöglich."[13] Im Sinne des jungen Herder stellte sie demgegenüber den relativen „Eigenwert" des Mittelalters heraus. Auch in ihren Studien über die gnostischen Strömungen des Hochmittelalters, die Kirchenkritik der Katharer und die gleichzeitig aufkommende katholische Erneuerungsbewegung verweigerte sie jede simple Ideologiekritik. Vielmehr versuchte sie, durch eine aus den Quellen erarbeitete Rekonstruktion der jeweiligen Glaubenssätze, Rituale und Symbole zu einem neuen, zwar nicht glaubens- oder zeit-*immanenten,* aber doch zeit-*gemäßen* Verständnis noch der scheinbar irrationalsten, geheimnisvollsten Züge des Katharismus vorzudringen, die damals auch von den Nazis – etwa bei Otto Rahn oder Alfred Rosenberg – stilisiert wurden und bekanntlich noch heute von der Aura des Okkulten umgeben sind.[14]

Diese religionsgeschichtliche Perspektive hat sich Lucie Varga dann als Zeitgenossin zunutze gemacht, als sie in einer Reihe von Essays, Reportagen, Buchbesprechungen und sogar in einem Fortsetzungsroman in einer Tageszeitung die Atmosphäre und quasireligiöse Ideologie des nationalsozialistischen Deutschland zu beschreiben und begreifen versuchte.

„Ganz in der Nähe ist eine Welt zu Ende gegangen. Eine neue Welt entsteht mit bisher unbekannten Konturen."[15] So beginnt Lucie Vargas Aufsatz La *genèse du national-socialisme. Notes d'analyse sociale,* der im Herbst 1937 in den von Lucien Febvre und Marc Bloch herausgegebenen *Annales d'histoire économique et sociale* erschienen ist. Im

Gegensatz zu vielen anderen Emigranten betont Lucie Varga darin die durch das Jahr „33" markierte Diskontinuität, bzw. Irreversibilität. Das von der NSDAP errichtete Regime wird als neuartiges Phänomen, als „Revolution", bezeichnet und ernstgenommen, auch wenn es als rückwärtsgewandte, „reaktionäre Revolution" zu interpretieren sei. Weder das marxistische Konzept der Klassenanalyse, zumal in ihrer ökonomistisch-reduktionistischen Form, noch eine rein geistesgeschichtliche Herleitung reichten aus, um den Erfolg, die Faszination des Nationalsozialismus zu erklären: „Die alten Schlüssel passen nicht auf die neuen Schlösser."[16]

Folglich wechselt Lucie Varga das Terrain: methodisch, konzeptionell und auch in der Schreibweise. „Vor uns liegt ein Stapel Akten über die ersten Anhänger des Nationalsozialismus. Öffnen wir sie."[17] Dann stellt sie verschiedene Typen von Nazi-Anhängern vor, wirft einen Blick auf ihre Herkunft, ihren Alltag und ihre Sorgen: der arbeitslose Ingenieur, der verarmte Adlige, der nun als Handlungsreisender arbeitet, der ehemalige Freikorpsmann, der Volksschullehrer, der Kleinhändler usw. Was verbindet diese Männer, und was treibt sie voran? Nicht das ökonomische Elend allein oder eine gemeinsame „Klassenlage", so lautet die These, sondern die Angst vor dem Statusverlust. Ihr gemeinsamer Antrieb sei letztlich ein mentales Motiv und kein schlichtes Interesse oder Kalkül: die Verteidigung der „sozialen Ehre". Lucie Varga übernimmt hier ganz ausdrücklich eine Propagandaformel der Nazis – die gerade in Nürnberg ihren sogenannten „Parteitag der Ehre" abgehalten hatten, und wenig später erschien ein Buch Robert Leys mit dem Titel „Durchbruch der sozialen Ehre –, aber sie gibt dieser Formel einen anderen, analytischen Status, transformiert sie in einen kulturanthropologischen Begriff. Nicht nackte Interessen und auch nicht philosophische Programme mobilisieren die Anhängerschaft Hitlers, verschmelzen sie zu jener ominösen „Bewegung". „Der Nationalsozialismus [ist] etwas ganz und gar Neues, das sich nicht einfach mit Hilfe eines Programms oder eines Systems von ‚Ideen' beschließen läßt."[18] Eher schon geht es, wie Lucie Varga sagt, um transponierte Erinnerungen, um Bekehrungs- und Erleuchtungssituationen im religiösen Sinn: „Eines Abends findet eine Nazi-Versammlung statt. Unser Mann tritt durch die Tür und ist ergriffen. Hier wird der Schuldige benannt, der Verantwortliche für all das Unglück, unter dem er leidet, jenes Wesen, in dem sich das blinde Schicksal verkörpert, durch das er sich ebenso wie viele andere zertreten fühlte, ohne es identifizieren zu können. Dieses Wesen ist der Jude."[19] Diese Konversion ist nur die erste Etappe, danach folgen die Initiationsriten und die Kommunion, also die Verschmelzung in dem, was die Autorin in ihrem französischen Text mit dem deutschen Wort „Erlebnisgruppen" bezeichnet: „Man opfert sich, [und] weiht sich ganz der neuen Lehre, welche die bereits Eingestimmten in einem Ausmaß überzeugt, das sich nicht [allein] durch Logik, Symbole, Mythen oder Heilige Bücher erklären läßt."[20] So bekommt das Leben wieder einen „Sinn", und zwar einen revolutionären: „Revolution, das heißt alles vereinfachen und überall Dualismen durchsetzen: Freund oder Feind, Kampfgenosse oder Kampfgegner, Stärke oder Schwäche, Du oder Ich, Jäger oder Gejagter ... Darüber erhebt sich ein blinder, fanatischer Glaube an den Führer und die Lehre, eine totale Aufopferung ..."[21]

Zwar verkündet der „Führer" nach der Machteroberung das Ende der Revolution, aber neben Technokraten und Spezialisten werden auch die „Fanatiker der ersten Stunde" weiterhin gebraucht. Die HJ züchtet sie heran. „Die Rationalisierung des Fanatismus und seine Stabilisierung werden zur höchsten Kunst entwickelt."[22]

Nur eine kleine Minderheit entzieht sich diesem totalitären Zugriff. 1937 kann Lucie Varga über Motivation und Formen des Widerstandes natürlich noch kaum etwas Konkretes sagen. Aufgrund ihrer Erlebnisse in Deutschland sowie der antikirchlichen Propaganda des Regimes vermutet sie, daß die Resistenz in kirchlichen Kreisen besonders stark sei, weil es dort eine ideologische Stütze gibt, die mit der Weltanschauung der Nazis konkurrieren kann. Im Rückgriff auf das Christentum könne „der totalitären politischen Religion des Nationalsozialismus eine göttliche totalitäre Religion entgegengesetzt"[23] werden.

„Göttliche totalitäre Religion" vs. „totalitäre politische Religion": Lucie Varga greift hier also – und auch an anderer Stelle[24] – expressis verbis auf Voegelins Unterscheidung von „innerweltlicher" und „überweltlicher" Religion zurück. Was jedoch bei Voegelin als philosophische Reflexion auftritt und auch nicht religionskritisch gemeint ist, wird hier religionsgeschichtlich, anthropologisch und sozio-

gisch gewendet. Dabei ist Lucie Vargas Projekt durchaus bescheidener: An die Stelle einer universalhistorischen Theorie des Bewußtseins, wie bei Voegelin, die den Nationalsozialismus nur als Beispiel
einer gnostischen Massenbewegung und Ersatzreligion betrachtet,
treten bei ihr konkrete Einzeluntersuchungen, die teilweise sogar auf
eigenen Feldforschungen basieren, wie z. B. ihre beiden Studien über
den aktuellen Wandel zweier Alpentäler (das Montafon-Tal in Vorarl-
berg und das Enneberg-Tal in Südtirol), in denen die Nazis bzw. die
italienischen Faschisten als Konkurrenten von Priestern, Hexen oder
auch Dämonen auftreten.[25]

Ein solcher Ansatz, der seine Nähe zur sogenannten „funktionalistischen" Soziologie und Ethnologie (Durkheim und Malinowski)
nicht verschweigt, schließt komparative Überlegungen – unter Berufung auf Marc Bloch – von vornherein mit ein.[26] So durchzieht die
Thematik der politischen Religion im Grunde alle Texte Lucie Vargas,
unabhängig von ihrem Gegenstand und ihrer diskursiven Form. Mehr
oder weniger explizit geht es immer um Phänomene der Bekehrung
oder Identifikation, der Orthodoxie oder Häresie und nicht zuletzt
um die „Sündenböcke", auf die sich in Krisenzeiten das Unglück so
wunderbar projizieren läßt: Außenseiter, ehemalige Führer und gefallene Engel, Ketzer, Hexen oder Teufel und schließlich: „die Juden".[27]

Leider hat Lucie Varga keine Gelegenheit gehabt, ihre Forschun-
gen, die sie einmal mit dem erstaunlichen Begriff der *autorités invisi-
bles,* der „unsichtbaren Autoritären", umschreibt[28] – also jener
symbolischen Ordnungen, die jenseits von Leidenschaften und Vernunft das Verhalten der Menschen bestimmen –, zu Ende zu führen
oder wenigstens methodisch zu resümieren. Ihr Werk, sofern man
dieses Wort benutzen möchte, ist Fragment geblieben; es deutet einen Weg nur an, der bald darauf verschüttet wurde. Auch Lucie Varga
selbst wurde vergessen, weil sie ihrerseits als „Sündenbock" einer
Akademikerwelt fungierte, in der weibliche Intellektuelle – Alleinle-
bende, Ausländerinnen und Jüdinnen zumal – anstößig wirkten und
nicht tradiert wurden. Ihre unkonventionelle Perspektive blieb aber
trotzdem nicht völlig isoliert. Zumindest bei ihrem zeitweiligen Le-
bensgefährten Franz Borkenau und bei ihrem Lehrer und Freund Lucien Febvre lassen sich Anklänge und interessante Parallelen in der
Interpretation des Nationalsozialismus erkennen.

Franz Borkenau, der im Dezember 1933 in Wien mit Lucie Varga die Ehe schloß und sofort anschließend mit ihr nach Paris emigrierte, ist aufgrund seiner zahlreichen Bücher eigentlich kein Unbekannter. Aber seine wechselhafte Biographie ist noch kaum erforscht.[29] Seine durch Lucie Varga vermittelte Mitarbeit an den *Annales* bildet dabei nur eine von vielen Episoden, in denen Borkenau als Anreger und *transmitter,* aber auch als Rezipient fungierte, der die um ihn herum formulierten Ideen blitzschnell aufgriff, verwandelte und publizierte. Zwischen Paris und London hin und her eilend, schrieb er z. B. allein drei Aufsätze für die *Annales,* die die politische Entwicklung in Mitteleuropa zum Thema haben, und anschließend – zwischen London, Madrid und Panama reisend – eine Reihe von Büchern über den spanischen Bürgerkrieg, Pareto, Österreich und immer wieder über die beiden „totalitären Feinde": Nationalsozialismus und Bolschewismus.

Zwei von Borkenaus *Annales*-Aufsätzen aus den Jahren 1934 und 1935 haben den Faschismus zum Thema: Das eine Mal geht es um *Faschismus und Gewerkschaften* in Italien und Deutschland, das andere Mal um *Parteien, Traditionen und Sozialstruktur in Österreich,* wobei Borkenau in diesem pseudonym publizierten Text gerade den nicht-faschistischen Charakter des damaligen Schuschnigg-Regimes betont.[30] Es fehle die Massenbewegung, die ideologische Mobilisierung und die charismatische Führerfigur. Das vor den Augen des Historikers stattfindende „Experiment" ermögliche und erzwinge eine solche begriffliche Differenzierung.[31]

Erst einige Jahre später, das heißt nach Erscheinen der Aufsätze Lucie Vargas, ist Borkenau im Rahmen seiner Bücher über Hitler-Deutschland, *The New German Empire* (1939) und *The Totalitarian Ennemy* (1940), auf die religiöse Dimension des Nationalsozialismus eingegangen. Da er die schlechte Angewohnheit hatte, nie Autoren zu zitieren oder Literatur anzugeben, sondern jeden Gedanken als ureigenen zu präsentieren[32], ist es allerdings unmöglich, seine Lektüren und Rezeptionen eindeutig zu bestimmen und zu belegen. Auffällig ist immerhin, daß das zentrale Kapitel *in The Totalitarian Ennemy* den Titel trägt: *Nazi Mentality and its Background.* Borkenau verwendet also nicht den unter deutschen Intellektuellen und auch im Englischen üblichen Begriff der Ideologie, sondern den aus der französi-

schen Soziologie stammenden und im Umkreis der *Annales* besonders beliebten Begriff der *Mentalität,* obwohl dessen Verwendung damals im Englischen – wie übrigens auch im Deutschen – äußerst
ungewöhnlich war.[33]

Die Nazi-Revolution wird von Borkenau als ein janusköpfiges
Phänomen vorgestellt: Einerseits habe das Regime eine erstaunliche
Wiederaufbauleistung vollbracht, von der auch die demokratischen
Länder etwas lernen könnten; auf der anderen Seite jedoch bilde diese
Umwälzung „a visionary convulsion of empty heads and empty he-
arts, under the pressure of material disaster which their souls were not
strong enough to endure".[34] Für diese besonders gefährliche psychi-
sche Verarmung sieht Borkenau langfristige historische Ursachen,
und zwar nicht bloß in der deutschen, sondern auch in der gesamteu-
ropäischen Geschichte. Er verweist sowohl auf Luther als auch auf die
„revolutionären mittelalterlichen Sekten" und schließlich auf die Exzesse der Französischen Revolution.[35] Solche großen Genealogien
waren 1939/40 relativ verbreitet. Ungewöhnlicher sind andere Thesen
Borkenaus: Die Nazi-Ideologie von der außerwählten Rasse, zum
Beispiel, sei im Grunde nichts anderes als eine Umkehrung des jüdischen Messianismus; das Subjekt der Geschichte werde lediglich
durch ein anderes ersetzt. Oder: Der Antisemitismus sei möglicher-
weise nicht mehr als ein „first-rate propaganda trick" zur Mobilisierung breiter Massen.[36] Zwar diene der „Jude" als Sündenbock und
Ersatzteufel im Rahmen einer säkularisierten Religion, aber diese
Stigmatisierung beruht für Borkenau nicht auf einer eigenen Fröm-
migkeit. Daher spricht er im Unterschied zu Lucie Varga auch nie von
konkreten religiösen Ritualen oder Bekehrungserlebnissen, sondern
lieber von „Nazi psychology" im Sinne einer paranoiden Geisteshaltung, die sich gegen alles und jedes richte: „The Nazis hate everything
and everybody."[37]

Das Konzept der politischen Religion, das bei Borkenau filigran
auftaucht, wird damit jener kulturanthropologischen Aspekte wieder
beraubt, die ihm Lucie Varga im Kontext der *Annales* hinzugefügt hatte. Statt konkret zu werden, weicht Borkenaus Analyse in politische,
psychologische und geschichtsphilosophische Allgemeinheiten aus.
Die Nazis werden als „negative Christen" und sogar als „Anti-Christen" dämonisiert, wobei der Religionsbegriff im Grunde nicht mehr

analytisch, sondern metaphorisch und zum Zwecke der Gegenüberstellung von Gut und Böse eingesetzt wird: „This Satanic attitude [of the Nazis] necessarily involves the highest as much as the lowest qualities of mankind. Far from innocent nature and from indifference, it contains all the elements of the religious spirit, turned to a negative end. It implies all the devotion, the abnegation, the selfsacrifice, the merging of the individual into a greater good, which are the characteristics of a religious spirit, only they are all diverted to the cause of anti-religion."[38]

Zwar gilt Borkenaus Buch als ein Pionierwerk der Totalitarismus-Theorie[39], aber es trägt dennoch alle Merkmale eines hastig zu Papier gebrachten Kriegsbuches an sich.[40] Seine analytischen Schwächen werden außerdem noch durch den Hang des Autors zu übergreifenden geschichtsphilosophischen Konstruktionen gesteigert. Viele interessante Gedanken gehen daher ins Leere, verpuffen, bleiben folgenlos – jedenfalls für empirisch orientierte Historiker oder Soziologen. Dies mag vielleicht mit erklären, warum Borkenau trotz seiner erstaunlichen Produktivität eigentlich kaum wissenschaftliche, allenfalls politische Resonanz gefunden hat. Und auch das nur kurzfristig, so daß er – mit seinem viel umfangreicheren Œuvre als Lucie Varga – ebenfalls vergessen und nicht mehr gelesen wurde – ein bloßer Name in der Geschichte der Politikwissenschaft.[41]

Von Lucien Febvre, dem Mitbegründer der *Annales* und nach 1945 Gründer einer ganzen Historikerschule, kann man das sicher nicht sagen. Aber daß Febvre, dessen Forschungsschwerpunkte im 15. und 16. Jahrhundert lagen, sich in den dreißiger Jahren eingehend mit dem Nationalsozialismus und den zeitgenössischen Diktaturen befaßte, ist heute kaum mehr bekannt. Natürlich handelt es sich jeweils um „Gelegenheitstexte", aber in Febvres breit gefächertem Œuvre nehmen sie einen durchaus signifikanten, bislang unterschätzten Platz ein. Mir scheint sogar, daß ihre mangelnde Bekanntheit mit dazu beigetragen hat, daß Febvre gelegentlich etwas vorschnell des politischen Opportunismus bezichtigt wird, während sein Freund und Kollege Marc Bloch, der sich vor dem Krieg fast nur implizit politisch äußerte, aufgrund seines späteren Engagements in der Résistance zur einsamen Lichtgestalt stilisiert wird.[42]

Ohne diese Debatte hier aufnehmen zu wollen, möchte ich einige

Aspekte von Febvres NS-Analyse skizzieren, die in unserem Zusammenhang interessant sind. Neben Febvres programmatischen Vorworten und Beiträgen zu der von ihm herausgegebenen *Encyclopédie Française*[43] ist vor allem ein Rezensionsaufsatz in den *Annales* von 1939 zu erwähnen, der den Titel trägt: *Sur la doctrine national-socialiste. Un conflit de tendances.*[44]

Besprochen wird das Buch *Les doctrinaires de la Revolution allemande* von Edmond Vermeil (1939). Dieser hatte damals den Lehrstuhl für Germanistik an der Sorbonne inne und war in Frankreich einer der bekanntesten Kritiker der deutschen Politik; zugleich war er ein engagierter Helfer der deutschen Emigranten. Febvres Rezension ist ausgesprochen freundschaftlich im Ton, in der Sache jedoch sehr kritisch. Vermeil stellt den Nationalsozialismus im wesentlichen als eine Anwendung politischer Theorien dar – von den Kulturpessimisten und den „Konservativen Revolutionären" bis zu Hitler und Rosenberg. Soziale und ökonomische Faktoren werden nur am Rande erwähnt. Für Febvre dagegen ist das, was in Deutschland passiert, nicht auf eine Doktrin zurückzuführen, eher schon auf „Schlagworte" und „Parolen" *(slogans),* „chargés de haine, d'esprit d'agression, de passion vindicative."[45] Vor allem aber gelte es, jenseits der „Intellektualität" nach den Stimmungen zu fragen, die in diesem Umbruch zum Tragen kamen. Statt einer „mutation de doctrine" handle es sich um einen Wandel „auf der Skala der vom moralischen Gesetz geduldeten Gefühlsreaktionen und daraus folgend [um] eine gesellschaftliche Veränderung." Mit dem Instrumentarium des Historikers, „qui sent la masse" [der die Masse wittert], sowie des Soziologen und Ethnologen, seien diese Transformationen der „sensibilités" und „sentimentalités" zu ergründen. „Ich frage mich", so schreibt er, „ob die Linie, die das ‚Durchschnittsdeutschland' der Nachkriegszeit mit dem Nationalsozialismus verbindet, wirklich parallel zur Linie der intellektuellen [und] theoretischen Tradition verläuft. Ich frage mich, ob es nicht richtiger wäre, sie bei den Freikorps anzusetzen, statt in literarischen oder philosophischen Zirkeln." Statt also Spengler oder Keyserling zu lesen, sollte man sich lieber für die aus der Bahn geworfene Jugend der Nachriegszeit interessieren, die nicht mehr ins geregelte Leben zurückfindet und sich angeekelt von der bürgerlichen Demokratie abwendet. „Je me demande", so schreibt er, „si ces lansquenêts du fanatisme que nous avons vu se perdre a Riga, à Annaberg, en Rhénanie, dans leur haine du droit chemin, de la mesure et de la raison, [si] ce ne sont pas là bien plus, bien mieux que les Keyserling, les Spengler et autres, les véritables ‚formateurs' du Nazisme: d'un nazisme comme eux sensible à la volupté sauvage de l'agression; à la jouissance des freins lâchés sur la pente vertigineuse; au sadisme de la cruauté – à la haine inextinguible du bourgeoisisme."[46]

Mit anderen Worten, aus Febvres Sicht betrachtet Edmond Vermeil den Nationalsozialismus viel zu sehr als Literaturhistoriker, kurz: als „Exeget". Febvre dagegen wollen die Wochenschaubilder von den Nürnberger Parteitagen und die „animalische" Seite des Nationalsozialismus, wie er sie nennt, nicht aus dem Sinn. In einem etwa gleichzeitig entstandenen Beitrag zur *10. Semaine Internationale de Synthèse* über die *Sensibilité en histoire* spricht er wieder in bezug auf die Nazis von einem Kult des roten Blutes, einem „culte du sang dans ce qu'il a de plus animal et de plus primitif", von der „exaltation des sentiments primaires" und der „cruauté face à l'amour", der „bestialité en face de la culture."[47]

Solche Hinweise auf die im Dritten Reich wiederauflebenden primitiven Gefühlswelten, die „sentiments primitifs ressuscités", sind nicht bloß polemisch gemeint; es geht Febvre auch nicht, wie anderen französischen Autoren der Zwischenkriegszeit, um die Ergründung einer zeitlosen „mentalité allemande" im Sinne eines überzeitlichen deutschen Nationalcharakters[48]; vielmehr argumentiert er offensichtlich im Rahmen des religionssoziologischen Paradigmas der „primitiven Mentalität", wie es seit der Jahrhundertwende von Durkheim, Lévy-Bruhl und anderen erarbeitet wurde.[49] Ähnlich wie in manchen Heilsbewegungen des Spätmittelalters und der frühen Neuzeit – und Febvre hat ja selbst über Hexenverfolgungen publiziert und Vorlesungen über Ketzerbewegungen gehalten – meint der Historiker in den Massenritualen der NS-Gesellschaft und im rational nicht nachvollziehbarem Bekenntnis der Nazis zum Fanatismus, zum blinden Gehorsam, zum instinktiven, quasi-biologisch bedingten Angriffsverhalten eine Wiederkehr archaischen, prälogischen, „wilden" Denkens zu erkennen. Mit bloßer Textexegese und Ideologiekritik ist da nicht viel zu erklären; nur eine sozial- und religionsgeschichtliche Perspektive scheint erfolgversprechend, die wiederum eine historische Psychologie des Totalitarismus erfordert. Dabei ist zu beachten, daß sich Febvre zwar im Prinzip an der kollektivpsychologischen Problematik der Durkheim-Schule orientiert, aber in den 30er Jahren – aufgrund der Diskussionen mit Lucie Varga – die Alternativthesen der Psychoanalyse immerhin rudimentär rezipierte – hinreichend jedenfalls, um sein negatives Vorurteil gegenüber Freud in ein positives zu verwandeln.[50]

Vielleicht wären also noch kühnere Thesen möglich gewesen. Aber weiter ist Febvre nie gegangen. Seine Analyse des Nationalsozialismus blieb prinzipiell und punktuell zugleich. Er überließ es Lucie Varga und Franz Borkenau, mit denen er viel diskutierte, sowie jungen Mitarbeitern wie Henri Brunschwig oder Henri Mougin, die Leser der *Annales* über die mitteleuropäischen Verhältnisse konkret zu informieren.[51] Marc Bloch war, wie erwähnt, sogar noch zurückhaltender. Obwohl er schon 1924 in seinem Pionierwerk über die *Rois thaumaturges,* die „Wundertätigen Könige", Phänomene der Massensuggestion und des imaginären Transfers zwischen Untertanen und Herrschern analysiert hatte und intellektuell sicher manches zur Interpretation des Nationalsozialismus beizutragen gehabt hätte, hielt er sich bis 1940 aus dieser Diskussion völlig heraus.[52] Dies hatte weniger mit politischer Naivität oder gar mit Blindheit zu tun als mit seinem damaligen Verständnis von Wissenschaft und gelehrter Forschung. Bekanntlich enthalten Blochs Kriegsmanuskripte ein hohes Maß an Selbstkritik und zum Beispiel den erstaunlichen, ja erschütternden Satz: „Wir zogen es vor, uns in die furchtsame Beschaulichkeit unserer Werkstätten zurückzuziehen. Mögen die Nachgeborenen uns das Blut verzeihen, das an unseren Händen klebt!"[53] Worin jedoch hätte angesichts des szientifischen Selbstverständnisses von Bloch (und auch Febvre) die Alternative bestehen können, wenn nicht in der noch viel intensiveren wissenschaftlichen Erforschung der braunen Barbarei? Und hatten die beiden *Annales*-Gründer dafür nicht selbst einige wichtige intellektuelle Instrumente bereitgelegt?

Ich komme zum Schluß. Mein Ausgangspunkt war eine Emigrantenbibliothek und darin enthalten eine Art Flaschenpost: Voegelins *Politische Religionen.* Ein Text, den Lucie Varga und Franz Borkenau gelesen haben, die anderen erwähnten *Annales*-Autoren wohl kaum. Aber zwischen den Themen und Fragestellungen Voegelins, der als einer der ersten den Nationalsozialismus unter religiösen und symbolischen Gesichtspunkten betrachtete, und den – pauschal gesagt – „mentalitätsgeschichtlichen" Interpretationen im Umkreis der *Annales* lassen sich einige subtile Verbindungen konstruieren, wobei Lucie Vargas Aufsatz von 1937 als Vermittlungstext angesehen werden kann. Neben dem allgemeinen Stichwort der „politischen Religionen" und dem dadurch ausgelösten komparativen religionsgeschichtlichen Blick auf Deutschland scheint vor allem Voegelins Analyse der „innerweltlichen Kollektivexistenz", in der die Individuen bloß noch „dienende Glieder des sakralen Weltinhaltes" sind und deshalb beliebig manipuliert werden dürfen[54], sowie seine methodische Auseinandersetzung mit dem vordergründigen Rationalismus der sogenannten „Ideologiekritik" eine gewisse Nähe zu Themen und Orientierungen der *Annales* zu signalisieren. Auch Varga, Borkenau oder Febvre gehen davon aus, daß die mythisch aufgeladene – also nicht bloß verbrämte – NS-Bewegung mit den traditionellen Kategorien politischer Ideen, Interessen und Rationalität nicht hinreichend beschrieben werden kann. Hinzu kommt das sowohl bei Voegelin wie bei Varga und Borkenau herausgestellte Paradox eines gleichsam „rationalisierten" Fanatismus[55], eines pragmatischen oder im Nazi-Jargon „eiskalten" Umgangs mit agressiven, barbarischen Zügen menschlichen Verhaltens. Am Anfang mögen die Konsequenzen solcher Einsichten noch etwas unklar gewesen sein, aber spätestens im Krieg fand dann, wie Marcel Mauss schrieb, eine „Verifizierung durch das Böse" statt.[56] Die Verwendung des Konzepts der politischen Religionen verweist allerdings nicht nur auf Gemeinsamkeiten. Auch Differenzen sind unübersehbar. Während Voegelins religionsphilosophische Betrachtungsweise auf eine neue Philosophie des politischen Bewußtseins zielt, konzentriert sich der religionssoziologische Ansatz der *Annales*-Autoren – vielleicht mit Ausnahme von Borkenau – auf eine zwar theoretisch motivierte, aber empirisch orientierte Mentalitätengeschichte ohne geschichtsphilosophische Ambition. Darin wird im Gegenteil eine eminente Gefahr gesehen, wie die ständigen Polemiken gegen Geschichtsmorphologien à la Spengler oder Toynbee zeigen, und Ähnliches hätte Febvre sicher auch gegen Voegelin eingewandt.[57] Dem entspricht darüber hinaus eine politische Divergenz: Für Voegelin sind *alle* modernen Massenbewegungen gefährlich; das gnostische Moment ist für sie konstitutiv. Daraus folgen konservative politische Optionen.[58] Die *Annales*-Autoren tendieren dagegen eher zur politischen Linken. Aus der illusionslosen, sozusagen „pessimistischen" Analyse faschistischer und totalitärischer Bewegungen – also auch vieler Merkmale kommunistischer Praxis – folgt für sie nicht eo ipso eine „pessimistische" Politik. Auf dem Weg zu einer „entzauberten" Welt halten sie – in der Wissenschaft wie in der Politik – Experimente für unverzichtbar.

Anmerkungen

1 Vgl. Lucie Varga, Zeitenwende. Mentalitätshistorische Studien 1934–1939, hrsg., übersetzt und eingeleitet von Peter Schöttler, Frankfurt/Main 1991

2 Vgl. Peter Schöttler, Lucie Vargas Bücher. Erfahrungen mit einer unabgeschlossenen Biographie, in: Werkstatt Geschichte, 3 (1994), H. 7, S. 63–67

3 Eric Voegelin, Die politischen Religionen, Wien 1938, 65 Seiten. Neuausgabe: Eric Voegelin, Die politischen Religionen, hrsg. und mit einem Nachwort von Peter J. Opitz, München 1993 (im Folgenden wird nach dieser Ausgabe zitiert). Da aus dem Nachwort von Opitz zur Geschichte des Buches kaum etwas hervorgeht, vgl. ergänzend: Eric Voegelin, Autobiographical Reflections, hrsg. von Ellis Sandoz, Baton Rouge, Louisiana State University Press, S. 50 f.

4 Vgl. Voegelins Vorwort zur 2. Ausgabe, Politische Religionen, Stockholm 1939.

5 Eric Voegelin (wie Anm. 3), S. 49 ff.

6 Ebenda, S. 63

7 Ebenda, S. 53

8 Ebenda, S. 53 f.

9 Vgl. z. B. Edward Alexander (i. e. Alexander Emmerich), Der Mythos Hitler, Zürich 1937, wo der Nationalsozialismus aus katholischer Perspektive als „neuer Mohammedanismus" sowie auch als „neue Reformation" bezeichnet wird. Auszüge in: Ernst Nolte (Hrsg.), Theorien des Faschismus, Köln-Berlin 1970, S. 320–337

10 Vgl. Voegelin, Politische Religionen: „Die Einsichten der Tiefenpsychologie in das Triebleben des einzelnen und der Massen konnten technisch verwertet werden, ohne daß der Appell an die Triebhaftigkeit Widerstände hervorgerufen hätte. Die Einsicht in die Triebuntergründe hat

ebensowenig zu einer Rationalisierung der Persönlichkeit geführt wie die Ideologiekritik zur Zerstörung des innerweltlichen Offenbarungsglaubens, sondern im Gegenteil zu der Anerkennung, daß der Haß stärker sei als die Liebe, und daß darum die Enthemmung der Angriffstriebe und der Aufbau der Haßeinstellung die gebotenen Mittel zur Verwirklichung der Gemeinschaftsziele seien" (S. 54).

11 Vgl. Friedrich Engel-Janosi, „...aber ein stolzer Bettler". Erinnerungen einer verlorenen Generation, Graz-Wien-Köln, S. 128

12 Vgl. Peter Schöttler, „Lucie Varga – eine österreichische Historikerin im Umkreis der ‚Annales‘ (1904–1941)", in: Varga, Zeitenwende, S. 13–111

13 Lucie Varga, Das Schlagwort vom „finsteren Mittelalter", Baden bei Wien (Nachdruck: Aalen 1978), S. 125

14 Vgl. Schöttler, „Lucie Varga", S. 62 ff. sowie auch Lothar Baier, Die große Ketzerei. Verfolgung und Ausrottung der Katharer durch Kirche und Wissenschaft, Berlin 1984, S. 183 ff.

15 Varga, Zeitenwende, S. 115

16 Ebenda

17 Ebenda, S. 116

18 Ebenda

19 Ebenda, S. 117

20 Ebenda, S. 123

21 Ebenda, S. 122

22 Ebenda, S. 131

23 Ebenda, S. 133

24 Vgl. ebenda (S. 142–145) ihren Text „Über die Jugend im Dritten Reich", wo der Nationalsozialismus als „politische Religion" bezeichnet wird, die „an die Stelle der göttlichen tritt".

25 Vgl. ebenda, S. 146 ff.

26 Vgl. ebenda, S. 169 (Danksagung an Bronislaw Malinowski), S. 140 (Berufung auf Bloch), „Dans l'Autriche nazifiée: comment on y enseigne l'histoire", in: Races et Racismes Nr. 13–15, 1939, S. 26 (Berufung auf Durkheim)

27 Vgl. ebenda, S. 117, 141, 195

28 Vgl. Schöttler, „Lucie Varga", S. 76

29 Vgl. John E. Tashjean, Franz Borkenau. A Study of his Social and Political Ideas, ungedruckte Diss., Georgetown University, Washington D. C.,1962; Valeria Russo, „Profilo di Franz Borkenau", in: Rivista di filosofia, 62 (1981), S. 291–316; zuletzt: Volker Reinecke, Kultur und Todesantinomie. Die Geschichtsphilosophie Franz Borkenaus, Wien, Passagen-Verlag, 1992 (enttäuschend). Zur Beziehung Varga-Borkenau vgl. Schöttler, „Lucie Varga", S. 21 ff., sowie ergänzend: Peter Schöttler,

„Die ‚Annales‘ und Österreich in den zwanziger und dreißiger Jahren“, in: Österreichische Zeitschrift für Geschichtswissenschaften, 4 (1993), S. 74–99 (hier: S. 82 ff.).

30 Franz Borkenau, „Fascisme et syndicalisme“, in: Annales d'histoire économique et sociale, 6 (1934), S. 338–350; Georg Haschek (i. e. Franz Borkenau), „Partis, traditions et structure sociale en Autriche“, in: ebenda, 7 (1935), S. 1–12 (zur Auflösung des Pseudonyms vgl. Schöttler, „Lucie Varga“, S. 23)

31 „Partis, traditions et structure sociale en Autriche“, S. 12. Der letzte Absatz lautet: „C'est que ‚fascisme‘ est bientôt dit. En fait, pour qu'un mouvement de cet ordre réussisse et existe pleinement, il lui faut un ensemble de conditions qui ne se trouvent point partout simultanément réunies. Surtout, il faut qu'il soit vraiment un mouvement de masse, nourri de traditions idéologiques vivantes. L'intérêt, aux yeux de l'historien, des expériences qui, poussées plus ou moins avant, se poursuivent sous nos yeux dans divers pays est précisément de nous contraindre à discerner ce qui, sous un nom commun, choisi pour son prestige, se dissimule de réalités sociales et mentales différentes.“ Dies ist im übrigen ein typischer Merksatz Lucien Febvres, der gerne die Relevanz des Vergleichs für die begriffliche Ausdifferenzierung betonte.

32 Vgl. z. B. seine posthume Aneignung von Lucie Vargas Thesen über den Manichäismus (Schöttler, „Lucie Varga“, S. 88).

33 Der Begriff wurde erst durch die Übersetzung der Schriften L. Lévy-Bruhls (Primitive Mentality, London 1923) in die wissenschaftliche Diskussion eingeführt.

34 Franz Borkenau, The Totalitarian Ennemy, London 1940, S. 117

35 Ebenda, S. 120 ff.

36 Ebenda, S. 136

37 Ebenda, S. 139

38 Ebenda, S. 140 f.

39 Vgl. Martin Jänecke, Totalitäre Herrschaft. Anatomie eines politischen Begriffs, Berlin 1971, S. 66 ff.; Peter Lassman, „Responses to Fascism in Britain, 1930–1945. The Emergence of the Concept of Totalitarianism“, in: Stephen P. Turner und Dirk Käsler (Hrsg.), Sociology responds to Fascism, London, 1992, S. 214–240

40 Vgl. William David Jones, Toward a Theory of Totalitarianism: Franz Borkenau's Pareto, in: Journal for the History of Ideas, 53 (1992), 455–466 (hier S. 463)

41 Theoriegeschichtlich ist vor allem ein früher, noch von marxistischen Fragestellungen geprägter Aufsatz folgenreich gewesen: Franz Borkenau, Zur Soziologie des Faschismus, in: Archiv für Sozialwissenschaft

und Sozialpolitik, 68 (1933); erneut in: Nolte, Theorien des Faschismus, S. 156–181

42 Vgl. Peter Schöttler, Marc Bloch et Lucien Febvre face à l'Allemagne nazie, in: Genèses, 5 (1995), H. 21 (im Druck)

43 Vgl. z. B. Lucien Febvre, Le régime fasciste. Mise en place historique, in: Encyclopédie Française, Bd. X, 1935, S. 10/84/1 bis 10/84/5; ders., L'Économie derrière la politique. Vue d'ensemble et conclusions" in: ebenda, S. 10/92/1 bis 10/92/8

44 Annales d'histoire sociale,1 (1939), S. 426–428; deutsche Übersetzung unter dem Titel ,Der Nationalsozialismus – eine Doktrin?', in: ders., Das Gewissen des Historikers, hrsg. und übersetzt von Ulrich Raulff, Berlin S. 109–112

45 Ebenda, S. 427

46 Ebenda, S. 428. Die entsprechende Passage lautet in der deutschen Übersetzung: „Ich für meinen Teil frage mich, ob wirklich die Linie, die das ,Durchschnittsdeutschland' der Nachkriegszeit mit dem Nationalsozialismus verbindet, parallel zur Linie der intellektuellen [und] theoretischen Tradition verläuft. Ich frage mich, ob es nicht richtiger wäre, sie bei den Freikorps anzusetzen, statt in literarischen oder philosophischen Zirkeln. Ich frage mich, ob nicht jene aus der Bahn geworfene Jugend der Nachriegszeit, die nicht mehr den Weg zurück ins geregelte Leben, in das Leben von ehedem fand und sich statt dessen angeekelt von der bürgerlichen Demokratie abwandte und ein – nach bürgerlichen Begriffen irrwitziges Leben wählte, ein Leben der schieren Verausgabung und des verzweifelten Aktivismus; ich frage mich, ob nicht jene Landsknechte des Fanatismus, die wir in Riga, in Annaberg, im Rheinland erlebt haben in ihrem Haß auf alles Rechtmäßige, Abgewogene und Vernünftige, ob nicht diese, weit eher als die Keyserling, Spengler etc., die wirklichen ,Bildner' des Nazismus waren – eines Nazismus, der wie sie von blindem Drang nach Aggression und schrankenlosem Ausleben sadistischer Grausamkeit, von unversöhnlichem Haß auf alles Bürgerliche beseelt war" (Der Nationalsozialismus – eine Doktrin?, S. 111 f.).

47 Lucien Febvre, La sensibilité dans l'histoire: les ,courants' collectifs de pensée et d'action, in: La sensibilité dans l'homme et dans la nature (10e Semaine internationale de synthèse), Paris 1943, S. 98 ff. (Diese Tagung fand 1938 statt.)

48 Zum Deutschland-Bild der französischen Publizistik der Zwischenkriegszeit – mit Ausnahme der *Annales* – vgl. Ladislas Myryrowicz, L'Image de l'Allemagne nationale-socialiste à travers les publications françaises des années 1933–1939, in: Les Relations franco-allemandes 1933–1939, Paris 1976, S. 117–136, sowie Pierre Ayçoberry, La question

nazie. Les interprétations du national-socialisme, Paris 1979 (zu Vermeil: S. 68–73)

49 Vgl. Ulrich Raulff, Die Geburt eines Begriffs. Reden von ‚Mentalität' zur Zeit der Affäre Dreyfus, in: ders. (Hrsg.), Mentalitäten-Geschichte. Zur historischen Rekonstruktion geistiger Prozesse, Berlin 1987, S. 50–68

50 So publizierte Febvre 1938 trotz mancher Bedenken einen später berühmten Aufsatz Jacques Lacans über die Familie im VIII. Band seiner Encyclopédie Française. Vgl. dazu Elisabeth Roudinesco und Peter Schöttler, Lucien Febvre à la rencontre de Jacques Lacan, Paris 1937, in: Genèses, 3 (1993), H. 13, S. 139–150

51 Vgl. Peter Schöttler, ‚Désapprendre de l'Allemagne': les *Annales et l'histoire allemande pendant l'entre-deux-guerres,* in: Hans Manfred Bock, Reinhard Meyer-Kalkus, Michel Trebitsch (Hrsg.), Entre Locarno et Vichy. Les relations culturelles franco-allemandes dans les années 1930, Paris 1993, S. 439–461 (hier: S. 453 ff.)

52 Zur Tiefenanalyse des Politischen bei Bloch siehe jetzt Ulrich Raulff, Ein Historiker im 20. Jahrhundert: Marc Bloch, Frankfurt/M. 1995. Zwar betont Raulff zu Recht, daß Bloch nie ein unpolitischer Historiker war, aber er widersteht leider nicht der Versuchung, ihn im Vergleich zu Febvre über Gebühr zu stilisieren.

53 Marc Bloch, Die seltsame Niederlage, Frankfurt/M. 1992, S. 227 f.

54 Vgl. Voegelin, Politische Religionen, S. 54 f.: „Wenn an die Stelle Gottes die innerweltliche Kollektivexistenz rückt, wird die Person zum dienenden Glied des sakralen Weltinhaltes; sie wird Instrument, wie Kant schon – und noch mit ‚Befremden' bemerkte; das Problem ihrer Lebensführung, ihrer physischen und geistigen Existenz ist nur wichtig im Zusammenhang der Existenz der umfassenden Gemeinschaft als des Realissimum. In der Haltung innerweltlicher Religiosität akzeptiert der Mensch diese Stellung; er nimmt sich selbst als Werkzeug, als Hegelschen Maschinenteil des großen Ganzen, und unterwirft sich willig den technischen Mitteln, mit denen die Organisation des Kollektivums ihn eingliedert."

55 Varga, Zeitenwende, S. 131

56 Brief v. 8. 5. 1939 an seinen dänischen Schüler Svend Ranulf auf die Frage nach der Relevanz der Durkheimschen Theorie der *representations collectives* für die Faschismus-Analyse. Zit. in Svend Ranulf, Scholarly Forerunners of Fascism, in: Ethics, 50 (1939), S. 32. Vgl. dazu Marcel Fournier, Marcel Mauss, Paris 1995, 683 ff.

57 Vgl. Lucien Febvre, De Spengler à Toynbee (zuerst: 1936), in: ders., Combats pour l'histoire, Paris 1953, S. 119–143; Varga, Zeitenwende, S. 138 ff. Aus den gleichen Gründen hätte Febvre auch den späten Borke-

nau kritisiert, der ebenfalls meinte, eine Gesamttheorie der Geschichte zu besitzen: Franz Borkenau, Anfang und Ende. Von den Generationen der Hochkulturen und von der Entstehung des Abendlandes, Stuttgart 1984 (posthum hrsg. von Richard Löwenthal).

58 Vgl. in diesem Zusammenhang Voegelins scharfe Attacke gegen Hannah Arendt, der er vorwirft, die „menschliche Natur" für veränderbar zu halten und damit ihrerseits der „innerweltlichen [= totalitären] Ideologie" zu verfallen (The Origins of Totalitarianism, in: Review of Politics, 15 (1953), S. 68–85).

Moderne Apokalypsen in Literatur, Architektur und Malerei

Nike Wagner

Gralsplatz Wien

„Es geht eine wilde Pein durch diese Zeit und der Schmerz ist nicht mehr erträglich. Der Schrei nach einem Heiland ist gemein und Gekreuzigte sind überall. Ist es das große Sterben, das über die Welt gekommen ist? Es kann sein, daß wir am Ende sind, am Tode der erschöpften Menschheit, und das sind nur die letzten Krämpfe. Es kann sein, daß wir am Anfange sind, an der Geburt einer neuen Menschheit ... Daß aus dem Leide das Heil kommen wird und die Gnade aus der Verzweiflung, daß es tagen wird nach dieser entsetzlichen Finsternis und daß die Kunst einkehren wird, bei den Menschen – diese Auferstehung, glorreich und selig, das ist der Glaube der Moderne."

Zu dieser Definition kommt der Literaturpapst der Wiener Jahrhundertwende, Hermann Bahr im Jahr 1890. Die Moderne erscheint als apokalyptische Zeit – „großes Sterben"/"letzte Krämpfe". Die Vision eines Zusammenfalls von Ende und Anfang und die Utopie eines Heils, eines Lichtes nach der Finsternis, zeichnet sie in den Kategorien eines Erlösungsschemas, das deutlich christlich-religiösen Charakter hat. Daß die Auferstehung aus apokalyptischer Zeit nur im Zeichen der Kunst geschehen kann, daß Kunst und Heilsgeschehen eines ist, bringt uns, per Zeitmaschine sozusagen, direkt zur Landung auf dem „Gralsplatz Wien", nach Wien um 1900.

In dem Verlangen Hermann Bahrs nach dem Heil für die Moderne mag die Überschneidung der religiösen mit der ästhetischen Sphäre deutlich geworden sein; sieben Jahre zuvor hatte derselbe Mann, auch als Student der Philosophie schon die Hand am Puls der Zeit, die Überschneidung der ästhetischen und der politischen Sphäre in Wien auf den Punkt gebracht: Anläßlich des Trauer-Commers', den die deutsche Studentenschaft 1883 für Richard Wagner in den Sophiensälen abhielt und der sich zu einer deutschnationalen Kundgebung auswuchs, verglich Bahr Österreich mit einer „schwerbüßenden Kundry, die sehnsüchtig ihres Erlösers harrt". Der Erlöser heißt im gleichnamigen Bühnenweihfestspiel Parsifal, hier ist Parsifal die Metapher für den Anschluß an ein großdeutsches Reich. Damit überblenden sich der religiöse, ästhetische und politische Bereich, und man darf sagen, daß gerade diese merkwürdige Mischung der Elemente für das Denken und Fühlen um die Jahrhundertwende charakteristisch war und vielleicht sogar für jene „Finsternis" verantwortlich gewesen ist, von der eingangs die Rede war.

Die Metapher vom „Gralsplatz Wien" soll Wien als einen Schauplatz von Erlösungsmodellen kennzeichnen. Wie das Gralssymbol, weil es Symbol ist, in den Legenden verschiedene Formen annehmen konnte – bei Wolfram von Eschenbach ist der Gral ein Stein und noch kein Gefäß mit dem Blute Christi – so können auch die Glaubensprojektionen im Wien der Moderne verschiedene Gestalten annehmen. Eines aber ist den Projektionen mit Parsifals Heilsgefäß gemeinsam: Sie verkörpern ein Reinheitsideal. Und der Prozeß einer Scheidung unreiner von reinen Elementen muß dem Erreichen dieses Ideals vorangegangen sein; apokalyptische Wirren, sozusagen, der messianischen Erfüllung. Der säkularisierte Gral der Moderne kann ein ethisch-sittliches Reinheitsideal sein, ein Ideal der reinen Rasse, ein künstlerisches Stilreinheits-Ideal oder ein Land, wo man unter sich ist. Der Gral kann sogar als Sprachutopie erscheinen, als Utopie von der einen und reinen Sprache. Das Ideal einer absoluten Reinheit aber kann niemals menschliche Dimensionen haben, sondern ist immer nur bei Gott. Daher ist es ein nichtmenschliches Ideal, unter Umständen ein unmenschliches.

Die Erlösung ist ein religiöser, ein theologischer Begriff, der sich ursprünglich im Judentum gebildet hat. In Zeiten, die bis zum Zerreißen gespannt waren, wurden die Apokalypsen und die messianischen Erwartungen geboren. „Die messianischen Fluten in Israel von Jesus, Menahem, Bar Kochba bis zu Molcho, Sabbatai Zwi und Franck hängen innerlich zusammen mit den „Greueln der Verwüstung", schreibt der Religionswissenschaftler Jacob Taubes. Ein als unerträglich empfundener sozialer oder geistiger oder psychischer Zustand dürfte denn die Voraussetzung für Erlösungswünsche auch in den gänzlich veränderten modernen Zeiten sein. Der ungeheure Säkularisationsprozeß, der mit dem 18. Jahrhundert begann, hatte die Ziele der Erlösung vom religiösen Jenseits allmählich ins weltliche Diesseits gebogen. Das „metaphysische Bedürfnis" des Menschen ging dabei leer aus, und es verwundert nicht, daß diese Leerstellen besetzt werden wollten – wenn nicht von politischen Phantomen, so doch sicher vom Phantom Kunst, dem die Leitfigur der Zeit, Nietzsche, die Legitimation als Religionsersatz nachdrücklich zugesprochen hatte. In jedem Falle erbten aber auch die säkularen Erlösungsmodelle, was schon die religiösen Heilserwartungen auszeichnete: Ein Absolutum wird als Ziel gesetzt, und ein Denken in schroffen Antithesen strukturiert auch die Gefühle. „Wer nicht für mich ist, ist wider mich". Naturgemäß schließt ein solches Schwarz-Weiß-Muster Wertungen ein, und die Wertungen sind dann ebenso schroff wie die Antithesen. Sie bedingen die Aburteilung, Verdammung und womöglich Beseitigung alles Andersgearteten. Im Unterschied zu den pragmatischeren, gesünderen Prinzipien von Reform, Entwicklung und Annäherung an ein Optimum zeichnen sich Erlösungsmodelle durch Intensität und Intoleranz ihrer Anschauungen aus, durch Dogmatismus, Inbrunst und Sektierertum. Das kann nicht anders sein, denn sie beruhen grundsätzlich auf einem dualistischen Weltbild.

Das dualistische Weltbild hat religionsgeschichtliche Wurzeln, die wir uns, um die „Gralsplatz"-Phantasmen der Wiener Moderne zu verstehen, für einen Moment vergegenwärtigen müssen. Denn immer finden sich auch in den modernen Ideologien die Abdrücke atavistischer Spuren.

Die Teilung der Welt in Licht und Finsternis gehört als Primärerlebnis von Natur zur menschlichen Grunderfahrung. In der alten Welt wurden diesen zwei Welten die entsprechenden Götter und Geister zugeordnet, Lichthelden kämpfen bei den Ägyptern und Babyloniern gegen die Mächte der Finsternis, die als Drachen oder Schlangen dargestellt werden. Im Zuge der Ethisierung der Gedankenwelt wurden in den dualistischen Religionen Licht und Finsternis mit Gut und Böse assoziiert, insbesondere in der Gnosis der Manichäer, die die Keime des apokalyptischen Judentums, die sich damals über den ganzen syrisch-aramäischen Raum verbreiteten, aufgenommen hatte. Für die manichäische Religion sind Licht und Finsternis die Substanzen, aus denen sich „diese" und „jene" Welt aufbauen. Jene Welt, so beschreibt es ein Kenner der manichäischen Literatur, „ist eine Welt des Glanzes und des Lichtes ohne Finsternis ... eine Welt der Rechtlichkeit ohne Wirrsal und Trubel, eine Welt der Güte ohne Schlechtigkeit ... Eine reine Welt ist es ohne Mischung". Ihr gegenüber steht die Welt der Finsternis, die gefallene Welt, die „ganz von Schlechtigkeit voll ist, eine Welt des Wirrsals und des Trubels, ohne Festigkeit". Obwohl in dieser hiesigen Welt die Finsternis die eigentliche Substanz ist, beherbergt sie auch Licht, aber nur eine Spur davon, wie einen fremden Einschuß. Die weltliche Welt stellt eine Mischung der Substanzen dar, sie ist aus Licht und Finsternis zusammengesetzt. Diese Mischung der Welt aber ist die nötige Voraussetzung, damit das Drama der Erlösung in Gang gebracht werden kann. Das Drama der Erlösung ist identisch mit dem Drama der Entflechtung der beiden Welten. Reine Polaritäten herzustellen, einen reinen Urzustand wieder als Ziel zu proklamieren, bestimmt das manichäische Heilsdenken.

In diesem Drama der erlösenden Entflechtung spielt das, was Jacob Taubes in seiner „Abendländischen Eschatologie" mit dem „großen Urwort der Apokalyptik" bezeichnet, eine wichtige Rolle. Das Urwort ist die Fremde, die Fremdheit. Das Thema der Fremde und das Thema der Selbstentfremdung durchzieht die gesamte apokalyptisch-gnostische Literatur. Die Mischung der Welt hier ist entstanden durch den Fall der Welt, ihren Abfall von Gott, und dieser Fall ist identisch mit der Selbstentfremdung des Menschen in dieser Welt. Die Seele hat sich eingelassen mit der Finsternis, hat sich hier eingewöhnt und arrangiert, und damit hat der Mensch sein ursprüngliches und eigentliches Fremdsein vergessen, er wird schuldig, weil er sich hier heimisch macht. Mit der Wiedererinnerung aber, daß er dem Hier eigentlich fremd ist, mit der Erkenntnis des Fremden als Fremdem beginnt der Weg zurück. Das erwachende Heimweh zeigt die beginnende Heimkehr an. Der Prozeß der Entmischung des Lichten vom Finsteren, die Rückkehr, bedarf aber eines Rufes. Der Erlöser ruft von außen her und wird als himmlische Stimme im Lärm und in der Unruhe der Welt vernommen. Der, der von außen ruft und von innen, von der geschlossenen Welt gehört wird, wird als der „fremde Mann" bezeichnet. Alle, die sich in der Welt fremd fühlen, und die Mächte dieser Welt verachten, empfangen jubelnd seinen Ruf. Das ganze Haus der Welt aber muß der fremde Mann durchbrechen, um eine Bresche zu schlagen, damit der Weg für den Aufstieg der Seele frei werde.

Das Überraschende nun an der mit jüdischen und christlichen Elementen spielenden manichäischen Apokalyptik ist, daß der in die

Welt kommende fremde Mann mit demjenigen, zu dem er kommt, im letzten identisch ist. Nicht nur der Erlöser wird in der manichäischen Welt als der fremde Mann bezeichnet, sondern auch der zu erlösende, der in der Welt gefangene. Adam und der Erlöser sind in gleicher Weise der fremde Mann. Der von außen kommende Fremde erlöst letzlich sich selbst, erlöst seine vormals im Hier der Welt zurückgelassene Seele. Als Adam und Erlöser ist der fremde Mann: der erlöste Erlöser. Man muß zugeben, daß die Religionen bisweilen geniale Bilder finden für die Paradoxien der menschlichen Existenz; für die Spaltung der Seele in ein Ich und ein Selbst, für das Fremderleben des Eigenen und das Heimischsein im Fremden, für die geheimen Zusammenhänge zwischen Erlösung und Selbsterlösung, zwischen Gott und Mensch. Vielleicht hilft diese manichäische Paradoxie auch das Rätsel entschleiern, das mit den Worten des überirdisch gehauchten Schlußchors aus dem „Parsifal" zu so vielen Deutungen Anlaß gegeben hat: „Erlösung dem Erlöser".

Wir betreten wieder den „Gralsplatz Wien", von dem wir uns scheinbar weit entfernt hatten mit diesem Ausflug in die religiöseschatologischen Gleichnisse. Vor allem dürften die spätjüdischfrühchristlichen Zeiten nicht das Epithethon „fröhlich" verdient haben, mit dem bekanntlich Hermann Broch unserem Zeitabschnitt als der „fröhlichen Apokalypse" eine ausführliche Analyse gewidmet hat. Und doch gibt es in dieser Charakterisierung einen Gegensatz, der uns hier interessiert: Sind die Fröhlichen nicht jene, die ihre ursprüngliche Fremdheit in der Welt vergessen und sich in der Welt, wie sie ist, zuhause gemacht haben? Die Operetten-Wiener, die in „Walzerhaftigkeit" verblöden, wie einer der furchtbarsten Säkularisierer und Systematiker der dualistischen Weltsicht, wie der Philosoph Otto Weininger gesagt hat? Und dem ein anderer, der dem dualistischen Schema mindestens so tief verhaftet war, Karl Kraus, die Journalisten und Feuilletonisten, die Schieber, Börsenjobber und Spekulanten, die Sezessions-Galeristen und die Feministen hinzufügt? Oder die Lauen und Bequemen, die sich mit ihrem halben Elend des Geduldetwerdens abfinden, und die Theodor Herzl als „Mauschel" beschimpft, weil sie nicht mitkommen und heimkehren wollen ins Land der Väter? Hier die Fröhlichen und dort die Apokalyptiker, hier diejenigen, die sich's gerichtet und damit die Seinsverfassung der

Fremdheit bis zum schuldhaften Zustand der Selbstentfremdung getrieben haben, fast schon unerreichbar dem göttlichen, dem erlösenden Ruf, und dort diejenigen, die hören können, deren Seele aus dem Kerker der Gegenwart herauswill, die ihre Zeit als eine Zeit der Greuel und der Verwüstung, der nahenden „Letzten Tage" erleben und deshalb einen Gral, einen Messias ersehnen? Und scheint es nicht so, als würden diese wenigen, die – wie Moses – das ums goldene Kalb walzende Volk zur Besinnung rufen, dabei zugleich ihre Selbsterlösung im Sinn haben? Als Verwirklicher seines eigenen rigoros wertdualistischen Systems bis zum Selbstmord hat Otto Weininger sich in die Geschichte eingetragen, als Inkarnation der reinen und richtigen Sprache, die er forderte, hat Karl Kraus sich allen voran gesetzt, als Führer und König von Zion sah Theodor Herzl sich in seinem Traum von der Wirklichkeit.

Aber auch andere als diese drei prophetischen Rufer in der Wüste empfanden ihre Zeit als zunehmend angsterregend und apokalyptisch, forderten Umkehr, Heimkehr, Selbstreinigung. Diese Kreise nun konnten ihre Gegner als die Fremden, die sich in ihrer Welt eingerichtet hatten, ganz deutlich und namhaft machen: Die Fremden waren die Juden überhaupt, in jeder Erscheinungsform, ob getauft oder orthodox, ob arm oder reich, ob Geschäftsmann oder Journalist, ob Künstler oder Agent, ob anständig oder unanständig. Obwohl der christliche Antijudaismus um die Jahrhundertwende von den vielen und absurden Ritualmordprozessen genährt und das alte Stereotyp vom Juden als Christenblut trinkendem Gottesmörder wieder aufgewärmt wurde, glitt die Judenfeindschaft doch immer mehr aufs nationale und politische Feld hinüber. Ins gebildete Bürgertum fand der Antisemitismus vor allem über die studentischen Korporationen Einlaß, die zu Ende der siebziger Jahre bereits ihren Arierparagraphen in den Statuten hatten. Anfang der achtziger Jahre war ein wirtschaftlicher Antisemitismus in Kleingewerbekreisen üblich, der sich gegen die liberalen Juden richtete. Georg Ritter von Schönerer gründete seinen „deutschnationalen Verein" in den kein Jude aufgenommen werden durfte, und nahm den „Judenpunkt", die „Beseitigung des jüdischen Einflusses auf allen Gebieten des öffentlichen Lebens", in das Linzer Programm der Deutschnationalen auf. Der Kampf Schönerers gegen die „judenliberale Presse" war nur eine weitere Facette, dann wurde Schönerer, wie Jonny Moser schreibt, „im Radauantisemitimus von Lueger überrundet". Auch mystizistisch-mythische Richtungen des Antisemitimus, die den ariogermanischen Menschen als Herrenrasse darstellten, gab es in Hülle und Fülle. Jörg Lanz von Liebenfels, der mit seiner Zeitschrift „Ostara" für die Züchtung der blauäugigen, blonden und langschädeligen Rasse warb – und der im übrigen die Sozialisten und Feministen ebenfalls zu den Feinden zählte – war nur der prominenteste Vertreter des Rassedenkens, das in Wien auch über den Schwiegersohn Richard Wagners, Houston Stewart Chamberlain, und seine „Grundlagen des 19. Jahrhunderts" Eingang gefunden hatte.

Wie immer zersplittert die einzelnen deutschnationalen Gruppierungen auch waren – im biologischen Mythos, der die Welt in eine nichtjüdische und eine jüdische spaltete, im antithetischen Denken nach auspolarisierten Gut-und-Böse-Kategorien, und in einem Vokabular, das von raunenden Numinosa geprägt war, die alle ein Primäres suggerierten: Urtümlichkeit, Wurzeln, Blut, Wesen, Treue zu sich selbst, schöpferische Tiefe und Echtbürtigkeit, waren sie sich einig. Das typologische Denken selbst ist ja schon ein mystifizierendes. Gegen diesen dunklen Ursprungs-Jargon stand sein moderner Antipode, der „Geist", mit allen seinen zersetzenden Eigenschaften, als Logos, als Ratio, als Geist des modernen „Kunstwarenwechsels" (Wagner), als Enteigner der Seele. Die Reinigung vom Juden als einer Reinigung vom finsteren Anteil in der Mischung der Welt, war das immer gröber formulierte Heilsziel der Antisemiten. Der Ruf, den sie zu ihrer Erlösung vom Juden zu hören meinten, war ein deutscher Ruf, er kam von „draußen" – nicht etwa aus den slawischen Teilen der Monarchie, sondern aus Deutschland. Daß der Erlöser, der dann in den dreißiger Jahren kam, auch mit dem Bild des Selbst-Erlösers und Heimkehrers übereinstimmte, der als Östereicher nach Österreich zurückkam, entsprach auf eine pervertiert-realistische Weise den manichäischen Heilsprozessen.

Ich will auf folgendes hinaus: Nach den vielen tausend Erklärungen, die es für den Nationalsozialismus inzwischen gibt, Analysen aus historischer, sozialer, wirtschaftlicher, psychoanalytischer, alltagsgeschichtlicher, mentalitätsgeschichtlicher und auch theologischer Sicht – scheint uns die Unerklärlichkeit des Bösen nicht verständlicher geworden. Sie wird, mit sich vergrößerndem zeitlichem Abstand, nur immer entsetzlicher und rätselhafter. Im religionsgeschichtlichen Schema des Manichäismus – bzw. seiner Transposition ins Säkulare – finden wir vielleicht, und sei es nur für heute, eine Perspektive des Begreifens für das Ungeheuerliche. Seine dualistische Weltsicht, mitsamt den dazugehörigen Erlösungsvorstellungen, bestimmte nämlich nicht nur die Denkschemata der germanisch-rassisch-deutschnational-pränazistischen Ideologie, sondern sie taucht, als Bestandteil der Moderne, auch in jenem Lager auf, das als das feindliche gebrandmarkt wurde, eben weil es „Moderne" bedeutete, eben aber auch, weil es von Abkömmlingen aus jüdischem Haus – scheinbar oder wirklich – dominant besetzt war.

Gustav Mahler wurde nach der Lektüre.der Wagnerschen Regenerationsschriften, die sich um den „Parsifal" ranken und Reinheitsideale propagieren, für eine Weile Vegetarier. Der aus Ostgalizien stammende und in Wien lebende Dichter Siegfried Lipiner schrieb ein christliches Erlösungsdrama, das von Nietzsche hoch gelobt wurde. Arnold Schönberg schrieb anläßlich der Auseinandersetzung um die Freigabe des „Parsifal", daß er Wagner mehr liebe als alles sonst auf der Welt. Karl Kraus wurde vom „Ostara"-Herausgeber als „Retter des Ariogermanentums" gepriesen, und er druckte diese Aussage zustimmend in der „Fackel" ab. Das war 1913. 1933 wurden die Schriften des Satirikers wegen ihres positiven Deutschtums ausdrücklich von der Bücherverbrennung ausgenommen. Otto Weininger war von einem Besuch der „Parsifal" Aufführung in Bayreuth so erschüttert, daß er nur mehr „verschellen" wollte; Wagner war für ihn der größte Mensch seit Jesus Christus. Kein Wunder, daß er der einzige Jude war, den Adolf Hitler, einer Aussage Hans Pfitzners zufolge, gelten ließ. Arthur Trebitsch, gutaussehender blonder Sohn aus Wiener-jüdischem Handelshaus, von Theodor Lessing immerhin als ein „Denker von Karat und Eigenwuchs" bezeichnet, hat sich einen deutschen Mann von echterer und besserer Art als Adolf Hitler oder Alfred Hugenberg genannt und rezitierte mit Vorliebe den bekannten Spruch an den Wiener Hauswänden: „Was der Jude denkt ist einerlei, in der Rasse liegt die Schweinerei". In der akademischen Lesehalle, einem Verein der alldeutschen Studenten in Wien, trafen Arthur Schnitzler und Theodor Herzl zusammen. Herzls Freund Max Nordau – eigentlich hieß er Max Südfeld –, Feind der Décadence in der Kunst, Schriftsteller und Arzt, wird den Juden zu ihrer Besserstellung in der christlichen Gesellschaft „gojimnaches" verordnen, Turn- und Ertüchtigungsübungen der deutsch-heroischen Art. Von der Züchtung eines „Muskeljudentums" versprach er sich eine Korrektur des Bildes des geistig zentrierten Juden. Auch Theodor Herzl ist von deutschkulturellen Anschauungen durchtränkt, die er nie ganz loswerden wird. Vom Wunsche getrieben, „deutscher Schriftsteller" zu werden, kam er nach Wien und schloß sich den Burschenschaften an, in Paris brauchte er die berauschenden Klänge Wagnerscher Musik, um der Inspiration für seine Skizzen zum „Judenstaat" nicht verlustig zu gehen, und das Ich-Ideal noch des Zionisten ist der „preußische Altadelige". Durch das Modell seines jüdischen Staates schimmert immer das Ordnungsmodell Bismarckscher Prägung. Kein Wunder, daß er von den Kulturzionisten aus dem östlichen Raum mißtrauisch betrachtet und unter die Gegner des Judentums gerechnet wird, weil er das Jiddische als „Gefangenensprache" betrachtete und nicht gewillt war, das Hebräische als zukünftige Nationalsprache anzuerkennen.

Bismarck, Wagner und Nietzsche seien die Zeichen der deutschen Macht über die Welt, hatte der Stichwortgeber der Moderne, Hermann Bahr damals verkündet. Als würden diese drei die kulturelle Atmosphäre auch in Wien magnetisch aufladen, so fasziniert richtete sich in der Tat nicht nur die „freischwebende Intelligenz" nach diesen Heroen aus, sondern das Kult-, Kitsch- und Machtbedürfnis sehr viel weiterer Kreise. Während sich im Windschatten dieser Übermenschen allerlei sozialdarwinistische Ideale breitmachten, imprägnierten sie die Sphäre der Werte mit deutschkulturellen Idealen. Von einzelnen pathologischen Ausnahmen abgesehen, spielte sich die Tragödie des Verständnisses zwischen den Deutschnationalen und den Juden ausschließlich im Medium der kulturellen Auseinandersetzungen ab. Eingrenzend muß man sagen: vielleicht nur auf dem engeren Sektor der Kulturkritik. Hier kommt es zu den Übereinstimmungen, die, wie Thomas Mann sagen wird, „sehr fratzenhaft" dann im politischen System wiederkehren.

Doch hören wir Thomas Mann ausführlicher. Er wird uns einige Stichworte zu unserem Problem geben. 1934 schrieb er folgende Zeilen in sein Tagebuch:

„Dachte an den Widersinn, daß ja die Juden, die man in Deutschland entrechtet und austreibt, an den geistigen Dingen, die sich im politischen System gewissermaßen, sehr fratzenhaft natürlich, ausdrücken, starken Anteil haben und zum guten Teil als Wegbereiter der antiliberalen Wendung zu betrachten sind: nicht nur Angehörige des George-Kreises wie Wolfskehl, der, wenn man ihn ließe, sich sehr wohl in das heutige Deutschland einfügen könnte." Dieser Passus bezieht sich auf seine Beschäftigung mit dem 1925 veröffentlichten Buch „Die Wirklichkeit der Hebräer" des 1885 in Berlin geborenen Religionstheoretikers Oskar Goldberg, den er in der Figur des Chaim Breisacher im 28. Kapitel des „Doktor Faustus" auftreten läßt. Goldberg war ein ultraorthodoxer, antimoderner, mythisch-archaisch und strikte antitechnizistisch orientierter Philosoph, der die jüdische Religionsgeschichte scharf abgrenzte von der okzidentalen Kulturentwicklung und sogar das Judentum nur so weit als authentisch betrachtete, als es kultische Gemeinschaft, organische Einheit war, nicht nationalstaatliche Organisation wie bereits unter Saul und Salomon. In ihm verkörperte sich, so der Autor über das Goldberg-Double in seinem Roman, „die hellhörige Empfindlichkeit für eine Situation, in der das Avantgardistische und das Reaktionäre zusammenfällt."

Antiliberale Wendung, Antimodernismus, antitechnischer, d. h. antizivilisatorischer Affekt, Mythos, Kult, Authentizität – und eine Situation, in der Avantgardistisches mit Reaktionärem zusammenfällt: Wir finden im Goldberg-Syndrom, wie Thomas Mann es analysiert und ohne größere Sympathie darstellt, die wesentlichen Bestandteile, die bereits für die Wiener Moderne gelten. Statt des orthodoxen Goldberg wollen wir die zwei Extremisten einer anderen Orthodoxie, des „Assimilationsglaubens" nämlich, genauer anschauen, die schon aufgetaucht sind und die auf ihre Weise mindestens so extrem sind in Dingen der Kunst und der Ethik wie der religiöse Jude, aber auch jenen dritten, der mit diesem „Assimilationsglauben" schockartig gebrochen hat und an seine Stelle eine Lösung der „Judenfrage" gesetzt hat, die ebenfalls eine extreme ist. Es handelt sich um Karl Kraus, Herausgeber des Journals „Die Fackel", einer der größten publizistischen Leistungen des Jahrhunderts und Identifikationsspiegel der bürgerlichen Intelligenz, insbesondere aus der kulturell orientierten Schicht des liberalen Judentums, und das hieß immer: des getauften oder frei-

geistigen, des assimilierten Judentums. Es handelt sich um Otto Weininger, dessen Buch „Geschlecht und Charakter" immensen Einfluß
auf die geistige Welt hatte, in alle europäischen Sprachen übersetzt
und als Hausbuch des „normal antisemitischen" Bürgers bis tief in die
vierziger Jahre hinein populär war. Und es handelt sich um Theodor
Herzl, der sich vom Paulus zum Saulus gewandelt hat, vom Deutschnationalen zum Jüdischnationalen, und uns in dieser dezisionisti-
schen Wendung eine Umwertung der Werte vormacht, die ihn geschichtlich auf die richtige Seite gebracht hat.

Allen dreien ist eine Überempfindlichkeit für ihre Zeit eigen, eine
Art Weltuntergangsstimmung, wenn nicht etwas geschieht. Alle drei
haben das Geistesleben damals in hohem Maße polarisiert und alle
drei verquicken in ihren Positionen fortschrittliche Momente mit
rückschrittlichen. Die Assimilation beispielsweise bedeutete ja einmal geschichtlichen Fortschritt: In einem veränderten historischen
Kontext aber kann das Auftauchen des Ungeschichtlichen, hier des
jüdischen Mythos, fortschrittlicher erscheinen; und manchmal ist das
mythische Denken, das im allgemeinen eine statische oder konservative Haltung bezeichnet, auf radikale Weise einer Zeit voraus, die nur
noch die Dynamik kennt. Alle drei, Kraus, Weininger und Herzl, treten außerdem auf der symbolischen Bühne des manichäischen Dramas in gleichen Rollen auf – als Agenten der Entflechtung und
reinlichen Scheidung einer Welt, deren Elemente und Substanzen sich
in einem, wie sie meinen, heillosen, unheiligen Zustand der Vermi-
schung befinden. Als solche sind sie die Treiber im Drama der Erlösung, sie setzen es in Gang. Das einzige aber, was sie selbst in diesem
katastrophischen Prozeß retten kann, ist, daß sie ihres „Fremdseins"
in der Welt eingedenk sind. Der Fremde kann erlöst werden, er kann
den „Ruf von außen" als den Ruf des Eigenen noch hören, nicht aber
der Selbstentfremdete.

Das Goldberg-Syndrom der zwanziger Jahre taucht in Wien – dank
unserer Protagonisten – schon viel früher auf. Die Erneuerungs- und
Aufbruchsbewegungen der Wiener Moderne waren ästhetisch und
kulturell nicht einheitlich. Schon mit dem Ende der neunziger Jahre
spaltete sich, vorangetrieben von Karl Kraus und zeitgleich mit
Herzls „Judenstaat", eine kritische Gegenbewegung zur dominant äs-

thetizistischen oder impressionistisch/symbolistischen oder dekadenten „Nervenkunst" ab.

Den beliebten und grassierenden Feuilletonismus bekämpfte „Die Fackel" als Verrat an der echten Fiktion der Dichtung, den Journalismus als Verrat an der echten Faktizität der Information. Otto Weininger bekämpfte den Impressionismus von Ernst Mach, der den Ich-Begriff als „unrettbar", als Summe von Sinneseindrücken definiert hatte, als defaitistischen „Wartesaal für Empfindungen" und als Verrat an dem Konzept der willensstarken und autonomen Persönlichkeit; der Zionist Herzl bekämpfte das Incognito des assimilierten Juden als Versteckspiel mit sich selbst und Verrat an der Wahrheit des jüdischen Erbes.

Den Werten der liberalistischen Ära ihrer Väter aber, dem Fortschrittsglauben und dem Vertrauen in die Technik, konnten sich die fundamentalistischen Modernen erst recht nicht anschließen. „Der moderne Weltuntergang wird sich so vollziehen, daß gelegentlich der Vervollkommnung der Maschinen sich die Betriebsunfähigkeit der Menschen herausstellt" meinte Kraus über die Ungleichzeitigkeit technischer Entwicklung mit den seelischen Kapazitäten des Menschen. Die rationalen Werte der Kultur, die von der Aufklärung her positiv besetzt waren und Emanzipation bedeuteten, waren ambivalent geworden, ins Zwielicht geraten. Auf den bürgerlich konservativen Kunst- und Kulturgeschmack der Ringstraßengeneration zurückzugreifen, war den Fundamentalisten, die sich als Neuerer im echten alten Geist verstanden, dementsprechend unmöglich. Kultur als Erholung von den Anstrengungen des Geschäftslebens, „Kunst im Dienste des Kaufmanns" und als ein „Schmücke Dein Heim", damit wollten die nach Wahrheit und Verbindlichkeit, nach einem Halt suchenden Antimodernen erst recht nichts zu tun haben.

Ihr „neuorthodoxer" Kunst- und Kulturbegriff formte sich denn auch im Widerstand sowohl gegen die verkommene rationale Tradition wie den modernen Mischgeist, er formulierte das Dogma einer Rückbindung der Ästhetik an die Ethik, er bestand auf der totalen Verantwortung des Künstlers für sein Tun und stellte einen Tugendkatalog mit Begriffen wie Treue und Leistung, Persönlichkeit und Wille, Überwindertum und Heroismus auf, der deutlich „deutsche" Züge hatte. Treue zum Material der Kunst, deren Eigengesetzlichkeit nicht verletzt, Treue einer Sache gegenüber, die nicht von persönlichen Interessen getrübt werden dürfe, Treue sich selbst gegenüber im Bild des fanatischen Leistungsmenschen und Überwinders von Schwierigkeiten, des Schöpfers gegen den Virtuosen. Man denke an die „Titanenkämpfe mit Beistrichen", die Karl Kraus aufführte, um, wie er sagte, „Wort und Wesen" aneinanderzubinden, oder an die Kunsttheorie seines „Fackel"-Mitarbeiters aus Budapest, Leo Popper, der in der Materie der Kunst einen mystischen „Urteig" sah, dem der Künstler, Ebenbild des Schöpfergottes, aber auch seinem Geschöpf untertan, in Demut „Formbeseelung" abzulauschen hätte.

Radikales, fundamentalistisches Denken bedeutet ein An-die-Wurzeln-Gehen, den Gang zu den Müttern antreten, ein Kreisen um Ursprünge, ein Suchen nach dem Authentischen, nach einer Verankerung in der Tiefe. „Urspung ist das Ziel" lautet das auratische Glaubensbekenntnis von Kraus. Das Bedürfnis nach einem „Wesen der Dinge" in Abwehr gegen die impressionistischen Wirbel der modernen Erscheinungen führte schließlich zu einem System der Sicherungen, das die Welt in zwei Wesenheiten einteilte. Und weil diese nicht auf der kontaktfreudigen oder, mit Weininger zu sprechen, koitierfreudigen Fläche dieser Welt sein durfte, die des Teufels war, wurden diese Wesenheiten in die Vertikale von oben und unten verlegt, in die Spanne zwischen himmlischem Leben und irdischem Tod, zwischen Verklärung und Vernichtung. Von der „vertikalen Erfahrung des Mystikers" spricht der Schriftsteller Emile Cioran einmal, der Weininger-Verehrer war und sich – die Linie ist konsequent – als Rumäniendeutscher kurzfristig den faschistischen „eisernen Garden" angeschlossen hatte.

„Die deutsche Sprache ist die tiefste, die deutsche Rede die seichteste", meinte Kraus, der die Sprache als Urstoff der Schöpfung verklärt. Als materia prima, als „Mutter des Gedankens", ist sie für ihn selber schöpferisch, besitzt Offenbarungscharakter. Der „Stoff" der Welt dagegen ist für ihn immer das Übel, das Kleben am Stoff veräußerlicht, veräußert die Welt an eine gigantische Summe von geschriebenen und geredeten Nichtigkeiten. Bis die „schwarze Magie", der Höllenspuk des verratenen, verschlissenen, verkauften Wortes dieser Welt ein Ende macht. Deshalb ist der Sprach-Künstler, der die, wie er sagt, „entgötterte Welt in Trümmer schlägt", der Positive, der Heilsbringer. Indem er aber gerade den Stoff der Welt zu seinem Thema macht, zu seinem Anti-Thema, gerät er in theologische Dimensionen. „Es gibt keine so Positiven wie den Künstler, dessen Stoff das Übel ist. Er erlöst von dem Übel", heißt es in der Krausschen Definition seiner Spracharbeit. Der Spracherlöser aber weiß, daß er selbst erlösungsbedürftig ist, daß Gnade immer ohne Gewähr ist. Die göttliche Mutter Sprache scheint nah, zugleich aber ist sie fern. Nur unter Angst und Qualen geschieht die Geburt des echten dichterischen Wortes, des „alten Wortes". Kraus spricht immer wieder von dem „Zweifel", der ihn befällt, nachdem etwas geklärt ist, nachdem er gesprochen und geurteilt hat – als ob im nachhinein wieder ein Fernweh die Worte befalle, das sie schimmern und ihre Auslegung unsicher werden läßt. Es ist kein sachlich gerechtfertigter, sondern ein religiöser Zweifel, der den Sprachgläubigen vor den Toren der Erlösung immer wieder in den Abgrund blicken läßt.

Man hat in Kraus ob seiner richtenden Haltung und seines donnernden Gestus immer auch den „Erzjuden" erkannt. Vielleicht scheint auch in seinen Sprach-Zweifeln etwas von den Deutungs- und Bedeutungsoffenheiten der hebräischen Sprache durch, die die Vokale nicht kennt. Zumindest ist seine Sprachutopie einer ursprünglich reinen, das heißt heiligen Sprache von biblischen Konnotationen durchtränkt. Daß die eine und heilige Sprache die deutsche ist, ist der Preis für die soziale Entscheidung, in der Assimilation, in der, so Kraus, „Erlösung durch Auflösung", die Rettung zu sehen. Sein Glaube an die deutsche Sprache färbte alle Wahrnehmungen, nicht nur die ethischen und ästhetischen, sondern auch die politischen. Wie er in seiner Jugend den Zionismus als Sprachproblem abtat, so perzipiert er zwei Jahre vor seinem Tod, im Juli 1934, das Dritte Reich als „vollkommenen Umsturz im deutschen Sprachbereich". Die Nazis haben ihm „Wert und die Ehre" der deutschen Sprache enteignet – eine Diagnose der Verhältnisse, der man die Richtigkeit freilich nicht absprechen kann.

Otto Weininger gießt das antithetische Denken in diejenigen Formen, die seine Zeit der Hysterie und Neurasthenie besonders umtreibt – die sexuellen. Er denkt in sexualpsychologischen Wesenheiten und, von der richtigen und fortschrittlichen Erkenntnis des Menschen als eines mixtum compositum aus weiblichen und männlichen

Elementen ausgehend, zieht er sofort mit atavistischen Forderungen nach deren Trennung und Reinhaltung nach und verteilt moralische Werte. Noch die höchststehende Frau stünde immer tief unter dem tiefststehenden Mann, sagte er. Ganz unten rangiert das Weibliche auf der Skala der Menschheit, das Weib ist identisch mit Materie und geistiger Finsternis; erlösungsbedürftig aber gleichwohl, weil ein Funken göttlichen Lichtes auch im niedrigsten Geschöpf ist. Ihr Erlöser aber kann nur der geistige Mann, der Überwinder seiner selbst sein, der als Leugner der Frau seine eigene Materialität, Sexualität bereits verleugnet hat. Erlöser des Weibes vom Weiblichen, Selbsterlöser durch Keuschheit, Erlöser der Menschheit, erringt der Mann, das männliche Prinzip, höchste kulturelle Gültigkeit. Die Höherwertigkeit dieses Prinzips wird im Sinne kantisch-deutschprotestantischer Kategorien legitimiert. Das weibliche Prinzip dieses Wahnsystems muß dann folgerichtig ein nichtdeutsches und amoralisches sein, dem Deutschen und Ethiker freilich so nahe zugewachsen wie das Weib dem Mann. Der getaufte Jude Weininger hat einen zweiten Namen für dieses Prinzip, den Namen Jude. Weibliches und Jüdisches sind für ihn philosophisch identisch. Der Mann als Erlöser des Weibes und der Deutsche als Erlöser des Juden komplettieren einander, verrinnen ineinander. Weininger will zwar beides, das Weib und den Juden, nicht als historische, sondern als „psychologische Qualitäten" verstanden wissen, dennoch durchbricht er diese schlecht getarnte Verschiebung ständig, und seine Argumente gegen die Frauen wiederholen alle Klischees des Antifeminismus, so wie sein Antisemitismus alle Klischees wiederholt, die der Kirchen-, Radau- und Sexualangst-Antisemitismus bis dato hervorgebracht hatten. Sein Leiden daran, das Leiden des jüdischen Selbsthassers, nobilitiert diesen Haß nicht, macht Weininger selber aber zur tragischen Figur, zum Opfer in diesem innerapokalyptischen Prozeß.

Weininger war Wagnerianer wie schon sein Vater. In Richard Wagners Erlösungsdramen wird ihm das Szenario seiner eigenen Phantasmen vorgespielt. Erlöst dort zwar im allgemeinen das Weib den Mann durch sein Selbstopfer, so stellt Wagner das – für Weininger – in seinem Alterswerk „Parsifal" – endlich richtig. Dort erlöst der Mann Parsifal das Weib Kundry, jene von Wagner erfundene Zwittergestalt, die aus einem ahasverischen, mythischen Ich und einem aktuell-modernen der hysterischen Geschlechtlichkeit besteht. Wagners „Parsifal" wirkt wie eine Veroperung von „Geschlecht und Charakter", oder vielmehr: Weiningers „prinzipielle Untersuchung" ist der nachgelieferte Kommentar dazu. Konsequent aufrichtig geht Weininger den Weg, den er mit seinem eigenen System vorgezeichnet hatte, zu Ende. Als Mann Jude und selbst in seinen weiblichen Ich-Anteilen noch jüdisch definiert, ist er dem eigenen Selbst total entfremdet, nicht mehr „gemischt", nicht mehr erlösbar. Quasi rituell vollzieht er die negative Selbstreinigung und unterwirft sich noch im Tod dem deutschen Ruf: Er begeht Selbstmord im ehemaligen Wohnhaus desjenigen deutschen Komponisten, der kompositionsgeschichtlich Wagners Vorläufer ist: Er geht heim zu Beethoven.

Bei Kraus kann man von einem Judenhaß im Sinne Weiningers nicht sprechen. Kraus war kein Wagnerianer, das schützte ihn vor einer via crucis, wie Weininger sie durchgemacht hat. Er ist klug und vorsichtig, weder wahnhaft wie Weininger, noch impulsiv-trotzig wie Herzl, der eben den Exodus organisiert, wenn man ihn hier nicht haben will. Kraus redet kaum je direkt über Juden und jüdische Dinge, kaum je gibt es Judenschelte in der „Fackel". Und doch ist sie eine einzige riesige Rede über die conditio judaica, eine einzige riesige Klage über die Verderbtheit, die mit den Juden in der Welt ist. Die Presse- und Kulturkritik bei Kraus ist als Judenkritik nicht schwer zu dechiffrieren. Der Schlag gegen „Heine und die Folgen" gehört deutlich hierher. Seine Angriffe gelten – nicht anders als die Angriffe Schönerers – der „judenliberalen Presse", und wohl auch aus demselben Grund: weil sie, wie Kraus sagt, intelligenter und gefährlicher sei als die plumpe deutschnationale. Und der Satiriker greift immer dort an, wo er die „sekundären" Merkmale, wie sie der Antisemit Arthur Trebitsch aufgezählt hat, am Werk findet. Diese „sekundären" Merkmale betreffen immer das Beweglichmachen eines Phänomens, egal ob das die Kunst ist, die durch Virtuosen und Vertreter in Umlauf gebracht, die „Mutter Sprache", die durch allgemeinen Gebrauch prostituiert, oder ein anderer „wahrer" Wert, der in klingende Münze gewechselt wird. „Sie haben die Presse, die Börse, jetzt haben sie auch das Unterbewußtsein!" heißt es in einem Aphorismus, der bewußt das Prädikatsnomen statt des Nomens setzt. Denn Freud und die Folgen verpathologisieren ihm auch noch den Schöpfungsbegriff, indem die

Psychoanalyse Kunst als Sublimationsleistung interpretiert. Aus ruhenden Gütern, ewigen Werten wird mobile Ware; aus mythischer Echtbürtigkeit ein gewinnbringender Tauschartikel. Dazu bedarf es der Agenten und Makler, solcher, die die Vermittlung und Zwischenträgerschaft übernehmen und davon profitieren – kurz: der Parasiten. Sie sind bei Kraus für das elende, das apokalyptische „Zwielicht" verantwortlich, das seither in der Kultur herrscht, für die nicht mehr reinen, sondern gemischten Verhältnisse. Von seinen kulturellen Höchstansprüchen her findet sich Kraus auf der Seite derer, die er wegen ihres kulturellen Troglodytentums zwar verachtet, die aber die gemischten Verhältnisse ebenfalls beseitigen wollen, auf der Seite der Deutschnationalen und Antisemiten. Und er wird sie noch erleben, wenn sie gänzlich zu „Arischgesichtern" und „Hakenkreuzottern" geworden sind.

Während Kraus das orthodoxe Judentum nie angreift, weil es seinen Kategorien nach etwas Ursprüngliches und Echtbürtiges repräsentiert, eine „Naturkraft", verfolgt er alles, was diese Naturkraft kompromittiert und sich an den „christlichen Gelegenheiten" bereichert. Er verfolgt die Fremden in der Kultur, die so tun, als wären sie Besitzer der Kultur, er verfolgt sie bis in die letzten Sprachpartikel hinein, an denen man sie als Fremde erkennt. Er verfolgt eigentlich nur die sogenannten „Assimilanten". In seiner magischen Operette „Literatur oder man wird doch da sehn" von 1921 stößt der Großvater am Schluß ein lautes „Oi" aus, und damit ist die Welt seiner Enkel, der goethesierenden oder neutönend jüdisch-deutschen Kaffeehausliteratur auf ihre Herkunft zurückgebracht, der Versuch, aus der „Misch in die Epoche" zu gelangen, scheitert an Kraus. Wenn Kafka aber von Kraus sagt, an ihm sei die schreckliche innere Lage, in der die Juden dieser Generation zu ihrem Judentum stünden, sichtbar geworden, so ist das richtig. Kraus ist sich immer bewußt, daß er „dazugehört", und nicht erst die antisemitischen Hetzereien, die von innen und außen auch gegen ihn losbrechen, haben ihn das gelehrt. Er hat die „Distanzliebe", die Max Brod den Juden im Verhältnis zu den Deutschen anempfahl, zwar im Falle seines Verhältnisses zur deutschen Sprache nicht gewahrt, seine Fremdheit in der Welt aber hat er immer zu wahren gewußt. „Ich möchte mein Dasein von ihrem Dabeisein sondern" und „Die Welt ist ein Gefängnis, in dem Einzelhaft vorzuziehen ist", betonte Kraus. Seine grundsätzliche existentielle Fremdheit, herrührend aus dem Empfinden, selber eine „unreine" jüdisch-deutsche Mischung zu sein, ermöglichte ihm jene Erlösung im Geistigen, die er sich selber in der Sprache der Deutschen geschaffen hatte. Die Rückprojektionen der Selbsterlösung haben in seinem manichäischen Drama funktioniert, auch wenn sie ihn nicht ins Jüdische heimgeholt haben.

Bei Herzl war das anders, wie wir wissen. Herzls Zweiteilung der Welt hat andere Konturen. Im Grunde bleibt er, um unsere Terminologie aufzunehmen, „in der Fläche". Nur ist diese Fläche jetzt die Welt selber, die in eine jüdische Welt und eine nichtjüdische aufgeteilt werden soll. Doch weil er von Haus aus kein polemischer Geist, kein apokalyptischer Denker, kein Antiliberaler und kein Kritiker der technischen Entwicklungen war, vermeidet Herzl die fatalen Wertungen. Herzl beginnt als Anpasser an die herrschende Kultur, als Feuilletonist und Stimmungsbild-Schreiber, er hat den beweglichen Geist, ist viel auf Reisen, dient der bürgerlich-liberalen „Neuen Freien Presse" als Mittelsmann von Kulturellem. Er gehört eigentlich genau in die Moderne, die Kraus und Weininger ablehnen, und würde heute ein vergessener Schriftsteller sein, hätte er nicht für sich, wie Schnitzler sagte, das Problem des Lebens gelöst, indem er den Zionismus erfand. Kraus hält denn auch den Herzlschen Zionimus zunächst für eine kokette Abart der modernen Stimmungsliteratur und für eine weitere ästhetische Pose. Wenn Herzl seine ersten Inspirationen zur „Judensache" aufschreibt, sind seine Visionen zumindest deutlich theatralisch: „Ich nehme arme, verlumpte Leute von der Straße, stecke sie in herrliche Gewänder und lasse sie vor der Welt ein wunderbares, von mir ersonnenes Schauspiel aufführen". Die „fundamentalistische" Haltung aber, das absolute Engagement, mit dem Herzl sich für seine Sache, trotz der antizionistischen Haltung seiner jüdisch-assimilierten Brotherren, einsetzt, zwingt schließlich sogar Kraus zur Anerkennung seiner Persönlichkeit. Diese bürgt dann gewissermassen als Garantie für die Richtigkeit seiner Mission. Der Zionist Herzl ist kein Virtuose der Form mehr, sondern lebt die Wahrhaftigkeit eines Inhalts. Der Stil seiner Sprache im „Judenstaat" ist dementsprechend schnörkellos, phrasenlos, ganz auf den heiligen Ernst seiner Sache bezogen.

Schaut man genauer hin, so entdeckt man, komplemetär zu dieser neuen Klarheit des Ausdrucks und des Wollens, Züge einer neuen Irrationalität bei Herzl, die mit seinem bisherigen melancholischen Schmelz nichts zu tun haben; Züge des Visionären, des Träumerischen, als Quellen der Kraft und der Inspiration für die organisatorische Arbeit, die er als Zionist leisten muß. Die „Judenstaats"-Idee behält immer etwas Märchenhaftes für ihn, etwas Traumhaftes, und er bringt, ein genialer Pragmatiker des Traumes, diese Traumqualitäten wirkungsvoll in den nationalen Appell ein. Er entdeckt die „Imponderabilien", die geistigen Substrate, Ideen und Symbole als Mittel der Politik. „Wissen Sie, woraus das deutsche Reich entstanden ist?" fragte er seinen potentiellen Helfer, den reichen Baron und Philantropen Moritz von Hirsch in Paris. „Aus Träumereien, Liedern, Phantasien und schwarzgoldenen Bändern – und in kurzer Zeit. Bismarck hat nur am Baum geschüttelt, den die Phantasten pflanzten". Palästina ist so ein „Imponderabile", eine Legende, ein Ort mit Aura, ein Mythos – deshalb entscheidet er sich für dieses, nicht für ein anderes gelobtes Land wie Argentinien oder Uganda. Das „Land der Väter", wiewohl äußerlich nur eine Alternative zu den antisemitischen Ländern, ist ein religiöser Heimkehr-Gedanke in weltlich-nationalpolitischer Form. Es ist eine Heimkehr zu den Juden, eine Heimkehr zu seiner eigenen biographischen Identität. Doch welche Stolperstellen und Gefahren bringt diese neue Reinheit der Juden unter sich im eigenen Land? Er wolle mit seinem Judenstaat ein „Bollwerk gegen Asien" bilden, meinte der deutschkulturell aufgewachsene Herzl; die Araber in ihren „schmutzigen Hütten" sind für ihn bei der Landnahme eine quantité négligeable, an die er gar nicht gedacht hatte.

Apokalypse bedeutet Enthüllung, Offenbarung; bedeutet aber immer auch Katastrophe. Ohne Katastrophe also keine Erlösung. Darf man die Erlösung wollen, wenn man die Katastrophe vermeiden will? Die Verweltlichung und praktische Umsetzung von Erlösungshoffnungen stellen immer eine Bedrohung dar, das haben uns der Marxismus, der Nationalsozialismus und die neueren Sekten gelehrt. Vielleicht hatten die Vermeider der Katastrophe und die weniger Erlösungshungrigen auf der Wiener Szene recht, die die Mischung, den Ausgleich, die Vermittlung, mithin auch die Assimilation, bevorzugten, auch wenn diese Kompromißhaltungen weniger attraktiv totalitär und interessant spektakulär aussahen. Das demokratische Prinzip ist eben immer etwas glanzlos und langweilig, auch als religiöse Toleranz. Von den Wiener Modernen auf dem „Gralsplatz" hat einer die Kunst-Formel einer Erlösung ausgesprochen, die weder die fundamentalistische Sehnsucht noch die ästhetische Form verletzt. Es ist Hofmannsthal, der sich, trotz eigener jüdischer Ahnen, überhaupt aus der jüdisch-deutschen Debatte heraushielt. In seinem „Buch der Freunde" heißt es : „Die Tiefe muß man verstecken. Wo? An der Oberfläche."

Literaturhinweise

Hermann Bahr, „Die Moderne", in: „Die Überwindung des Naturalismus", wieder abgedruckt in: ders., *Essays*. Auswahl und Einführung von Heinz Kindermann zum 100. Geburtstag des Dichters, H. Bauer Verlag, Wien, 1962

Jacob Taubes, *Abendländische Eschatologie*, Matthes und Seitz Verlag, München, 1991

Otto Weininger, *Geschlecht und Charakter*, 12. Auflage, Wilhelm Braumüller Verlag, Wien und Leipzig, 1910

ders., *Über die letzten Dinge*, Matthes und Seitz Verlag, München, 1980

Jonny Moser, „Der Antisemitismus der Deutschnationalen in Österreich", in: *Die Macht der Bilder. Antisemitische Vorurteile und Mythen*, Jüdisches Museum der Stadt Wien (Hg.), Picus Verlag, Wien 1995

Gershom Scholem, „Juden und Deutsche", in: *Judaica 2*, Suhrkamp Verlag, Frankfurt/M., 1970

Karl Kraus, *Beim Wort genommen*, Dritter Band der Werke von Karl Kraus, hg. von Heinrich Fischer, Kösel Verlag, München, 1955

Theodor Lessing, *Der jüdische Selbsthaß*, Matthes und Seitz Verlag, München, 1984

Theodor Herzl, *Tagebücher* in drei Bänden, Jüdischer Verlag, Berlin, 1922

ders., *Der Judenstaat*. Versuch einer modernen Lösung der Judenfrage (1896), wieder abgedruckt im Ölbaum Verlag, Augsburg, 1986

Alex Bein, *Theodor Herzl*, Ullstein Verlag, Frankfurt/M.–Berlin–Wien

E. M. Cioran, „Kleine Theorie des Schicksals", in: *Dasein als Versuchung*, Klett-Cotta Verlag, Stuttgart, 1983

Karin Wilhelm

Architektur und Stadt im Nationalsozialismus als apokalyptischer Text

Am 26. Februar 1933 hält der Deuteroskop Jan Erik Hanussen, dem die mondäne Berliner Gesellschaft zu Füßen liegt, eine seiner exklusiven Seancen ab. Anwesend ist auch der SA-Führer Graf Helldorf, auf dessen Befragung Hanussen in magisch-düsterer Pose den Brand eines bedeutenden Gebäudes voraussagt. Einen Tag später, am Abend des 27. Februar, brennt das Haus des Deutschen Reichstages in Berlin. Hanussens Prophezeiung hat sich nach kaum vierundzwanzig Stunden erfüllt. Kurz nachdem der Brand entdeckt wird, trifft der seit dem 30. Januar 1933 zur Reichs-Regierung gehörende preußische Innenminister Hermann Göring ein, weitere zwanzig bis dreißig Minuten später Josef Goebbels und schließlich der Reichskanzler Adolf Hitler höchstpersönlich. Alle drei, Hitler, Goebbels und Göring als die herausragenden Agitatoren der NSDAP, wissen dieses Zeichen nutzend zu deuten: Es „beleuchtet" nichts weniger als die Erfüllung ihres Traumes. Nicht nur Mitglieder einer von mehreren Parteien gestellten Reichsregierung wollen sie sein, vielmehr erstreben sie die Alleinherrschaft der NS-Partei. Zur Durchsetzung dieses Zieles bewährt man sich noch im Wahlkampf, denn unmittelbar nach seiner Ernennung zum Reichskanzler am 30. Januar 1933 hat Hitler den Reichstag aufgelöst und für den 5. März Neuwahlen anberaumt. Am Abend des 27.Februar jedoch befinden sich die drei NS-Größen – entgegen ihrem sonstigen Arbeitsrhythmus – erstaunlicherweise nicht auf Wahl- oder Parteiveranstaltungen und nehmen auch sonst keine offiziellen Termine wahr. So ist es ihnen möglich, nahezu ebenso zeitig am Orte des Geschehens zu sein wie die Feuerwehr, als hätten sie sich wie diese in Bereitschaft gehalten. Zugleich mit ihrer Ankunft vor dem brennenden Gebäude liefern die Herren der NS-Parteispitze ihre Täteranalyse und erklären der Öffentlichkeit, noch bevor der im Parlamentsgebäude gestellte Verdächtige, Marinus van der Lubbe, verhört worden ist, daß es Kommunisten gewesen seien, die das Haus der demokratisch gewählten Parlamentarier vernichten wollten. Unzweideutig sei damit symbolisch bedeutet, welches Ziel die kommunistischen „Umsturzpläne"[1] die man doch lange schon kenne, verfolgten. Der Herr Reichskanzler und seine Mannen ziehen aus diesem eiligen Befund in den kommenden Wochen ihren politischen Gewinn: Noch in der „Brandnacht (werden) etwa 5000 führende Oppositionelle ... verhaftet und in neugeschaffenen Konzentrationslagern interniert"[2], in den folgenden Tagen wird die Kommunistische Partei, die kommunistische Presse und in Preußen auch die der Sozialdemokratie verboten. Am 28. Februar erlöschen mit der „Verordnung des Reichspräsidenten zum Schutz von Volk und Staat" wesentliche Grundrechte, und das sind, wie im Reichsgesetzblatt zu lesen ist: „Beschränkungen der persönlichen Freiheit, das Recht auf freie Meinungsäußerung, einschließlich der Pressefreiheit, das Vereins- und Versammlungsrecht, Eingriffe in das Brief-, Post-, Telegrafen- und Fernsprechgeheimnis, Anordnungen von Haussuchungen und von Beschlagnahmen sowie Beschränkungen des Eigentums."[3] Nach den Wahlen am 5. März werden alle nicht nationalsozialistisch geführten Länderregierungen abgesetzt. Am 24. März tritt gegen die Stimmen der Sozialdemokraten das Ermächtigungsgesetz in Kraft, am 1. April wird der Boykott gegen jüdische Geschäfte und die Verdrängung von Juden aus ihren Berufen organisiert vollzogen, eine Woche später werden mit dem Gesetz zur „Wiederherstellung des Berufsbeamtentums" Juden und mißliebige Beamte von ihrem Dienst entlassen, d. h. sie werden rausgeschmissen. Der 2. Mai 1933 bedeutet das Ende der alten Gewerkschaftsorganisationen, und im Juni lösen sich die letzten bürgerlichen Parteien unter dem Druck der Nazis selbst auf. Schließlich ergeht am 22. des Monats der Verbotserlaß an die SPD, am 14. Juli wird ein Gesetz erlassen, das die Neubildungen von Parteien verbietet. Hitler und die Seinen haben ihr Ziel erreicht. Nur vier Monate nach dem Reichstagsbrand kann der deutsche Reichskanzler, der sich lieber „Führer" nennen läßt, zufrieden feststellen, daß die NSDAP die einzige Partei im Deutschen Reich ist.

In dieser Ereignisfolge läßt sich der politische Kern des Reichstagsbrandes umschreiben. Die umfassende Bedeutung des Geschehens vom 27. Februar 1933, die das Programmatische des Ereignisses an das nationalsozialistische Credo bindet, bleibt im Faktischen allerdings unentdeckt. Hitler selbst jedoch benennt es noch am selben Abend und im Angesicht des brennenden deutschen Parlamentsgebäudes. Seinem Vizekanzler von Papen, der ebenfalls gekommen ist, die „Schwatzbude", wie die Nazis das Parlamentsgebäude des deutschen Volkes nennen, brennen zu sehen, entdeckt Hitler den teleologischen Sinn des Reichstagsbrandes und damit zugleich die eigene welthistorische Mission. „Das ist ein von Gott gegebenes Zeichen." So Hitler zu Papen und weiter: „Niemand wird uns nun daran hindern, die Kommunisten mit eiserner Faust zu vernichten." Und zum Korrespondenten des „Daily Express", gegenüber Sefton Delmer, der die Äußerungen Hitlers überliefert hat, äußert er: „Sie sind Zeuge einer großen neuen Epoche in der deutschen Geschichte. Dieser Brand ist ihr Beginn."[4]

Der Reichstagsbrand ist für Adolf Hitler von weitreichender Bedeutung, er ist ebenso willkommenes Fanal für politische Repressionen und Menschenvernichtung wie ein Ereignis, das Hitler als Beweis seiner prognostischen Kraft versteht. Denn dieses Feuerzeichen mit seinen in den schwarzen Nachthimmel auflodernden Flammen, der mächtige, nun im Brand innerlich glühende Parlamentsbau, schließlich der Einsturz der gewaltigen Glaskuppel, die als gebautes Zeichen demokratischer Gesinnung schon den Unwillen Kaiser Wilhelms II. hervorgerufen hat, erscheinen dem vom ästhetischen Pathos tief durchdrungenen kleinen Mann als bildgewordene Erfüllung seines politischen Bekenntnisses, das er bereits 1924 während seiner Festungshaft in Landsberg in der Stilistik religiöser Prophetie verfaßt hat. Schon der Aufbau seines Buches orientiert sich an der Folge von Altem und Neuem Testament, den heiligen Büchern der Juden und Christen. „Mein Kampf" umfaßt zwei Bände, der eine Band trägt den Titel „Eine Abrechnung", der andere „Die nationalsozialistische Bewegung", unschwer zu erkennen, daß darin die Schriftenfolge des Alten und Neuen Bundes paraphrasiert wird. Entsprechend sind Hitlers Darlegungen durchsetzt vom Bekenntnis des Sehers und vom Bewußtsein, auserwählt zu sein, um sich im Text immmer wieder zur Entschleierung eines bevorstehenden Endes zu steigern. Man liest: „Siegt der Jude mit Hilfe seines marxistischen Glaubensbekenntnisses über die Völker dieser Welt, dann wird seine Krone der Totentanz der Menschheit sein, dann wird dieser Planet wieder wie einst vor Jahrmillionen menschenleer durch den Äther ziehen. Die ewige Natur rächt unerbittlich die Übertretung ihrer Gebote. So glaube ich heute im Sinne des allmächtigen Schöpfers zu handeln: Indem ich mich des Juden erwehre, kämpfe ich für das Werk des Herrn."[5]

Der das schreibt, sieht sich in seiner Gefängniszelle wie Johannes in der Patmos-Höhle und ist in dieser Einsamkeit für Eingebungen offen. Auch Hitler folgt bei Abfassung des Textes einer Stimme, die er, wie er schreibt, in seinem Inneren hört, und seinen Augen, die nun sehende sind. Woraus sich diese Selbstgewißheit des Sehers speist, wird weiter unten anhand der Konfrontation Hitlers mit der Großstadt Wien darzulegen sein.[6] Er schreibt also unter jenen Vorzeichen, die zur prophetischen Rede gehören und die in der populärsten, der christlichen Variante der apokalyptischen Texte, in der Offenbarung des Johannes, die Mitteilungen Gottes überhaupt ermöglichen. Wie schon die johanneische Offenbarung, so ist auch „Mein Kampf" nicht an „Fremde", sondern, wie jede prophetische Rede, an die eigene Gefolgschaft gerichtet. Hitler wendet sich explizit an die „Anhänger der Bewegung"[7], wie einst Johannes sich an die Gemeinden wandte. Und wie die Offenbarung des Johannes zunächst die Katastrophen-, sodann die Erlösungsvision beschreibt, so auch Hitler das, was bei ihm „Abrechnung" und dann „nationalsozialistische Bewegung" heißt. So umspannt sein Kampf zwei Phasen, die in der Nacht des 27. Februar 1933 zusammenfallen: tätige Abrechnung und Beginn des Heilsvollzuges. In dieser Umwertung vom Künftigen ins Gegenwärtige, in der Negation des apokalyptischen Gehaltes, daß das neue Reich nicht in dieser Welt, sondern nur abseits von ihr zu erblicken sei, in der Umdeutung der prophezeiten Katastrophe in eine faktische, enthüllt sich der propagandistische Kern der durch Hitler gewählten religiösen Analogien, die mit dem Reichstagsbrand als nützliche und eingängige Leitbilder seiner Politik fungieren können. Gott, so Hitler, habe im Flammenmeer des Reichstages seinen Willen offenbart und dies mit einem Zeichen, das, wie der Bibeltext mehrfach bezeugt, immer schon frevlerische Taten sühnte: durch die Vernichtung von Häusern und Städten der Frevler im reinigenden Feuer. In dieser Sicht des Reichstagsbrandes treffen Prophetie und apokalyptische Vision zusammen.

Pinchas Lapide hat mit der Triade von Sprechen, Glauben und Sehen die Voraussetzungen benannt, die im Kontext der jüdischen Religion zur Ausformung der apokalyptischen Rede gehörten. In seinem Aufsatz „Apokalypse und Hoffnungstheologie", der zugleich den Qualitätssprung von Prophetie zu Apokalyptik beschreibt, benennt Lapide den Funktionszusammenhang prophetisch-apokalyptischer Sensitivität für die Heilsgewißheit."Das Verdienst der Apokalyptik war es, die messianische Idee aus dem Halbdunkel der prophetischen Ahnung über das Licht des volkstümlichen Glaubens hinein in den Brennpunkt der verklärenden Vision zu rücken. Anders gesagt: Der Prophet hat geweissagt, das Volk hat geglaubt, und der Apokalyptiker hat es gesehen."[8] Auf unseren Sachverhalt bezogen heißt das: Hitler spricht als Prophet in eigener Sache, im Angesicht des brennenden Reichstags deutet er als Seher das stürzende Reich, nun mag sich der Glaube des Volkes an der Katastrophe schulen, um sich der Hoffnung auf Erlösung in einem neuen NS-Reich zu überlassen. Diese Vision des neuen Reiches gehört zum prophetisch-apokalyptischen Bestand der jüdischen und christlichen Predigt. Denn nie, so Jakob Taubes, „... bedeutet Unheil das Ende, nie verzichtet die Prophetie auf Weissagung des Heils, auch wenn das Heil in die Ferne rückt und nur für einen Rest kommt. Die volkstümliche Eschatologie Israels ... ist vornehmlich Erwartung des Heils."[9] Im Brand des Reichstagsgebäudes sind alle Phänomene und Motive versammelt, die Hitlers politische Apokalyptik symbolisieren und zum Vorbild seiner politischen Handlungen werden: Das Feuer erscheint als apokalyptischer Brand, gelegt an das Haus, das die nahende, weltweite Katastrophe verkörpert, eine Art Fegefeuer zum Auftakt des Jüngsten Tages, den die Nazis, dies im Sinne der frühen Apokalyptik Israels, später vollkommen verfälschend als „Revolution" bezeichnen werden. Doch anders als die jüdisch-christliche Eschatologie *erwartet* man nicht Gottes Urteil und Heilsversprechen, sondern *vollzieht* es, hält selber Weltengericht, und beginnt nun systematisch apokalyptisches Geschehen zu initiieren, zu inszenieren und zu vollziehen. Es tut sich kund, um es mit den Worten Hannah Arendts in Bezug auf Adolf Eichmann zu sagen, „... in dem Willen ..., die Erde nicht mit dem jüdischen Volk und einer Reihe anderer Volksgruppen zu teilen, als ob Sie und Ihre Vorgesetzten das Recht gehabt hätten, zu entscheiden, wer die Erde bewohnen soll und wer nicht."[10] Das Buch „Mein Kampf" endet denn auch nicht im Eingedenken der alten Prophetie, angesichts der drohenden Katastrophe umzukehren, sondern im

Schlachtruf, die Vernichtung des sogenannten Übels zu vollziehen und: „... endlich in sechzig Millionen Köpfen, bei Männern und Weibern ... (den) gemeinsamen Haß zu jenem einzigen feurigen Flammenmeer (zu entfachen), aus dessen Gluten dann stahlhart ein Wille emporsteigt und ein Schrei sich herauspreßt: Wir wollen wieder Waffen!" und wenig später: „Allmächtiger Gott segne dereinst unsere Waffen ... Herr segne unseren Kampf."[11] Ein Mittel in diesem Kampf ist der nationalsozialistische Städtebau, der vielfach Stadtvernichtung voraussetzt, um realisiert zu werden, und damit zugleich die räumliche Umsetzung der Selektion vollzieht. Aus dem Reichstagsbrand muß ein Flächenbrand werden und die Architektur darin kämpferisch.

Apokalyptik als Stadtwut

Bis heute streiten Historiker darüber, ob es Göring, SS- und SA-Leute selber waren, die den Reichstag in Brand setzten. Hat Göring Hand anlegen lassen, so hat Hitler es gewußt. War es hingegen Marinus van der Lubbe, so war das politische Kalkül des Reichstagsbrandes für Hitler um so deutlicher vom Schein der Metaphysik dieses Geschehens durchdrungen und mußte sein Sendungsbewußtsein stärken. Hitler war Zeuge seiner prophetischen Kraft, die ihm im Ereignis als wahrhaftige zurückstrahlte. Dieses Seelenerlebnis der Selbstvergewisserung prägte hinfort jede rituelle Nazifeier, die eben nicht allein an die Massen, diese ausrichtend, sich richtete. In dieser Doppelung von Faktischem und seiner Mystifikation, aus der Verschlungenheit von Propaganda und Überzeugung, von Rationalität und Mythos speiste sich das politische Handeln des NS-Regimes. Es nährte sich am ästhetischen Erleben. Der Jugendfreund Hitlers, August Kubizek, hat in seinem 1953 erschienenen Buch über Adolf Hitler von der Ergriffenheit des Freundes nach der Aufführung von Wagners Oper „Rienzi" berichtet. In der Hitler-Biographie von Marlis Steinert liest sich die Begebenheit so: „Nach einer Vorstellung der Wagner-Oper Rienzi verfiel Hitler in eine Art Trancezustand. Er überredete Gustl (also Kubizek, K. W.), mit ihm einen Spaziergang zu einer Anhöhe zu machen, von der man auf Linz herabblicken konnte, und eröffnete ihm mit heiserer, aufgeregter Stimme, daß er von seinem Volk den

Auftrag erhalten werde, es in die Freiheit zu führen."[12] Ein Jugendlicher, bei dem die Geschichte von Moses auf dem Berge Sinai, im Religionsunterricht gehört, eine eigene Wirkung zeigte, ein selbsternannter Seher, der doch nur hellseherisch sein Ziel erreichte, mit Hilfe vertuschter, unsichtbarer Tricks und eingeweihter Helfershelfer.

Adolf Hitler war, wie viele seiner Zeitgenossen, geprägt vom Ekel vor der Industriestadt des späten 19. Jahrhunderts und den mit ihr gewachsenen sozialen Widersprüchen. Seine Abneigung den großen Städten gegenüber, die sich zur Großstadtwut verdichtete, entwickelte er in Wien. Auch dem Metropolenhaß hat er in seinem Bekenntnisbuch Ausdruck gegeben, zumeist, wie nahezu alles, was er dachte, mit entliehenen Vokabeln und geklauten Argumenten. In Anlehnung an Kulturtheorien, die mit den Ereignissen des ersten Weltkrieges die Katastrophenzeit, wie Oswald Spenglers „Untergang des Abendlandes", beschrieben und den kulturellen, abendländischen Niedergang in der weltweiten Durchsetzung der amerikanischen Zivilisation in apokalyptischer Manier prognostizierten, formulierte Hitler seine Katastrophenprophetie der Stadt gerne in Anlehnung an bekannte Motive, im Bild der Hure Babylon. Er selbst sah sich als planender Sendbote eines himmlischen Jerusalem, denn zeitgleich mit der Abfassung des zweiten Bandes seines Buches enstanden um 1927 seine Skizzen und Entwürfe, die später Albert Speer, Bau- und schließlich Kriegsminister, als Vorlagen zu den Planungen einer neuen deutschen Reichshauptstadt „Germania" dienten.

Die apokalyptische Vision vom Untergang der Stadt, des Molochs oder der großen Babel gehörte bereits zum Bestand des Frühexpressionismus. Maler und Dichter, wie der in Berlin lebende Ludwig Meidner, zeigten, nun wirklich vorausschauend, in Bildern vom Untergang der Stadt schon vor 1914 ihre existentielle Furcht und ihre Angst vor Individualitätszerrüttung. Der nahenden Katastrophe, die sich im Krieg realisierte, setzte man die Suche nach dem Menschen entgegen, nach der Katastrophe, wie Meidner in seinem Werk „Septemberschrei" von 1920, den „Kameraden" und die Erkenntnis der Niederlage. „Oh, die Schollen brechen. Kameraden, wir müssen uns bei den Händen halten. Wir Millionen Brüder, und auch ihr Drübigen. Uns bei den Händen halten, Aber ach, zu spät, wir sinken."[13] Döblin und Brecht, George Grosz und Otto Dix waren nur die bekannteren

Künstler, die ihre Sicht der verderbten, großen Stadt als Stätte proletarischen Elends, menschlicher Brutalität und Kriegsgeschrei, als Ort
des Klassenkampfes im Bild der babylonischen Hure aus der Johnnes-
apokalypse faßten. Ihr Anschauungsobjekt war das seit 1900 explo-
sionartig gewachsene Berlin.

Apokalyptik als (Straßen-)Kampf

Adolf Hitler hat eine ganz ähnliche Stadt vor Augen, wenn er Wien beschreibt, in der „strahlender Reichtum und abstoßende Armut" nahe
beieinanderliegen, worin die, wie er sich ausdrückt, „Tugenden der un-
tersten Schichten", wie „Opferwilligkeit, treue Kameradschaft, außerordentliche Genügsamkeit und zurückhaltende Bescheidenheit"[14]
verdorben werden. Vor diesem Tugendkanon enlarvt sich ihm die
Großstadt Wien nun als eine Art Luxushure, als „Phäakenstadt", als
„Rassenbabylon"[15] und Ort eines „Völkerbreis", an dem, wie im österreichischen Parlament, ein unerträgliches „Sprachentohuwabohu"[16]
herrsche. Wien wird ihm derart zum Ort der Offenbarung seiner Kata-
strophenanalytik, und die Straßen der Stadt formen seine Erweckungs-
topographie. „Es kam die Zeit", schreibt Hitler, „da ich nicht mehr wie
in den ersten Tagen blind durch die mächtige Stadt wandelte, sondern
mit offenem Auge außer den Bauten auch die Menschen besah." Und
nun, nachdem er sehend ist, entdeckt er im „Schmutz und Unrat der
Stadt" eine Erscheinung in langem Kaftan mit schwarzen Locken."[17]
Das ist die Geburtsstunde seines Rassenwahns, worin sich das Bild der
babylonischen Stadt Wien mit dem des jüdischen Menschen nun über-
lagert und beide mit dem des „babylonischen Reiches", dem österreichischen Vielvölkerstaat. „Es bedurfte", wie Hitler schreibt, „... der Faust
des Schicksals, um mir das Auge über diesen unerhörtesten Völkerbe-
trug zu öffnen."[18] Und im Anblick des seiner Auffassung nach durch
Mitleidigkeit gegenüber dem Fremden stürzenden Österreich, folgert
er: „Erst wenn eine Zeit nicht mehr von den Schatten des eigenen
Schuldbewußtseins umgeistert ist, erhält sie mit der inneren Ruhe auch
die äußere Kraft brutal und rücksichtslos die wilden Schößlinge heraus-
zuschneiden, das Unkraut auszujäten."[19]
Hitlers Selbsteinschätzung als Prophet, Richter und Erlöser in einer Person bereitet seine Mission als Vollstrecker des apokalypti-

schen Geschehens vor, dessen erster Teil sich im Krieg und in der Destruktion erfüllt. Zuweilen vorgetragen im biblischen Sprachduktus und in gewählter Analogie dazu, stellt er den Nationalsozialismus auf seiner Nürnberger Parteitagsrede 1933 auf zwei sichernde ideelle Stützen. Der Nationalsozialismus sei zum einen die „Erfüllung zahlreicher seherischer Ahnungen", zugleich aber, und das ist außerordentlich wichtig, das Ergebnis „tatsächlicher wissenschaftlicher Erkenntnisse."[20] Wenn Hitler acht Monate nach Erlangung der Macht die vermeintlichen Stützen unhinterfragbarer Autorität, Glaube und Wissenschaft, ins Feld führt, so macht er die nationalsozialistische Ideologie unangreifbar und deklariert die kommenden Vernichtungsfeldzüge zum zwangsläufigen Geschehen, als gottgewollt zum einen und naturgesetzlich folgerichtig zum anderen. So beginnt die Politik der Nationalsozialisten jene wuchernde expressionistische Dichtung aus ihrer metaphorischen Ohnmacht zu erlösen, die, wie Alfred Ehrensteins „Wien" betiteltes Gedicht, den Rausch der Zerstörung besang.

> *Wien, du alte, kalte Hure,*
> *ich kauerte an deines Grabes Mauer*
> *Du hast ein Reich verpraßt,*
> *das nie den Armen nährte ...*
> *Wien nieder brennt dein Feuer. Dein Tag*
> *verkohlt.*
> *Aufqualme roter Feuertag der Städtezerstörer! ...*
> *Ich beschwöre euch, zerstampfet die Stadt*
> *Ich beschwöre euch, zertrümmert die Städte*
> *Ich beschwöre euch, zerstört die Maschine*
> *Ich beschwöre euch, zerstört den Staat!*[21]

Die Hure Babylon muß stürzen, damit das himmlische Jerusalem erscheine. Hitler beginnt, die apokalyptische Vision in die Tat umzusetzen, die er als pragmatische Handlung in die Hände technisch und organisatorisch bewährter Spezialisten legt. Der Möchtegern-Architekt Hitler, dem der ausgebildete, diplomierte Architekt Alfred Rosenberg ideologisch assistiert, dem der diplomierte Architekt Albert Speer planend und organisatorisch zur Hand geht, beginnt sein Werk.

In Berlin und Deutschland, etwas später in Österreich, werden Kampf und Krieg den Alltag der Menschen und ihrer Städte bestimmen. Kampf, Krieg und Macht sind die ideellen Leitbilder der nationalsozialistischen Städteplanung, sie bestimmen die Ikonografie der NS-Architektur. Das zeigt sich zunächst unterschwellig im alltäglichen, deutschen Stadtbild, denn nicht *jeder*, nicht *alle* sind im Stadtraum gelitten. Die alte Stadtstruktur mit ihren im sozialen Konflikt gewachsenen, unsichtbaren Grenzlinien wird politisch und rassisch selektiert und im Blocksystem kontrolliert. Dieser Kampf um die Herrschaft im öffentlichen Raum wird von der organisierten Militarisierung der deutschen Gesellschaft begleitet, in deren Gefolge die Militarisierung der Städte und der städtischen Achitektur. Stadtumbau, Stadtneubau und der Bau einer neuen Weltordnung werden im dialektischen Feld von Zerstörung und Aufbau und Aufbau durch Zerstörung vollzogen, ein Prinzip fordert das andere.

Apokalyptik als Krieg

Die bildende Kunst des NS-Regimes zeigt dieses Geschehen in seiner Gewalttäigkeit – aber eben diese war eine Tugend des neuen, arischen Mannes – immer wieder. Das Umbauen und Neubauen der Welt bedingt den Abschied in vielfacher Hinsicht. Beide, „Bauen und Abschied", so heißt ein Bild von Franz Eichhorst, gehören, auch wenn es schwerfällt, offensichtlich zusammen (Abb. 1). Viele Abschiede werden derart visuell vorweggenommen und mit heroischem Agens versehen. Die Ostkolonisierung vorbereitend, muß die Welt gerodet, das Unterste zuoberst gekehrt werden, wie mit einer Dampframme penetriert der deutsche Arbeiter-Bauer die einst mütterliche Erde, die als polnische, sowjetische und osteuropäische der kriegerischen Vergewaltigung und Unterwerfung zugeführt wird (Abb. 2). Der inszenierten Bedrohung durch „Östliche Einfälle", die in dem Bild von Ferdinand Staeger eine jahrhundertelange Tradition von östlichen, was immer das meint, Überfällen auf Deutschland behauptet, folgt nach gewonnener Schlacht die „Reitende SA" (Abb. 3, 4). Mit solchen Bildern, deren wirkliche Verbreitung und damit Kenntnis in der deutschen Bevölkerung allerdings noch wenig aufgeschlüsselt werden konnte, wird Geschichte im Sinne einer währenden Aggression präsentiert und die Notwendigkeit der letzten Schlacht behauptet. Wenn sich mit diesen Gemälden kunsthistorische Assoziationen, etwa zu Albrecht Dürers Holzschnitten der Apokalyptischen Reiter – und Dürers Arbeiten waren durchaus verbreitet und bekannt – herstellen, so ist die Assoziation willkommen. In solchen Bildmotiven, die vor allem das alltagskulturelle Milieu der NS-Zeit durchdringen, lernt die deutsche Familie, woher die Bedrohung kommt und wem sie gilt (Abb. 5). Die Botschaft dieser Bilderwelt ist nur eindeutig, sie lautet, wie der Titel eines Bildes von Otto Rudolf, "Kampf bereit" zu sein (Abb. 6). Dieses Werk ist wie kaum ein anderes in seiner geradezu lächerlichen Motivwahl und der nachempfundenen Altmeisterlichkeit von besonders eindringlichem Schrecken, weil es ganz und gar wahrhaftig die propagandistische Motivation der NS-Partei offenlegt. Im Bild sind Feinde, denen der Kampfbereite entgegentritt, nicht zu sehen, nur eine einsame Rüstung auf undefiniertem Terrain, das Schwert gezogen und zum ausholenden Schlag präpariert: kein Angreifer, kein Agierender, kein wirklich Kämpfender, ohne Not und ohne Grund in dieser Lage, nur ein Symbol des Kämpfens von geradezu überhistorischer Bedeutung, gesichtslos, nahezu zeitlos, nur entseelt, und auf den unsichtbaren Befehl sich in Bewegung setzend, wartend, eine Kampfmaschine in verklärender, mittelalterlicher Verkleidung. So kurios uns dieses Bildmotiv im 20. Jahrhundert erscheint, so eindeutig übermittelt es den Impuls der nationalsozialistischen Verfügungsstrategie und Verteidigungsmanie. Der Westwall, das sei angemerkt, wird das gebaute militärische Pendant dazu sein.

Hitler schätzt Bilder dieser Art gar nicht, vielleicht, weil er instinktiv deren entlarvende Bildsymbolik spürt. Ihm ist das Bild des nackten Ariers, des nordischen Menschen lieber, das Idealbild des Kämpfers, der vortäuscht, indiuduell und freiwillig zu handeln, und doch auch nur als Marionette fungiert. Hitler schätzt *diese* ideologische Vermummung. In den Skulpturen eines Thorak oder Breker entdeckt er diesen Typus des „neuen Menschen", der in seiner Nacktheit und physiognomischen Stereotypie nun vom Ewigen, vom Gleichen erzählt, eine Kampfmaschine mit Menschenantlitz, das, und hier greift die Rassentheorie Hitlers wie Rosenbergs, in der Zukunft tatsächlich zu gestalten sein wird. „Die Gesichter, die unterm Stahlhelm auf den

Kriegerdenkmälern hervorschauen", so Rosenberg im „Mythus des 20. Jahrhunderts", „sie haben fast überall eine mystisch zu nennende Ähnlichkeit. Eine steile durchfurchte Stirn, eine starke gerade Nase mit kantigem Gerüst, ein fest geschlossener schmaler Mund mit der tiefen Spalte eines angespannten Willens. Die weitgeöffneten Augen blicken geradeaus vor sich hin."[22]

Dieses Bild des stets kampfbereiten, kriegswilligen Mannes in einer kampfbereiten Umwelt und einer kampfbereiten Familie teilt sich dem öffentlichen Raum mit, der vor allem durch Maßstabsprünge und Quantifizierung heroisiert wird (Abb. 7). Albert Speers erste architektonische Versuche sind diesem Ziel gewidmet, zunächst als temporäre Festarchitekturen, sodann als Staats- und Repräsentationsgebäude, zugleich als Stadtplanung und schließlich als Kriegsarchitektur. Sein archimedischer Punkt heißt Hitler. Speers frühe Festdekorationen, der Bau des Reichsparteitagsgeländes in Nürnberg 1933/34, die Organisation der Festprogramme dienen zunächst der sichtbaren, militärischen Vereinheitlichung. Die Reih-und-Glied-Formationen der Arbeitsdienstmänner, der SA und SS korrespondieren mit der unendlich scheinenden Säulenreihung des architektonischen Prospekts, finden sich beweglichen, nicht enden wollenden Fahnenwänden gegenüber, die eine Formation sich in der anderen widerspiegelnd (Abb. 8). Die Übernahme der architektonischen Konzeption des Pergamonaltars für das Nürnberger Reichsparteitagsgelände unterstützt die intendierte Heiligkeit des Geschehens, die sich schließlich in der nächtlichen Beleuchtungsinszenierung erfüllt (Abb. 9). Erst durch Ausschluß des Tageslichtes und die Konstruktion des dunklen, undifferenzierten Raumes, der im gebündelten Kunstlicht das Geschehen zum Fanal steigert, wird der irdische Raum zum Ereignisraum für einen neuen Bund, dem zwischen Hitler und seinem Volk, die Voraussetzung zur Errichtung des gelobten Dritten Reiches beschwörend. Im Lichtdom, den Albert Speer erstmals in Nürnberg durch den Einsatz von hundertdreißig Flakscheinwerfern in Szene setzt, treffen sich militärische und ästhetische Raumvorstellungen, durchdringen sich Architektur und Krieg. In symmetrischer Anordnung, die in merkwürdiger Weise an die geordnet gesetzten Brandherde im deutschen Reichstag erinnern, strahlen die mächtigen Flakscheinwerfer in den Himmel. „Der Eindruck überbot bei weitem meine Phantasie", schreibt Speer in seinen Erinnerungen und fährt fort: „Die 130 scharf umrissenen Strahlen, in Abständen von nur 12 Metern um das Feld gestellt, waren bis in sechs bis acht Kilometer Höhe sichtbar und verschwammen dort zu einer leuchtenden Fläche. So entstand der Eindruck eines riesigen Raumes, bei dem die einzelnen Strahlen wie gewaltige Pfeiler unendlich hoher Außenwände erschienen."[23] Im Lichtdom wird die natürliche Flamme zum gefrorenen, künstlichen Licht. Der Feuerkult der Nazis, die Fackelzüge und die sengenden Racheveranstaltungen durch Verbrennen von Häusern, Parlamenten, Synagogen, „Reichskristallnacht" nennen es die Nazis, das Abfackeln von Büchern, erhält seine technische Präzision. Die inszenierte Apokalyptik wird nur folgerichtig ein Projekt der entwickelten Kriegstechnik.

1937 feiert die „Volkstümliche Wehrkunde", die, wie es dort heißt, „befreiende Tat des 16. Mai 1935 in ihrer gewaltigen Größe ... Der Führer hat dem deutschen Volk an diesem Tage die allgemeine Wehrpflicht wiedergeschenkt ... Deutschland hat die Wehrhoheit wiedererlangt."[24] Jetzt muß die „seelische Wehrkraft, die körperliche Wehrkraft und geistige Wehrkraft"[25] im Volk gestählt werden, so der Autor. Die Wehrkraft des Körpers vollzieht sich im Sport, die geistige durch Erlernen der „Kriegswissenschaft" und die seelische durch Festigung des „kämpferischen Triebes und das Bewußtsein der schicksalhaften Verbundenheit des Einzelnen mit Volk und Landschaft. Es ist die Aufgabe einer rastlosen Erziehung, die seelische Wehrkraft zu einem unvertilgbaren Bestandteil des Gemütes zu machen. Sie muß zu jener Härte gesteigert werden, die allein vor den Furchtbarkeiten des *neuzeitlichen Krieges* bestehen kann."[26] Deshalb wendet sich „die wehrgeistige Erziehung an das ganze Volk, an alle Schichten, an Männer und Frauen, an Alte und Junge, an Gediente und Ungediente".[27] Diese Erziehung vollzieht sich auch im öffentlichen Raum, die Architekten assistieren mit dem Aufmarsch von Reih-und-Glied-Fassaden bei öffentlichen Bauten, mit regionalen Stilen, wenn schicksalhafte Verbundenheit mit der Landschaft erzeugt werden soll, mit Ingenieurbauten, wenn es um Ökonomie und forcierte Arbeitsproduktivität geht, sie alle planen wehrkräftigend (Abb. 10). Derart denken Architektur- und Städteplaner sehr wohl funktional. Innerhalb und außerhalb der Klein- und Großstädte mehren sich die kriegstechnischen Anlagen, und der neuzeitliche Siedlungsbau setzt neben das Häuschen im Grünen das angriffsbereite Mietshaus.[28] Draußen, an Deutschlands Grenzen, wachsen die Wehrturmanlagen (Abb. 11). Land und Stadt werden dergestalt zu einem einzigen militärischen Raum vereinigt.

Unterdessen plant Hitler mit seinen Architekten die neue Stadt, vor allem die neue Hauptstadt Berlin. Zwei große Achsen, die imperiale Staats- und Feierachse von Nord nach Süd und die Administrations- und Verkehrsachse von Ost nach West, sollen das Zentrum des neuen Reiches bilden (Abb. 12).[29] Seine Rede zur Grundsteinlegung der Wehrtechnischen Fakultät in Berlin am 27.11.1937 eröffnet Hitler mit den Worten: „Mit dem heutigen Tage beginnt in Berlin eine Periode baulicher Neugestaltung, die das Bild – und wie ich überzeugt bin – auch den Charakter dieser Stadt auf das tiefste verändern wird."[30] Ein Jahr später wird diese Veränderung im ersten Band der Publikation „Das Bauen im neuen Reich" konkretisiert: „Vor allem soll die Reichshauptstadt, die sich unerträglich weit vom Kulturempfinden des Volkes entfernt hatte, ein klares Antlitz erhalten. Das Wesentliche des Planes für Berlin besteht darin, daß nicht etwa ein nationalsozialistisches Berlin außen an das Straßengewirr des liberalen angefügt wird, sondern daß mit revolutionärer Kraft der innere Aufbau der Riesenstadt verändert und mit äußerster konstruktiver Klarheit neu geformt wird."[31] Zur Durchsetzung dieses Planes, den man „dem genialen Weitblick ... des Führers" und seiner „zeichnenden, ordnenen Hand"[32] zuschreibt, müssen ganze Stadtviertel niedergerissen werden, ein Sachverhalt, der historisch keineswegs neu ist. Hitlers Vorbild, der Baron Hausmann, hatte derart schon die grands boulevards um 1860 durch das alte Paris geschlagen, die ebenfalls, wie man weiß, nicht nur das Bummeln ermöglichen, sondern auch den Barrikadenkampf verhindern sollten. Mit diesen Planungen stirbt das babylonische Berlin, die Stadt des 19. Jahrhunderts und eine städtische Kultur, die durch ethnische Vielfalt, Funktionenmischung, Liberalität, mit ihren auch durchaus unzumutbaren sozialen Konsequenzen, geprägt war.

Die Vollendung des Stadtumbaues von Berlin aber vollzieht sich militärisch und anders, als es Hitler mitsamt seinem autoritären Mannsvolk vorausgesehen hat. „Die volksvernichtende Weltstadt", wie Rosenberg geschrieben hatte, mit ihren „Asphaltmenschen" und „naturentfremdeten Straßengeschlechtern"[33], mit jenem „Leichengeruch", den er in „Paris, Wien, Moskau und New York"[34] meinte als Endzeitgeruch aufgesogen zu haben, versinkt zwar im Feuerregen und Bombenhagel, aber mit ihr auch der Nazitraum von „Germania", der zehn Millionen Einwohner-Hauptstadt des „gelobten" Dritten Reiches.

Endzeit ...

Von Berlin, Hamburg, Dresden blieben Schutt und Asche. Sie versanken, wie viele andere Städte, mit der Option des NS-Regimes, die Welt zu einem einzigen militärischen Raum zu „vereinen".[35] Hitler hat seine apokalyptische Mission radikal vollendet, er komplettierte sie nach Einsicht in die militärische Niederlage 1945 gegenüber Albert Speer: „Wenn der Krieg verlorengeht, wird auch das Volk verloren sein. Es ist nicht notwendig, auf die Grundlagen, die das deutsche Volk zu seinem primitivsten Weiterleben braucht, Rücksicht zu nehmen. Im Gegenteil ist es besser, selbst diese Dinge zu zerstören."[36] Das „Wort in Stein", wie Hitler die Architektur gerne nannte, konnte verklingen – mit einem furchtbaren Nachhall![37]

Eines der Gedichte Paul Celans heißt *Oranienstraße 1*

> *„Sperrtonnensprache, Sperrtonnenlied.*
> *Die Dampfwalze wummert*
> *die zweite Ilias*
> *ins aufgerissene Pflaster*
> *sandgesäumt*
> *staunen die alten Bilder sich nach, in die Gosse,*
> *ölig verbluten die Krieger*
> *in Silberpfützen, am Straßenrand, tuckernd. Troja, das*
> *staubbekrönte,*
> *sieht ein.*"[38]

Anmerkungen

1 Walter Hofer, Edouard Calic, Christoph Graf, Friedrich Zipfel, Der Reichstagsbrand. Eine wissenschaftliche Dokumentation, Hrsg. Alexander Bahar, Freiburg 1992, S. XV

2 Ebenda, S. XVI

3 Topografie des Terrors, Hrsg. Reinhard Rürup, Berlin 1993, S. 45

4 Hofer (wie Anm. 1), S. XV

5 Adolf Hitler, Mein Kampf, 1. und 2. Bd., München 1938, S. 69 f.

6 Ebenda, S. 40

7 Ebenda, Vorwort

8 Pinchas Lapide, Apokalypse als Hoffnungstheologie, in: Apokalypse. Ein Prinzip Hoffnung? Ernst Bloch zum 100. Geburtstag, Hrsg. Richard W. Gassen und Bernhard Holeczek, Wilhelm-Hack-Museum Ludwigshafen a. R., September 1985, S. 12. Ich danke Gerhard Riecke für die schnelle Übermittlung dieses Textes und wesentliche Anregungen.

9 Jakob Taubes, Abendländische Eschatologie, Beiträge zur Soziologie und Sozialphilosophie, Bd. 3, Bern 1947, S. 20. In diesem Zusammenhang siehe auch: H. J. Körtner, Weltangst und Weltende. Eine theologische Interpretation der Apokalyptik, Göttingen 1988

10 Hannah Arendt, Eichmann in Jerusalem. Ein Bericht von der Banalität des Bösen (1964), München 1995, S. 329

11 Hitler (wie Anm. 5), S. 715

12 Marlis Steinert, Hitler, München 1994, S. 33

13 Ludwig Meidner, Septemberschrei. Hymnen, Gebete, Lästerungen, Berlin 1920, S. 10

14 Hitler (wie Anm. 5), S. 47

15 Ebenda, S. 20

16 Ebenda, S. 23

17 Ebenda, S. 59

18 Ebenda, S. 40. Ein schönes Beispiel für den Autor, der von Gewaltmetaphorik hinweggerissen, Stilblüten produziert.

19 Ebenda, S. 30

20 Werner Siebarth, Hitlers Wollen, Nach Kernsätzen aus seinen Schriften und Reden, München 1938, S. 177

21 Albert Ehrenstein, Wien, in: Deutsche Großstadtlyrik. Vom Naturalismus bis zur Gegenwart, Stuttgart 1981, S. 172

22 Alfred Rosenberg, Der Mythus des 20. Jahrhunderts. Eine Wertung der seelisch-geistigen Gestaltenkämpfe unserer Zeit. München 1934, S. 448

23 Albert Speer, Erinnerungen, Frankfurt/M.–Berlin 1970, S. 71. Die Idee

eines solchen virutellen Lichtraumes war Speer durch die Künstleravant-
garde der zwanziger Jahre bekannt, z. B. durch Laszlo Moholy-Nagy.

24 Paul Schmitthenner, Volkstümliche Wehrkunde, Berlin-Leipzig 1937, S.
149

25 Ebenda, S. 5

26 Ebenda, S. 6 (Hervorhebung K. W.)

27 Ebenda, S. 11

28 Auf solchen Luftschutztürmen konnten auch Flakgeschütze in Stellung
gebracht werden.

29 Siehe dazu: Wolfgang Schäche, Architektur und Städtebau in Berlin zwischen 1933 und 1945, (Die Bauwerke und Kunstdenkmäler von Berlin),
Berlin 1992. Hier ist die grundlegende und weiterführende Literatur zu
finden.

30 Hitlers Städte. Baupolitik im Dritten Reich, Hrsg. Jost Dülffer, Jochen
Thies und Josef Henke, Wien 1978, S. 29

31 Das Bauen im neuen Reich, 1. Bd., Hrsg. in Verbindung mit Professor
Gerdy Troost, Bayreuth 1938, S. 53

32 Ebenda, S. 53

33 Rosenberg (wie Anm. 22), S. 302

34 Ebenda, S. 447

35 Siehe dazu: Paul Virilio, Bunker-Archäologie, München 1992

36 Speer (wie Anm.23), S. 446

37 Am 11. Oktober 1943 erschien der „Erlaß zur Vorbereitung des Wieder-
aufbaus zerstörter Städte". Ein Planungsstab unter Albert Speer begann
intensiv für die Nachkriegszeit vorzuarbeiten. Viele Städte der alten
Bundesrepublik Deutschland sind nach diesen Vorgaben neu errichtet
worden. Werner Durth hat diesen Kontext grundlegend aufbereitet, u.
a. in: Werner Durth und Niels Gutschow, Träume in Trümmern. Stadtplanung 1940–1950, München 1993

38 Paul Celan, Oranienstraße 1, in: Deutsche Großstadtlyrik (wie Anm.
21), S. 437

Abb. 1
Franz Eichhorst
Bauen und Abschied

Abb. 2
Lothar Sperl
Rodung

Abb. 3
Ferdinand Staeger, *Abwehr östlicher Einfälle*

Abb.4
Hans Fay
Reitende SA

Abb. 5 *Bildmotiv des alltags-*
kulturellen Mileus der NS-Zeit

Abb. 6
Rudolf Otto, *Kampfbereit*

Abb. 7
Paul Ludwig Trost, *Ehrentempel*

Abb. 8
Feierstunde im Berliner Lustgarten zum 1. Mai 1936

Abb. 9   *Reichsparteitag in Nürnberg
am 11. September 1937*

Abb. 10 Hermann Leitensdorfer
Wohnhäuser mit Luftschutzraum

Abb. 11
Friedrich Tamms, Karl Schaechterle
Weichselbrücke, Wachtürme

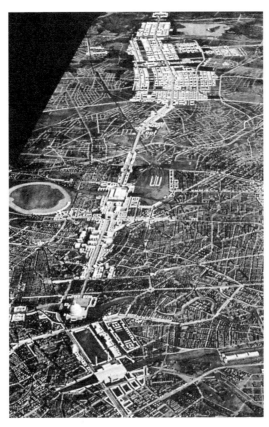

Abb. 12
Berlin - Die Nord-Süd-Achse
Plan und Modell des Abschnitts zwischen
Nordbahnhof und Autobahn-Kleeblatt
(A.Speer)

Alfred Kernd'l

Wandbilder im Fahrerbunker auf dem Gelände der ehemaligen Neuen Reichskanzlei, Berlin-Mitte

Einer spät (zu spät?) gewordenen Nation fällt es schwer, mit den katastrophalen Verwerfungen ihrer jüngsten Geschichte, schmerzhaft focussiert in ihrer Hauptstadt, zurechtzukommen. Das erklärt mangelnde Gelassenheit, enthebt aber nicht der Notwendigkeit, sich dem Vergangenen zu stellen, gerade auch in Form der Bewahrung aussagefähiger Substanz am historisch bekannten und bedeutsamen Ort. In Berlin ließ Geschichtsverdrängung an markanten Stellen der historischen Topographie der Stadt materielle Erinnerung oft nur noch im Erdboden überdauern und wies damit der Archäologie auch das 20. Jahrhundert zu. Dieser nur auf den ersten Blick paradox und verblüffend wirkende Vorgang ist exemplarisch und aktuell am Umgang mit dem Gelände der ehemaligen Reichskanzlei in Berlin-Mitte, knapp 500 m südlich des Brandenburger Tors, ablesbar.

Anfang des 18. Jahrhunderts erschloß Friedrich Wilhelm I., der „Soldatenkönig" und Vater Friedrichs des Großen, das Areal des späteren Regierungsviertels Wilhelmstraße und seiner „Ministergärten". Die Stadtgrenze wurde damals von der Mauerstraße in Richtung Westen bis zur heutigen Ebertstraße ausgeweitet. Dem Verlauf der vom König errichteten Akzisemauer (für Steuererhebung und zur Verhinderung von Fahnenflucht) folgte an dieser Stelle die im 20. Jahrhundert gebaute Mauer zwischen Ost und West fast auf den Meter genau. Die östliche Begrenzung des Viertels bildete die Wilhelmstraße. Die an deren westlicher Straßenseite auf Befehl des Königs errichteten palaisartigen Gebäude mit dahinterliegenden sich bis zum Tiergarten und damit bis zur Stadtgrenze lang hinziehenden Gärten dienten seit dem 19. Jahrhundert als Machtzentralen von König- und Kaiserreich, Weimarer Republik und nationalsozialistischer Diktatur. Die mit den später entstandenen Begriffen „Wilhelmstraße" und „Ministergärten" verbundene Grundstruktur des 18. Jahrhunderts war noch am Ende des 2. Weltkriegs vorhanden. Erst die Nachkriegszeit beseitigte jede oberirdische (zum Teil auch unterirdische) materielle Erinnerung an diesen Ort von fast einem Vierteljahrtausend verdichteter deutscher Geschichte.

Das Gelände der Reichskanzlei liegt im südlichen Ende des skizzierten Bereichs. Ursprünglicher Kern war das 1739 in Gegenwart von Friedrich Wilhelm I. eingeweihte Schulenburgsche Palais, Wilhelmstraße 77. Das Deutsche Reich ließ es 1875 zum Dienstsitz des Reichskanzlers umbauen. Bismarck residierte hier von 1878 bis 1890. Vom 13. Juni bis 3. Juli 1878 leitete er im Palais den Berliner Kongreß.

Bereits im Herbst 1933 wurde Speer von Hitler mit Umbauten der Reichskanzlei beauftragt. Die Umsetzung nationalsozialistischen Herrschaftsanspruchs in Architektur am zentralen Ort der Machtausübung des Reiches kulminierte 1937–1939 im Bau der Neuen Reichskanzlei.

Mit Ausnahme des alten Palais überstanden die Bauten der Reichskanzlei in ihrer Substanz verhältnismäßig gut den Krieg. Auf Befehl der sowjetischen Besatzungsmacht wurde 1949 mit dem Abriß der Neuen Reichskanzlei begonnen. Die Beseitigung des Symbols faschistischer Hybris ist aus der Sicht des Siegers verständlich. Die beflissene Zustimmung des Besiegten ist eher fragwürdig. Sie fügt sich verdächtig gut in das vor allem in den fünfziger und sechziger Jahren im Osten und Westen Deutschlands beliebte Verfahren, unangenehme Erinnerungen zu verdrängen, indem man damit „belastete" Orte im Stadtbild auslöscht. In mehreren Anläufen wurden alle oberirdischen Bauten beseitigt. Die Aufhebung des Wilhelmplatzes durch Bebauung machte die historische Topographie vollends unkenntlich. Im Zusammenhang mit der Errichtung von Wohnhäusern in den späten achtziger Jahren wurden auch die noch im Boden verbliebenen Baureste auf dem Areal der Reichskanzlei entfernt. Nur die Bodenplatte des „Führerbunkers" (Bunkerwohnräume Hitlers und Ort seines Selbstmordes) blieb wegen ihrer Bodentiefe von etwa 12 m erhalten. Die „Mauer" und der dahinterliegende Grenzstreifen „schützten" den westlichen Bereich des Reichskanzleigeländes vor Totalabräumung. Der Ort wurde unbeabsichtigt zum „archäologischen Reservat", wo aussagefähige historische Spuren die Chance hatten, im Erdreich zu überdauern. Nach dem Fall der Mauer meldete sich die Vergangenheit bereits im Frühjahr und im Sommer 1990 an zwei Stellen wieder zurück. Als erstes öffnete sich anläßlich einer „gesamtdeutschen Baumpflanzaktion am 20. März kurzfristig der Zugang zu einem erhaltenen Bunkerkomplex unter dem ehemaligen Mitteltrakt der Neuen Reichskanzlei. Am 6. Juni wurde bei der Munitionssuche als sichernder Vorbereitung für das Medienspektakel von Pink Floyd's „The Wall" ein isoliert liegender Bunker gefunden, der einen gleichsam erstarrten Moment der letzten Kriegstage überliefert. Vor allem seine Wandbilder lösten eine Kontroverse über den Umgang mit dem Gelände aus.

Der mit seinem Boden sechs Meter unter Terrain gelegene Bunker war für die Fahrer bzw. die „Begleitmannschaft des Führers", alle Angehörige der „Leibstandarte Adolf Hitler", bestimmt gewesen. Seine Innenfläche von etwa 6 x 25 m gliedert sich in Eingangsschleuse und 8 kleinere Räume längs eines nord-südlich ausgerichteten Ganges. Bis auf eine Ausnahme finden sich alle Bilder im nördlichsten Raum, der zum Gang hin offen liegt. Die Bilder gründen auf einem braun-roten paneelartig gemalten Streifen in etwa 1,40 m Höhe. Die obere Begrenzung der Bilder liegt am oder kurz vor dem Deckenansatz der 2,70 m hohen Räumlichkeiten, so daß sie eine Höhe von gut 1,20 m haben. Als Anstrich auf einer knapp 15 mm starken Putzschicht dienen Leimfarben. Dargestellt werden vor allem Schutz- und Trutzphantasien der „Leibstandarte", die sich zumeist in ihrer Banalität unfreiwillig von selbst entlarven.

Insgesamt gibt es acht Bildszenen. In Abfolge ihrer Lokalisierung folgt anschließend die Beschreibung.

Gleichsam als Einführung wird auf der westlichen Gangwand gegenüber dem eigentlichen Bilderraum zwischen Heizkörper und Lüftungsöffnung dargestellt, wie griechische Götter eine kriegerische Aktion in gebirgiger Landschaft beobachten (Abb. 1). Zeus schleudert runenartige Blitze und Athene Lanze und Kampfflugzeuge in Richtung auf sich ergebende Soldaten in englischer Uniform. Deutsche Soldaten stürmen im Schutz eines Panzers eine steile Gebirgsstraße hinauf. Mit dem Bild ist die Eroberung des Klidi-Passes in Nordgriechenland am 12./13. April 1941 durch Angehörige der Leibstandarte gemeint. Die Leibstandarte war am Balkan-Feldzug des Jahres 1941 beteiligt.

Die Nordwand des Bilderraums wird von zwei Malereien eingenommen. Die größere ist etwa 3 m und die kleinere 2 m breit. Auf dem größeren Bild (Abb. 2) ist ein SS-Kommando auf einem Klosterhof angetreten. Aus dem Kopf eines Offiziers schießen Rauch, Feuer und SS-Runenblitz in Richtung Mannschaft, während ihm zur Seite ein weiterer Offizier auf eine Uhr deutet, auf der es fünf Minuten nach Acht ist. Odins Raben Hugin und Munin, hier eher mißglückte traurige Krähen, sitzen auf einer Esche hinter den beiden Offizieren. Erschreckt bewundernde Nonnen schauen zu, halb hinter Bäumen verborgen. Nach Gesichtszügen und Rangabzeichen läßt sich der „Feuerkopf" als Sepp Dietrich, Kommandeur der Leibstandarte, identifizieren. Die Darstellung dürfte auf ein tatsächliches Ereignis zurückgehen, das vom Maler mythisch angereichert wurde. Wahrscheinlich ist Ort der Handlung ein katholisches Kloster in der Slowakei bzw. Slowenien oder Kroatien. In diesen Regionen wurden die deutschen Truppen und mit ihnen die „Leibstandarte" während des Balkan-Feldzuges oft freudig empfangen.

Auf dem zur Rechten folgenden kleineren, Bild deutlich getrennt und mit anderer Thematik, ist ebenfalls Dietrich auszumachen (Abb. 3). Diesmal fungiert er mit nacktem Oberkörper als Sportlehrer für Wurfdisziplinen. Er betreut drei ihn um Haupteslänge überragende und mit kurzer Turnhose bekleidete Hünen. Während Dietrich sich als Kugelstoßer ausweist, vertreten die drei Männer, deren Gardemaße auf Angehörige der Leibstandarte deuten, Diskus-, Speer- und Hammerwerfen. Zwei junge Frauen schauen im gebührenden Abstand verschämt bewundernd zu. Die Tribüne mit dem Hakenkreuzadler im Hintergrund könnte eine Anspielung auf das Reichsparteitagsgelände in Nürnberg sein. Der rechte Bild- und gleichzeitige Wandabschluß wird durch Eichenblätter akzentuiert.

In gleicher Weise betonen Eichenblätter die Seiten der anschließenden Ostwand des Raumes mit den Wandbildern. Hier schützen auf über 2,50 m Breite (Abb. 4) je zwei uniformierte SS-Männer ein Liebespaar und ein sich zuprostendes Biertrinkerduo. Den Schutz symbolisieren mittelalterliche Langschilde (Vorstellung vom Ordensritter) mit SS-Runen und im zentralen Hintergrund zwei Flugzeugabwehrgeschütze. Über letzteren schweben als offizielle Embleme die urtümelnd gotisch verschlungenen Initialen LAH (= Leibstandarte Adolf Hitler – in gleicher Form einst auf den Schulterstücken der Uniform der Leibstandarte) und der Adlerkopf.

Auf der folgenden Südwand gilt der SS-Schutz auf einer Bildbreite von 4 m der deutschen Landwirtschaft und Industrie (Abb. 5). Die abwehrenden Schilde sind von zwei flugbereiten Adlern bekrönt. Typisch für den propagierten Geschmack ist die gegenüber der Industrie bevorzugte Ausgestaltung des Landlebens, die liebevoll selbst den friedlichen Schäfer mit Hund ins Spiel bringt. Wiederum zieren Eichenblätter die Wandabschlüsse.

Mit einer derartigen Laubranke beginnt auch die Ausschmückung des westlichen Wandvorsprungs im gleichen Raum, deren Thema ebenfalls der Wunschvorstellung von Schutz und Trutz durch die SS gewidmet ist (Abb. 6). Mit zwei roten Langschilden wird hier der Schlaf einer nackten blonden Schönheit gehütet. Als glückverheißender „himmlischer" Bote schwebt ein Fallschirmspringer mit rotem Blumenstrauß herab, offensichtlich dem sich entfernenden Fieseler Storch entsprungen.

Das nördliche Ende des eben erwähnten Wandvorsprungs bildet eine Malfläche von 50 cm Breite für den Abschluß des Bildfrieses. Der deutsche „Aar" stürzt herab, um ein Flugzeug mit französischem (wohl irrtümlich für englisches gehaltenem) Hoheitszeichen zu schlagen (Abb. 7). Isoliert von den beschriebenen sieben Malereien befindet sich etwa 8 m südlich auf der westlichen Gangwand ein ungefähr 70 x 40 cm großes Bild (Abb. 8). Es zeigt eine unbekleidete blondbezopfte Frau halb liegend mit sechs Kindern, von denen eines ihr einen Blumenstrauß überreicht. Hier plakatiert die Vorstellung, daß selbst die Geburt vieler Kinder der Jugend und den körperlichen Reizen einer deutschen Mutter nichts anhaben kann. Die Szene suggeriert einen idyllischen Frieden, der angesichts der Entstehungszeit des Bildes und dessen Funktion als schmückendes Dekor ausgerechnet eines Bunkers ebenso wirklichkeitsfremd wie verlogen ist.

Die Malereien entlarven anschaulich die nationalsozialistische Ideologie. Sie zeigen das irrationale Glaubensbekenntnis einer sich auserwählt fühlenden „Elite vom Reichskanzler bis zum Angehörigen der Leibstandarte", berufen zum Schutz des deutschen Volkes vor dem Bösen dieser Welt. In einer Mischung von pubertärem Hochmut und sentimentaler Banalität werden gängige Stereotypen wie „männlicher Kämpfer" und „hingebungsvolle Frau" illustriert. Sind die „Helden" bar ihrer einzwängenden rigorosen, fast ballettartigen Uniformität dargestellt, so liegt ihre angestaute Aggression im Sturmangriff frei oder wird auf den explosiven „sportlichen" Wurf nach außen zugetrimmt.

Der Maler konnte bisher nicht festgestellt werden. Er war jedenfalls mit dem Selbstverständnis der „Leibstandarte" vertraut, war entweder selbst ihr Angehöriger oder gehörte zumindest dem Umfeld der Prätorianer im damaligen Zentrum der Macht an.

Durch den genannten Bezug zum Balkan-Feldzug datieren die Malereien in den Sommer 1941. Sie liegen unter oder über den Elektroleitungen des Bunkers, sind also praktisch mit dem Leitungseinbau und damit der Fertigstellung des Bunkers zeitgleich. Abgesichert wird die Datierung der Bilder durch eine im Bundesarchiv vorhandene Rechnung vom 7. August 1941 über Elektroarbeiten für den Fahrerbunker.

Von den zahlreichen Einzelfunden im Bunker seien einige Beispiele angeführt, die den Malereien und dem Gesamtaspekt „Fahrerbunker" noch einige Facetten abgewinnen lassen.

Die einigen Wandbildmotiven eigene bestürzende „Gemütlichkeit" verrät sich auch im rustikalen Schemel mit dem eingeschnittenen Herzen. Der in den Malereien wabernde teutonische Mythos wiederholt sich in der geschnitzten Schranktür mit dem Hakenkreuz als Sonnenwirbel. Neben „dienstlichem" Besteck und Geschirr, wie der Blechgabel mit der Prägung „SS-Wache Reichskanzlei" und der Cromargan-Schüssel von WMF mit dem R(eichs)K(anzlei)-Hakenkreuzadler fand sich im Bunkerschlamm ein Eßlöffel aus Sterlingsilber. Er trägt am unteren Stielende den Prägestempel „925 Bruckmann" und auf dessen Oberseite den Hakenkreuzadler. Aus der Besteckgarnitur für Staatsempfänge dürfte sein Verbringen in den Bunker so zu erklären sein, daß in den chaotischen letzten Kriegswochen ein Bediensteter der Reichskanzlei die Gelegenheit nutzte, ein wertvolles Andenken beiseite zu bringen. Schutzsuche und Zusammenbruch lassen sich an einem Kinderschuh ebenso ablesen wie am Koppelschloß eines Wehrmachtsangehörigen, das sich neben dem eines SS-Offiziers am Ausgang fand. Im „Endkampf" wurden auch Soldaten der Wehrmacht zur Verteidigung der Reichskanzlei herangezogen.

Der Erhalt des geschlossenen Befundes „Fahrerbunker" erklärt sich zunächst daraus, daß die Bauten der Reichskanzlei nach erbitterten Kämpfen in der Umgebung schließlich am Morgen des 2. Mai 1945 von den Russen kampflos besetzt wurden. Der Zugang zu dem verlassenen Bunker (es wurden keine Toten gefunden) muß damals durch Beschuß oder Bombenabwurf verschüttet und nicht mehr erkennbar gewesen sein. Dem Vergessen und damit seinem Überdauern kam, abgesehen von der späteren Lage im Schatten der Mauer, entgegen, daß die Notausgänge nach außen nicht fertiggestellt worden waren. In ihrem Bereich konnten keine unterirdischen Zugänge festgestellt werden, die ja leicht zu einer früheren Entdeckung hätten führen können.

Seit Auffindung des Fahrerbunkers im Sommer 1990 bemühte sich das Archäologische Landesamt Berlin als nach dem Berliner Denkmalschutzgesetz von 1977 zuständige Behörde um die Bewahrung dieses Geschichtszeugnisses an historischer Stelle sowie darum, hierfür das Interesse der Öffentlichkeit zu wecken. Dem etablierten Zeitgeist war damit schwer beizukommen. Das linksliberale Spektrum reagierte verstört, renommierte Historiker sprachen von einem „historischen Unort". Im rechtskonservativen Lager reichte die Bandbreite vom verschämten Schweigen bis zu der lakonischen Aufforderung: „Zuschütten!"

Immerhin beauftragte am 26. März 1992 das Berliner Abgeordnetenhaus das Landesamt mit der Klärung und Dokumentierung von Resten der historischen Topographie des Reichskanzleigeländes. Die Untersuchungen wiesen u. a. nach, daß unter dem einplanierten Trümmerschutt der Neuen Reichskanzlei ein nach der ehemaligen Gartenfront hin offener Innenhof (26 x 24 m) mit der Originalpflasterung und dem an den drei Hoffassaden aufgehenden Mauerwerk aus Muschelkalkstein erhalten ist. Der Hofkomplex belegt besonders an diesem Ort als letzter Rest eindrucksvoll die bewußt in Naturstein formulierte größenwahnsinnige Einforderung von Ewigkeit durch den Nationalsozialismus, die schon nach wenigen Jahren in der selbstverschuldeten Katastrophe erlosch.

Der für das Archäologische Landesamt zuständige Senator für Kulturelle Angelegenheiten hatte zunächst die Unterschutzstellungsbemühungen des Landesamtes mündlich und schriftlich mitgetragen. Nach fachfremden Interventionen änderte er seine Meinung, war nun gegen den Denkmalschutz auf dem Gelände und stoppte Anfang 1993 mit einer dienstlichen Anweisung das laufende Unterschutzstellungsverfahren. Die vom Abgeordnetenhaus angeforderte und vom Verfasser gefertigte Dokumentation wurde dem Senator im September 1993 übergeben. An das Parlament weitergeleitet wurde sie erst nach Anmahnung von 'Abgeordneten zu Weihnachten 1994. Schon das lange Hinauszögern belegt das Unbehagen an dem archäologischen Ärgernis auf einem Gelände, das man für die unbeschwerte Ansiedlung von etwa zehn Landesvertretungen nutzen will. Erinnerung an die Vergangenheit ist hier so wenig gefragt, daß die Bauplanung nicht einmal an die alte Struktur der langgestreckten Ministergärten, die dem ganzen Gelände ja einst ihren Namen gab, wieder anknüpft. Dies wäre bei der vorgesehenen lockeren Bebauung ohne weiteres möglich, eine Bebauung, die sich im übrigen auch gut mit den Belangen des Denkmalschutzes verbinden ließe. Er wird für drei Befunde: Fahrerbunker, Bunkerkomplex unter der ehemaligen Neuen Reichskanzlei und deren westlichen Innenhof in der Dokumentation für die Abgeordneten vom Landesamt gefordert. Der Denkmalschutz wird vom Archäologischen Landesamt neben aussagefähigen Merkmalen der einzelnen Befunde vor allem damit begründet, daß eine Hauptstadt historisches Profil zeigen und bewahren muß. Besonders an bekannten und geschichtsträchtigen Orten helfen markierende Spuren, Bewußtheit und Erinnern unverwechselbarer Geschehnisse auszulösen und wachzuhalten, um so mehr, wenn dort im buchstäblichen Sinn „oberflächlich" alles ausgelöscht wurde. Erinnerung an einen derartigen Platz verdichteter Geschichte wie das Gelände der Reichskanzlei kann und darf nicht deswegen ausgeblendet werden, weil die letzte materiell anschauliche Überlieferung vor Ort grelles Licht auf die dunkelste Periode deutscher Vergangenheit wirft.

Der Berliner Senat lehnt den geforderten Denkmalschutz ab und beruft sich dabei auf die ihm genehme Meinung eines Neuhistorikers und nicht auf ein etwaiges Gegengutachten eines Sachverständigen für Denkmalschutz. Ein solches wäre auch schwerlich zu erhalten. So wurde das Archäologische Landesamt stets bei seinen Bemühungen um Denkmalschutz auf dem Gelände der ehemaligen Reichskanzlei von den Denkmalfachbehörden unterstützt. Das gilt im besonderen Maße für den die Bodendenkmalpflege der Bundesrepublik repräsentierenden Verband der Landesarchäologen.

Zur Zeit ist das Berliner Abgeordnetenhaus mit der Angelegenheit befaßt und wird letzthin auf Grundlage der ihm vorliegenden Dokumentation des Landesamtes entscheiden. Zu hoffen bleibt, daß die Legislative bewußter als die Exekutive mit der überkommenen geschichtlichen Erblast umgeht und dafür Sorge trägt, daß sich auch zukünftige Generationen im historischen Stadtbild einer Metropole anhand authentischer Relikte orientieren können. Hierbei geht es um Sicherung von historischer Substanz, nicht um die Errichtung neuer Mahn- oder Gedenkstätten.

Anstelle eines Nachwortes

Julius H. Schoeps

Erlösungswahn und Vernichtungswille
Die sogenannte „Endlösung der Judenfrage" als Vision und
Programm des Nationalsozialismus

Warum ging vom Nationalsozialismus eine solche Attraktivität aus?
Noch heute können wir uns nicht erklären, wieso Millionen von
Deutschen und Österreichern Hitler zujubelten. Bis heute ist nach
wie vor vieles ungeklärt. Offensichtlich ging von Hitler und den Nazis eine solche Faszination aus,[1] daß die Menschen sich geradezu ma-
gisch angezogen fühlten. Wir ahnen manche Zusammenhänge, legen
uns zur Erklärung gewisse Mechanismen zurecht, von denen wir meinen, sie hätten dem Nationalsozialismus zugrundegelegen.[2] Gleichzeitig wissen wir aber auch, daß mit herkömmlichen Erklärungen nur
Teilantworten möglich sind und manches, was zwischen 1933 und
1945 geschah, vermutlich unerklärt bleiben wird.

Nach wie vor verunsichert uns die Frage, ob es nur eine geschickt
aufgezogene Propaganda war, auf die die Menschen zwischen 1933
und 1945 hereinfielen. Oder ging von Hitler und den Nazis tatsächlich etwas aus, dem sich die Massen gar nicht entziehen konnten? Die
Deutungsmodelle der Historiker geben darauf keine wirklich zufrie-
denstellende Antwort. Der Eindruck drängt sich sogar auf, als ob der
zentralen Frage nach dem Warum ausgewichen wird. Stattdessen
streitet man lieber auf Konferenzen über Nebensächliches – etwa darüber, ob es einen Führerbefehl für den fabrikmäßig betriebenen Judenmord gegeben hat oder nicht.[3]

Es ist auffallend, daß gerade die zuletzt aufgeworfene Frage die Hi-
storikerzunft seit Jahren intensiv beschäftigt. Für die Klärung dieser
Frage wurden eigens Konferenzen angesetzt und Sammelbände konzipiert und herausgegeben.[4] Die im Zuge dieser Debatte ernsthaft betriebenen Untersuchungen, ob die Zahl von sechs Millionen ermor-
deter Juden tatsächlich stimme, lassen sogar den Verdacht aufkommen, daß hinter solchen Erörterungen etwas ganz anderes steckt,
nämlich die tiefsitzende Wunschvorstellung, der ganze Sachverhalt
lasse sich relativieren. Vielleicht glaubt man, wenn es gelänge, den

„Holocaust" in einen welthistorischen Kontext zu stellen, werde auch die Monstrosität und Ungeheuerlichkeit des Judenmordes an Schrekken verlieren.

Die Historiker sind besonders über die Frage gespalten, ob der Vernichtungsantisemitismus in der NS-Ideologie angelegt war oder nicht. Die sogenannten Intentionalisten (Saul Friedländer, Eberhard Jäckel, Helmut Krausnick, Yehuda Bauer, Raul Hilberg und andere) argumentieren, es habe eine direkte Beziehung zwischen Ideologie, Planung und politischer Entscheidung gegeben, und Hitler sei die ausschlaggebende Rolle bei der Vernichtung der europäischen Juden zuzuschreiben. Dagegen argumentieren die Funktionalisten (Hans Mommsen, Martin Broszat, Karl Schleunes), bei den Handlangern der NS-Mordmaschinerie müsse technokratischer Durchführungseifer strikt von ideologischer Motivation getrennt werden. Sie sind davon überzeugt, es habe einen Prozeß der „kumulativen Radikalisierung" gegeben, an dessen Ende, fast wie von selbst, die Vernichtungslager gestanden hätten.

Die Interpretation der Funktionalisten, die den „Holocaust" quasi zu einer Art „Betriebsunfall" der Geschichte herunterreden, stößt verständlicherweise auf Kritik. Der Wiener Sozialwissenschaftler Michael Ley („Genozid und Heilserwartung. Zum nationalsozialistischen Mord am europäischen Judentum", Wien 1993) zum Beispiel hält eine solche Interpretation für abwegig. Vehement wehrt er sich gegen die Thesen der Funktionalisten, die er für verkürzend, in manchen Passagen sogar für verfälschend hält. Er ist der Ansicht, beim Nationalsozialismus habe es sich um eine messianisch-völkische Bewegung gehandelt, die in millenaristischen Traditionen stünde und ihre eigentliche Wurzel im Christentum habe.[5]

Die Nazis, so argumentiert Ley, hätten in Hitler geradezu die Inkarnation von Christus gesehen und das „neue" Deutschland für den Beginn des ersehnten Tausendjährigen Reiches gehalten. Manche Formulierungen der NS-Propaganda seien für solche Gedankengänge geradezu typisch und lassen gar keine andere Interpretationsmöglichkeit zu: „Die Juden", heißt es im April 1933 in Streichers „Stürmer", „haben Christus ans Kreuz geschlagen und ihn totgeglaubt. Er ist auferstanden. Sie haben Deutschland ans Kreuz geschlagen und totgesagt, und es ist auferstanden herrlicher, denn je zuvor."[6]

Manche NS-Forscher wollen hinter dem „Holocaust" weder soziale noch irgendwelche ökonomische oder gar massenpsychologische Gründe erkennen. Es seien Ereignisse, so meinen sie, die nur „heilstheologisch" (Michael Ley) gedeutet werden könnten. Dem könnte man durchaus zustimmen, zumal dann, wenn man bedenkt, daß Hitler und seine Gefolgschaft die Vernichtung des europäischen Judentums als eine „heilige Tat" begriffen haben, gewissermaßen als die Voraussetzung für das Kommen des Tausendjährigen Reiches. Joseph Goebbels zum Beispiel, der sich als „Instrument jenes göttlichen Willens", ansah, „der die Geschichte gestaltet" (Goebbels, Wege ins Dritte Reich) und von der Erlösung des deutschen Volkes träumte, glaubte, diese Erlösung nur durch das Mittel der Vernichtung der Juden erreichen zu können. 1942 notierte er in sein Tagebuch: „Die Juden würden, wenn wir uns ihrer nicht erwehren würden, uns vernichten ... Wir müssen diesen Prozeß [der Vernichtung, der Verf.] nur mit einer kalten Rücksichtslosigkeit beschleunigen und wir tun damit der leidenden und seit Jahrtausenden vom Judentum gequälten Menschheit einen unschätzbaren Dienst".[7]

Als Beleg für den in der NS-Judenpolitik feststellbaren Zusammenhang von Erlösungswahn und Vernichtungswille kann insbesondere ein scheinbar beiläufiger Sachverhalt gelten. Als nach der Niederlage in Stalingrad Zugverbindungen im Osten dringender denn je benötigt wurden, kam es stattdessen dazu, daß die Transportkapazitäten in die Vernichtungslager nicht vermindert, sondern sogar noch erhöht wurden. Die Erkenntnis, die sich daraus ableitet, ist die, daß die Ausrottung des Judentums der Naziführung wichtiger war als der Krieg im Osten. Mit herkömmlichen Interpretationsmustern und den üblichen Instrumentarien der Historiker ist dem Judenmord deshalb nicht beizukommen. Dieser hatte offensichtlich eine „heilstheologische" Dimension, die die im Wissenschaftsmilieu gängigen Interpretationsmöglichkeiten sprengt und nur den Schluß zuläßt, daß im Nationalsozialismus Politik und Religion so eng miteinander verzahnt waren, daß sie nicht mehr auseinanderzuhalten waren, gewissermaßen also eine symbiotische Einheit bildeten.

Das Geheimnis des Erfolges, den Hitler und die Nazis bei den Deutschen hatten, hängt vermutlich andererseits damit zusammen, daß die von ihnen propagierte völkische Ideologie einen christlich-religiösen Kern hatte. Die Menschen fühlten sich durch die NS-Propaganda und die liturgischen Handlungen (Feiern für die Märtyrer der Bewegung, Aufmärsche in Nürnberg, Schaffung „deutscher Weihestätten") angesprochen. Sie fühlten sich durch Hitler verstanden und im Nationalsozialismus wie in einer Kirche aufgehoben. Dazu kam, daß Hitler fest daran glaubte, eine besondere Beziehung zu Gott zu haben und daß sein persönliches Schicksal mit dem Willen Gottes zusammenfalle: „Ich glaube, daß es auch Gottes Wille war, von hier [Österreich] einen Knaben in das Reich zu schicken, ihn groß werden zu lassen, ihn zum Führer der Nation zu erheben".[8]

Es wird heute zunehmend akzeptiert, daß der Hitlersche Nationalsozialismus eine echte Glaubensbewegung war, eine Bewegung also, die sich alle mythologischen Funktionen einer Religion zu eigen gemacht hatte. Dazu waren unbedingtes Bekenntnis und totale Unterwerfung erforderlich. Von Anfang an stilisierte sich Hitler in die Rolle des „erlösenden Führers" (wahrscheinlich bis er selbst daran glaubte) und genoß es, daß er als „Messias aller Deutschen" gefeiert wurde. Die Nationalsozialisten, meinte Hitler, seien mächtig, weil Gott allmächtig ist: „Wenn aber diese Allmacht ein Werk segnet, so wie sie unseres gesegnet hat, dann können es Menschen auch nicht mehr zerstören".[9]

Zahlreich finden sich in den Reden und Texten Hitlers und seiner Anhänger Passagen, die ganz offensichtlich gnostischer beziehungsweise apokalyptischer Natur sind. Da ist die Rede von gut und böse, hell und dunkel. Dem jüdischen Dämon steht der arische Lichtmensch gegenüber. Da finden sich der Topos vom „Dritten Reich" und Anspielungen auf die Apokalypse des Johannes. In „Mein Kampf" heißt es: „So glaube ich heute im Sinne des allmächtigen Schöpfers zu handeln: Indem ich mich des Juden erwehre, kämpfe ich für das Werk des Herrn".[10] Deutlicher als mit diesen Worten kann eigentlich nicht belegt werden, wie sehr Christentum und Nationalsozialismus eine quasi symbiotische Beziehung eingegangen sind. Mit der Formulierung „Indem ich mich des Juden erwehre, kämpfe ich für das Werk des Herrn" identifizierte sich Hitler mit der Rolle des Erlösers und Retters, desjenigen also, der die Deutschen aus der Not befreien und ans Licht führen will.

Hitler und die Nazis waren davon überzeugt, die Welt sei zutiefst verdorben, und zwar durch die Juden, die geopfert werden müßten, damit das Tausendjährige Reich nicht eine Vision bleibe, sondern Wirklichkeit werde. Die Reden Hitlers, in denen er von der notwendigen Vernichtung des Judentums sprach, waren denn auch in Sprache und Tonfall des apokalyptischen Eiferers gehalten. Den gnostischen Häretikern des frühen Christentums stand Hitler vermutlich näher als den europäischen Staatsmännern seiner Epoche. Es war deren Tragik, daß sie das nicht erkannten, insbesondere nicht, daß Hitler von der Unvermeidlichkeit eines Vernichtungskrieges gegen die Juden geradezu besessen war. Daß das nicht gesehen wurde, lag vermutlich am judenfeindlichen Grundtenor der Epoche, der alle in den Bann schlug und blind machte gegenüber all dem, was sich vor aller Augen vollzog.

Auf die Verschmelzung von Politik und Religion im Nationalsozialismus fielen nicht nur ein Großteil der Bevölkerung herein, sondern bezeichnenderweise auch zahlreiche christliche Theologen. Der damals in Bonn lehrende Neutestamentler Ethelbert Stauffer zum Beispiel forderte im Zeichen der Begegnung von Kreuz und Hakenkreuz, jeder gläubige Christ müsse auch ein überzeugter Nationalsozialist sein. Dieses Denken, das christliche Doktrin mit dem Nationalsozialismus versöhnen wollte, hatte dann nicht nur innerchristlich die Behauptung zur Folge, Jesus müsse von „arischem Blut" gewesen sein, sondern auch die Forderung, alle „jüdischen" Elemente seien aus der Liturgie und Praxis zu entfernen. Das hatte zum Beispiel zur Folge, daß sogar die kirchenmusikalischen Werke des Komponisten Felix Mendelssohn nicht mehr gespielt werden durften. Mendelssohn verkörperte „jüdische Dekadenz" und wurde deshalb geächtet.

Nicht viel anders als Ethelbert Stauffer argumentierte sein Kollege, der Tübinger Neutestamentler Gerhard Kittel. Dieser, einer der Wortführer der „Deutschen Christen", hat wie so viele andere namhafte Theologen in den Jahren nach 1933 sowohl die Segregationspolitik der Nazis gerechtfertigt als sich auch voll hinter die NS-Judenpolitik gestellt – und zwar ausgehend von der Überzeugung, das Christentum sei seinem Wesen nach antijüdisch, folglich also ein jeder aufrechte Christenmensch verpflichtet, die NS-Judenpolitik in Wort, Schrift und Tat zu unterstützen.[11]

Äußerungen, Stellungnahmen und Kanzelpredigten von Theologen wie Stauffer oder Kittel haben nicht nur ein entsprechendes judenfeindliches Klima geschaffen, sondern auch Hitler und den Nazis bewußtseinsmäßig in weiten Teilen der Bevölkerung den Weg zur Lösung der sogenannten „Judenfrage" geebnet.[12] Die Menschen schwiegen, als in der Nacht vom 9. auf den 10. November 1938 die Synagogen in Deutschland brannten. Und sie schwiegen auch, als vor aller Augen die Deportationen einsetzten. Was hätten sie auch sagen sollen? Bis auf wenige Ausnahmen hatten sich ihre Kirchenoberen mit den Nazis arrangiert. Im Zeichen der Begegnung von Kreuz und Hakenkreuz war alles möglich, schien alles erlaubt zu sein.

Manche begrüßten dies und jubelten, als Feuer an die jüdischen Gotteshäuser gelegt wurde. Der thüringische Landesbischof Martin Sasse zum Beispiel verschickte am 23. November 1938 eine Zusammenstellung von Antisemitica aus Luthers Schrift „Von den Juden und ihren Lügen" mit der Überschrift: „Martin Luther und die Juden: Weg mit ihnen!" Im Vorwort zu dieser Zitatensammlung frohlockte dieser herausragende Vertreter des deutschen Protestantismus: „Am 10. November 1938, an Luthers Geburtstag, brennen in Deutschland die Synagogen".[13] Bemerkenswert an dieser Formulierung ist neben der offen geäußerten Zustimmung zu den Vorgängen der fast beiläufig anklingende Sachverhalt, daß der Tag der Synagogenbrände mit dem Gedenken an Luthers Geburtstag am 10. November 1483 zusammenfallen würde. Von den Historikern ist dieser Zusammenhang bisher nicht gesehen worden. Er wirft ein Licht auf das Denken hoher Kirchenfüher, die den Antisemitismus nicht nur gutgeheißen, sondern auch aktiv unterstützt haben.

Der Jude wurde für die Nationalsozialisten nach 1933 zum Feind schlechthin. Hitler und seine Anhänger hatten das Bild vom „Schädling", der den „Volkskörper" „zersetzt" und „vergiftet" verinnerlicht. In den Juden sahen sie eine parasitäre Rasse, die nur auf Kosten der „Wirte" und nur von der Ausbeutung anderer Völker und Rassen leben kann. Goebbels, Formulierungen Richard Wagners aufnehmend, faßte 1937 auf dem Nürnberger Parteitag die verschiedenartigen ineinander übergehenden Bilder und Vorstellungen vom Juden in die folgenden Worte zusammen: „Sehet, das ist der Feind der Welt, der Vernichter der Kulturen, der Parasit unter den Völkern, der Sohn des Chaos, die Inkarnation des Bösen, der plastische Dämon des Verfalles der Menschheit".[14]

Mit Sicherheit haben die aus dem Arsenal der Biologie stammenden Sprachbilder und Vorstellungen[15] mit dazu beigetragen, die letzten moralischen Hemmungen, den inneren Widerstand gegen Unrecht und Verbrechen bei Millionen von Menschen zu schwächen. Vermutlich hat sogar das Bild vom Juden[16] in nicht geringem Maße die Methoden des organisierten Judenmordes mitbestimmt. So wie man in ihnen im Mittelalter den Antichrist und Satan erschlug und auf dem Scheiterhaufen verbrannte, so war die Methode des Vergasens in den Mordlagern Hitlers die logische Konsequenz, nachdem sich die Vorstellung von den Juden als Parasiten endgültig durchgesetzt hatte. Waren die Juden tatsächlich Schmarotzer, Bazillen und Ungeziefer, so war es nicht nur geboten, sie auszurotten, es lag auch nahe, bei dieser Ausrottung das Mittel anzuwenden, mit dem man Bazillen und Ungeziefer vertilgt – nämlich Giftgas.

Wenn wir akzeptieren, daß der Nationalsozialismus tatsächlich eine echte Glaubensbewegung war, dann gilt auch für den Vorgang des organisierten Judenmordes, daß dieser nur erklärbar ist, wenn man den christlichen Kontext der Bewegung berücksichtigt. Bei der Erörterung der Vorgänge muß außerdem noch der Zusammenhang von Erlösung und Vernichtung hergestellt werden. Denn es gibt zweifellos manche strukturelle Ähnlichkeit zwischen der NS-Ideologie und der christlichen Apokalyptik. In letzterer steht der Wiederkehr des Messias der Antichrist entgegen – und der Antichrist ist bei den Nazis der Jude, den es der eigenen Heilsgewißheit wegen zu vernichten gilt.[17] Ist dieser nicht mehr vorhanden, vernichtet also, dann steht der eigenen Erlösung nichts mehr entgegen.

Es stimmt nachdenklich, daß fast alle einschlägigen Elemente des christlichen Erlösungsdenkens im Nationalsozialismus nachweisbar sind. Die bekanntesten Belege sind dafür die gängigen NS-Schlagworte wie „Sieg Heil", „Heil Hitler" oder „Ein Volk, ein Reich, ein Führer". Im Denken und Handeln Hitlers lassen sich neben den bekannten „germanischen Untergangsstimmungen" (Joachim Fest) darüber hinaus aber auch bestimmte christlich-apokalpytische Vorstellungen nachweisen. Das wird u. a. daran deutlich, daß Hitler sich selbst ganz offensichtlich als den Befreier ansah, als den Erlöser, als das Werkzeug Gottes also, das mit der Vernichtung der Juden nicht nur Deutschland, sondern der ganzen Welt das Heil und die Befreiung bringen werde.

Hitler hat nie einen Zweifel daran gelassen, daß er gegen die Juden und das Judentum einen „völkischen" Krieg führe. Neben allen macht- und raumpolitischen Zielen, die seiner Politik zu Grunde lagen, ging es ihm um einen Sieg der „arischen" Rasse und um die Vernichtung des europäischen Judentums. Sein Denken war ganz auf diesen Krieg ausgerichtet, auf die Vernichtung des Gegners,[18] auf die große Endschlacht, an deren Ende die Befreiung Deutschlands und die Erlösung der Welt stehen würde. Vor den Oberbefehlshabern der Wehrmacht bekannte er am 23. November 1939: „Man wird mir vorwerfen: Kampf und wieder Kampf. Ich sehe im Kampf das Schicksal aller Wesen. Niemand kann dem Kampf entgehen, falls er nicht unterliegen will ..."[19]

Hitler wollte diesen Kampf. Er führte ihn und verlor. Deutschland und Europa wurden nicht befreit, und schon gar nicht erlöst, stattdessen aber in eine Katastrophe gesteuert, an deren Folgen wir heute noch laborieren.

Anmerkungen

1 Zur Hitler-Forschung s. Gerhard Schreiber, Hitler. Interpretationen 1929–1983. Ergebnisse, Methoden und Probleme der Forschung, Darmstadt 1984

2 Es gibt zahlreiche Deutungen, die bemüht sind, Hitler in überzeitliche Zusammenhänge zu entrücken: „als Endfigur in der Krise der Moderne, Katastrophe des ‚faustischen Prinzips' oder der deutschen Philsophie zwischen Hegel und Nietzsche." (Joachim Fest, Zeitgenosse Hitler, in: Frankfurter Allgemeine Zeitung, 7.10.1995)

3 Vgl. Gab es einen Befehl Hitlers? Die Historiker und der organisierte Judenmord, in: Julius H. Schoeps, Über Juden und Deutsche. Historisch-politische Betrachtungen, Stuttgart/Bonn 1986, S. 122–131

4 So zum Beispiel: Der Mord an den Juden im Zweiten Wektkrieg. Entschlußbildung und Verwirklichung, hrsg. von Eberhard Jäckel/Jürgen Rohwer, Stuttgart 1985

5 Ley steht damit in der Schule derjenigen, die wie zum Beispiel Karl Löwith (Weltgeschichte und Heilsgeschehen. Die theologischen Voraussetzungen der Geschichtsphilosophie, Stuttgart 1961), Eric Voegelin (Die neue Wissenschaft der Politik, Salzburg 1957), Norman Cohn (Das Ringen um das Tausendjährige Reich. Revolutionärer Messianismus im

Mittelalter und sein Fortleben in den modernen totalitären Bewegungen, Bern 1961) oder Claus E. Bärsch (Erlösung und Vernichtung. Dr. phil Joseph Goebbels. Zur Psyche und Ideologie eines jungen Nationalsozialisten, München 1987) den Geschichtsprozeß und den Geschichtsablauf heilsgeschichtlich deuten.

6 Vgl. E. Cramer, Hitlers Antisemitismus und die ‚Frankfurter Schule‘, Düsseldorf 1979, S. 110

7 Goebbels' Tagebücher aus den Jahren 1942–43, hrsg. von Luise P. Lochner, Zürich 1948, S. 142 f.

8 Zit. nach Claus E. Bärsch, Der Jude als Antichrist in der NS-Ideologie, in: ZRGG 2/1995, S. 183

9 Max Domarus, Hitler. Reden und Proklamationen 1932–1945, Wiesbaden, 1973, S. 700

10 Adolf Hitler, Mein Kampf, München 1926, S. 70

11 Vgl. Leonore Siegele-Wenschkewitz, Protestantische Universitätstheologie in der Zeit des Nationalsozialismus, in: Antisemitismus, hrsg. von Günter Brakelmann und Martin Rosowski, Göttingen 1989, S. 52–76

12 Vgl. Zwischen Kreuz und Hakenkreuz. Der Protestantismus und der Mord an den Juden, in: Julius H. Schoeps, Leiden an Deutschland. Vom antisemitischen Wahn und der Last der Einnerung, München 1990, S. 55ff.

13 Martin Luther über die Juden: Weg mit ihnen!, hrsg. von Landesbischof Martin Sasse, Freiburg 1938, S. 2: „In dieser Stunde muß die Stimme des Mannes gehört werden, der als der deutsche Prophet im 16. Jahrhundert aus Unkenntnis einst als Freund der Juden begann, der, getrieben von seinem Gewissen, getrieben von den Erfahrungen und der Wirklichkeit, der größte Antisemit seiner Zeit geworden ist, der Warner seines Volkes wider die Juden."

14 Die Formulierung „der plastische Dämon des Verfalles der Menschheit" findet sich bei Richard Wagner, Erkenne Dich selbst, in: Bayreuther Blätter 1881, S. 33 f.

15 Vgl. Alex Bein, Die Judenfrage. Zur Biographie eines Weltproblems, Stuttgart, Bd. 1, S. 353 ff. und Bd. 2, S. 321 ff.

16 Die Ausstellung „Die Macht der Bilder. Antisemitische Vorurteile und Mythen" des Jüdischen Museums der Stadt Wien [27. April bis 23. Juli 1995] war bemüht, die Wirkungsgeschichte bestimmter antijüdischer Bildvorstellungen deutlich zu machen, die dem organisierten Judenmord zugrunde liegen. Vgl. dazu insbesondere auch den Essay-Band Antisemitismus. Vorurteile und Mythen, hrsg. von Julius H. Schoeps und Joachim Schlör, München/Zürich 1995

17 Der Antichrist ist ein Motiv, das in Variationen die gesamte europäische

Religions- und Geistesgeschichte durchzieht. Als realer oder symbolischer Repräsentant des Bösen ist der Antichrist schon früh keineswegs nur der Gegenstand gelehrter Auseinandersetzung von Theologen und Philosophen, sondern er wird Gegenstand der Volksreligion, von Mythologisierung, Figur der Literatur, des Theaters und nicht zuletzt der Politik: Als Inkarnation des Bösen wird der Antichrist ein Mittel und eine Waffe der politischen Rethorik, mit deren Hilfe sich religiöse und politische Feinde belegen, definieren, klassifizieren und in letzter Konsequenz vernichten lassen. Vgl. Themenheft „Der Antichrist" (Zeitschrift für Religions- und Geistesgeschichte, 2/1995), in dem die Antichristvorstellungen vom Mittelalter bis zur Gegenwart erörtert werden.

18 Der Gedanke der „Vernichtung" läßt sich in zahlreichen Reden Hitlers nachweisen. Als Beispiel mag seine berüchtigte Rede vom 30. Januar 1939 gelten, in der Hitler ankündigte, was er mit den Juden zu tun gedenke: „Wenn es dem internationalen Finanzjudentum in und außerhalb Europas gelingen sollte, die Völker noch einmal in einen Weltkrieg zu stürzen, dann wird das Ergebnis nicht die Bolschewisierung der Erde und damit der Sieg des Judentums sein, sondern die Vernichtung der jüdischen Rasse in Europa" (Abgedruckt bei Raul Hilberg, Die Vernichtung der europäischen Juden. Die Gesamtgeschichte des Holocaust, Berlin 1982, S. 278)

19 Domarus, Hitler, S. 1422

Kurzbiographien der Autoren der Beiträge

François BÉDARIDA, geb. 1926, Historiker und Generalsekretär des internationalen Komitees der Geschichtswissenschaft in Paris. Publ. u. a. „Histoire générale du travail" (1960), „La Politique nazie d'extermination" (1989), „Le Nazisme et le génocide" (1992).

Philippe BURRIN, geb. 1952, Professor für Geschichte der internationalen Beziehungen in Genf. Publ. u. a. „La dérive fasciste" (1986), „Hitler et les juives" (1989), deutsche Übersetzung: „Hitler und die Juden. Die Entscheidung zum Völkermord" (1993).

Alfred KERND'L, geb. 1929, Archäologe, 1968–94 Wissenschaftlicher Direktor am Archäologischen Landesamt Berlin. Publ. u. a. „Zeugnisse der historischen Topographie auf dem Gelände der ehemaligen Reichskanzlei Berlin-Mitte (1993), Beiträge u. a. „Von den Rentierjägern zur Reichskanzlei", „Führerbunker und andere Bodendenkmäler der NS-Zeit im Zentrum der Hauptstadt" (1995).

Hans-Christof KRAUS, Dr. phil., Historiker

Michael LEY, geb. 1955, Studium der Sozialwissenschaften an der Universität Bremen, Promotion an der Freien Universität Berlin. Freischaffender Wissenschaftler, 1994/95 Fellowshiop an der Central European University, Prag. Publ. u. a. „Ist hier die ‚wahre' Heimat", Wien 1993, „Genozid und Heilserwartung", Wien 1993, „Die Zeit heilt keine Wunden", Wien 1995, „Auschwitz. – Versuch einer Annäherung", Wien 1996, „Nationalismus am Ende – Neue Fremdenfeindlichkeit und neonationalistische Aufbrüche in Ost und West", Wien 1996.

Ernst PIPER, geb. 1952, Promotion in Mittelalterlicher Geschichte 1981, 1982–1994 geschäftsführender Gesellschafter des Piper Verlags, Lehrbeauftragter an mehreren deutschen Universitäten, habilitiert sich derzeit mit einer Arbeit über Alfred Rosenberg an der

Universität Potsdam. Publ. u. a. „Der Aufstand der Ciompi" (1978), „Savonarola" (1979), mit Reinhard Bauer: „München. Geschichte einer Stadt" (1993), Hrsg. des „Historikerstreits" (1987).

Joachim RIEDL, geb. 1953, Autor und Redakteur, lebt in München und Wien. Publ. u. a. „Thomas Klestil – Macht braucht Kontrolle" (1993), „Laute Stimmen, leere Räume – Bilder und Reportagen aus den USA" (1994).

Julius H. SCHOEPS, geb. 1942, Professor für Neuere Geschichte (mit dem Schwerpunkt deutsch-jüdische Geschichte) an der Universität Potsdam, Direktor des Moses Mendelssohn-Zentrums Potsdam und des Jüdischen Museums der Stadt Wien. Publ. u. a. „Über Juden und Deutsche. Historisch-politische Betrachtungen" (1986), Hrsg. von „Menora. Jahrbuch für deutsch-jüdische Geschichte" (1989 ff.), „Leiden an Deutschland. Vom antisemitischen Wahn und der Last der Erinnerung" (1990), „Theodor Herzl 1860–1904. Wenn Ihr wollt, ist es kein Märchen" (1995).

Peter SCHÖTTLER, geb. 1950, Historiker und Soziologe, Paris. Hrsg. von „Biographien zur Französischen Revolution" (1988/89), Lucie Varga, „Zeitenwende. Mentalitätshistorische Studien 1934–1939" (1991), zahlreiche Aufsätze.

Klaus VONDUNG, geb. 1941, Professor für Germanistik und Literaturwissenschaft an der Universität/Gesamthochschule Siegen. Publ. u. a. „Magie und Manipulation". Ideologischer Kult und politische Religion des Nationalsozialismus" (1971), „Die Apokalypse in Deutschland" (1988).

Gottfried WAGNER, geb. 1947, multimedialer Regisseur und Publizist, lebt in Mailand. Promotion und Publikation über „Das musikalische Zeittheater von Kurt Weill und Bertold Brecht". Auszeichnungen für humanitäre und musiktheatralische Arbeit. Mitbegründer der „Post-Holocaust-Dialog-Gruppe".

Nike WAGNER, geb. 1945, Literatur- und Theaterwissenschaft-
lerin, lebt in Wien und Paris, zahlreiche Publikationen mit den
Schwerpunkten Kultur- und Geistesgeschichte der Wiener Jahrhundertwende und deutsche Zeitgeschichte mit besonderer Berücksich-
tigung der Geschichte Neubayreuths. „Über Richard Wagner"
(1995).

Karin WILHELM, Professorin für Kunstgeschichte an der Technischen Universität Graz. Internationale Ausstellungen zu moderner
Architektur und Design. Buchprojekt „Die Geburt des Helden. Die
politische Ikonografie des Erhabenen 1800 und 1900."

Robert Solomon WISTRICH, geb. 1945, Historiker und Publizist,
Professor für Modern European and Jewish History an der Hebrew
University in Jerusalem. Publ. u. a. „Socialism and the Jews" (1982),
„Hitler's Apocalypse" (1985), „The Jews in Vienna in the Age of
Franz Joseph" (1989), „Antisemitism and Antizionism in the Con-
temporary World" (1990).

Register

A

Albertus Magnus 15

Antichrist 13f., 19, 21, 23, 25f., 43, 179, 268, 270f.

Antijudaismus 14, 16, 18, 22ff., 60ff., 66, 91, 124, 180, 184, 214

Antimodernismus 23, 135, 138, 141, 218, 220

Antisemitismus 16, 24, 27, 29, 54, 57, 60ff., 67, 91, 96, 103f., 106, 111, 124, 126, 130, 134f., 146, 164f., 179f., 184, 194, 214f., 223ff., 228, 267, 270, 274

Apokalypse 9f., 13, 15, 25f., 33, 36, 38ff., 51, 156, 179, 184, 187f., 207, 210, 213, 227, 233, 244, 265, 273

Arendt, Hannah 27, 61, 73, 205, 233, 244

Aron, Raymond 154, 166, 169, 172, 183

Assmann, Jan 85f.

Augustinus 68

B

Bahr, Hermann 209, 217, 228

Bartov, Omer 54, 72

Bauer, Yehuda 263

Bäumler, Alfred 117, 124

Binding, Rudolf 46, 52

Bloch, Ernst 53, 244

Bloch, Marc 189, 192, 195, 198, 203f.

Bolschewismus 42, 58, 112, 123, 132, 134f., 193

Borkenau, Franz 10, 186, 192ff., 198f., 201f., 205

Bornewasser, Franz Rudolf 59

Brocke, Michael 91

Broszat, Martin 263

Bruno, Giordano 21

Burckhardt, Jacob 107, 109

Burke, Kenneth 33, 50

C

Cabet, Etienne 22

Campanella, Thomasius 62

Camus, Albert 34, 50

Chaimberlain, Houston Stuart 94, 105, 117, 215

Chiliasmus 17

Christentum 10, 21f., 24, 35, 39, 50, 54ff., 60, 66, 80, 82, 99, 102f., 105, 118f., 128, 153ff., 157, 160ff., 170, 175, 177f., 180, 191, 263, 265f.

Christus 17, 24f., 60, 68f., 71, 118ff., 158, 162, 164, 216, 263

Chrysostomos 68

Creuzer, Thomas 19